Freiheit schmeckt wie Tränen und Champagner

AYŞE AUTH

Freiheit schmeckt wie Tränen und Champagner

Mein wunderbares Leben gegen den Strom

Unter Mitarbeit von Gerti Samel

INTEGRAL

FSC
Mix
Produktgruppe aus vorbildlich bewirtschafteten Wäldern und anderen kontrollierten Herkünften
Zert.-Nr. SGS-COC-1940
www.fsc.org
© 1996 Forest Stewardship Council

Verlagsgruppe Random House FSC-DEU-0100
Das für dieses Buch verwendete
FSC-zertifizierte Papier *Munken Premium*
liefert Arctic Paper, Mochenwangen GmbH.

Integral Verlag
Integral ist ein Verlag der Verlagsgruppe Random House GmbH

ISBN 978-3-7787-9214-8

Erste Auflage 2010

Layout und Herstellung: Ursula Maenner
Gesetzt aus der Caslon LT von Leingärtner, Nabburg
Druck und Bindung: GGP Media GmbH, Pößneck

Inhalt

Teil 1

Teil 2

Teil 3

Teil 1

Warum fange ich mit meiner Geschichte nicht da an, wo sie eigentlich beginnt, sondern in der jüngeren Vergangenheit, und warum auch noch ausgerechnet mit einem unscheinbaren Zettel? Weil ich nicht nur schildern will, was ich erlebt habe, sondern auch, warum ich bin, wie ich bin. Es ist eine dieser Geschichten, bei denen man am besten mittendrin anfängt. Und zwischendurch auch einmal vor, zurück und zur Seite springt. Mein Leben kennt keine geraden Linien. Es gab tiefe Brüche, es verlief in schwindelerregenden Kurven, und es überraschte mich mit plötzlichen Wendungen. Und doch … Es ist auch eine dieser Geschichten, die einer inneren Logik folgen, sogar wenn es rein äußerlich immer wieder drunter und drüber geht. Das glaube ich wenigstens. Oder ich rede es mir seit einiger Zeit ein. Vielleicht ist es aber auch einfach so, dass ich dabei bin, ein echtes Geheimnis zu entdecken. Und damit beginnt nun die Geschichte. Mit der Entdeckung eines Geheimnisses.

Endlich frei

München, Mitte 2008

Die Tür fliegt auf, und Anette stürmt herein. Na, die hat's aber eilig, zur Arbeit zu kommen. Doch warum gestikuliert sie jetzt zu mir herüber? Ich entschuldige mich bei der Kundin, die ich gerade frisiere, und eile zu meiner Mitarbeiterin. Triumphierend hält Anette mir ein zusammengefaltetes Papierchen unter die Nase.

»Überraschung! Schau mal, was ich gefunden habe! Es ist von dir!«

Ja, ich erkenne den Schnipsel wieder. Und zwar auf Anhieb. Aber wie konnte er in fremde Hände geraten?

»Ich habe ihn in der Chloé-Handtasche gefunden, die du mir vererbt hast.«

Aha, als ich sie ausräumte, muss er sich wohl im Futter verborgen haben. Leicht verlegen beäuge ich Anette. Sie scheint die Situation richtig zu genießen.

»Nun lies doch mal!«

Keck stemmt sie die Hände in die Hüften.

»Weißt du eigentlich, worum es hier geht?«

Natürlich weiß ich das. Aber um sie nicht noch weiter anzustacheln, entfalte ich das Papierchen mit demonstrativer Gelassenheit, streiche es umständlich glatt und lese es ihr vor. Aber gerade nur so laut, dass es sonst niemand hören kann. *Kulak misafiri olmak – Ohrengäste, nein danke!* Nicht hier, in meinem Salon, in aller Öffentlichkeit. Denn da steht:

An das Universum, 29.10.05

Ich wünsche mir in München ein Frisörgeschäft. Es soll die beste Lage haben, um die 150 Quadratmeter groß, sichtbar für jeden. Ich wünsche mir da viel Erfolg und gelingendes Geldverdienen. Ich wünsche mir, dass es immer in den Zeitungen erscheint. Bitte bis Anfang nächsten Jahres. Danke.

Anette schaut mir mit dem Ausdruck des Erstaunens, ja der Bewunderung ist Gesicht.

»Also, ich find's unglaublich! *Das hier* …«

Sie zeigt auf den Zettel in meiner Hand.

»… ist genau *das hier*!«

Sie macht eine ausladende Geste, die den ganzen Raum umschließt.

»Also Anette, ich muss dir das erklären, ja? Du, lass uns heute zusammen mittagessen gehen. Da kann ich dir in Ruhe erzählen, was es mit diesem Fetzen hier auf sich hat.«

Mit gespielter Gleichgültigkeit stecke ich den Zettel ein. Er gehört schließlich mir. Jetzt bin ich Anette zwar erst recht eine Erklärung schuldig, doch immerhin habe ich mir eine Denkpause verschafft. Sie freut sich über die Einladung. Vermutlich auch darüber, ein Geheimnis ihrer Chefin gelüftet zu haben.

Die Geschichte dieses Zettels begann Monate vor seiner Beschriftung, in einer Unterhaltung, die ich mit einer Kundin führte. Das war noch im Salon in der Frankfurter Freßgass, den ich zusammen mit meiner Zwillingsschwester Hatice führte. Mit dieser Kundin kam ich auf eine ausgesprochen angenehme Weise ins Gespräch. Selbst nach fast 30 Jahren »hinter dem Stuhl«, wie wir Friseure es nennen, versetzt es mich doch immer noch in Erstaunen, welche Vertrautheit zwischen zwei Menschen bei einem scheinbar so simplen Vorgang wie dem Haareschneiden entstehen kann.

Wenn Menschen hübsch gemacht werden wollen, beginnen sie sich zu öffnen. Anders gesagt: Sie melden ihr Bedürfnis nach Kommunikation an. Das kann bei einer unverbindlichen Plauderei bleiben, aber auch in sehr private Themen gehen. Für mich heißt es, beidem gerecht zu werden. Der eine ist zufrieden, wenn ihm nur zugehört wird, eine andere erwartet, dass ich zu sehr persönlichen Fragen Stellung nehme. Und das, während ich selbst voll in Betrieb bin – Shampoonieren, Schneiden, Färben, Wickeln und so weiter. Nur gut, dass mir »nichts Menschliches fremd« ist, wie man in Deutschland sagt. Wobei ich, ehrlich gesagt, erst begreifen musste, was mit dieser Redensart gemeint ist. Was wäre das wohl für eine Welt, in der uns Menschen das Menschliche fremd ist?

Vielleicht eine Welt, in der niemand mehr zuhört. Selbst wenn man (so wie ich) nicht besonders gut darin ist, Ratschläge zu erteilen, kann man durch Zuhören und Anteilnehmen doch immerhin eines erreichen: etwas mehr positive Energie in die Welt zu bringen!

Zurück zu meiner Kundin. Sie kam mir irgendwie bekannt vor. Doch konnte ich sie nicht recht einordnen. Beim Shampoonieren fragte ich sie einfach ganz direkt:

»Woher kenne ich Ihr Gesicht?«

Es stellte sich heraus, dass sie Schauspielerin war. Eigentlich nichts Ungewöhnliches für mich, und es war mir alles andere als fremd, während meiner Arbeit ein Schwätzchen über gesellschaftliche Themen zu halten. Bei dieser Dame jedoch lief es anders. Schnell stellte sich heraus, dass wir einen guten Draht zueinander hatten. Schon unser erstes Gespräch entwickelte sich zu einem tieferen Gedankenaustausch.

»Man muss seine Träume leben«, sagte ich.

Das ist meine erste Lebensregel. Und damit hatte ich bei meiner Gesprächspartnerin einen Nerv getroffen. Ich erfuhr, dass sie nicht nur Schauspielerin war, sondern auch Autorin und – gemeinsam mit ihrem Mann – Bücher genau zu diesem Thema schrieb: wie Menschen es lernen können, ihre Lebensträume zu verwirklichen.

»Das nächste Mal bringe ich Ihnen eines unserer Bücher mit«, versprach sie.

Sie hielt Wort. Und so war ich denn an ein Buch gekommen, das ich mir selbst kaum gekauft hätte, das ich nun wohl aber lesen musste. Was macht man da? Man nimmt es mit in den Urlaub.

Reethi Rah, die traumhafte Malediven-Insel. Und was für ein traumhafter Urlaub! Ich war einfach nur glücklich, an diesem herrlichen Ort sein zu dürfen. Zusammen mit Christoph. Diese zwei Wochen waren wie ein Vorgeschmack auf das Paradies. Die südliche Sonne, die tropischen Blüten, das türkisblaue Wasser, der weiße Sand unter strahlend blauem Himmel. Und der lässige Luxus in unserem Resort. Ja, ich habe eine Vorliebe für das gute Leben. Ich bin eine Genießerin! Und ich schäme mich nicht dafür, zumal ich lange Zeit, was die angenehmen Seiten des Lebens betrifft, ordentlich etwas nachzuholen hatte.

Bir eli yağda, bir eli balda olmak – die eine Hand im Speck, die andere im Honig zu haben heißt aber noch lange nicht, wirklich glücklich zu sein.

Von den zahllosen Lebensweisheiten meiner Oma ist diese mir besonders im Gedächtnis geblieben. Nicht ohne Grund, denn ihre Wahrheit habe ich gleich auf doppelte Weise erfahren. Zum einen weiß ich, was es heißt, äußerlich in Hülle und Fülle zu leben, sich aber innerlich leer und unglücklich zu fühlen. Zum anderen aber auch, wie es ist, glücklich zu sein, ohne viel zu besitzen. Ich glaube, dass es unsere eigentliche Bestimmung ist, beides zu erleben: äußeren *und* inneren Reichtum.

Heute noch betrachte ich immer wieder gern die Urlaubsfotos, die Christoph zu einem Buch der Erinnerungen binden ließ. Wir beide Arm in Arm am Strand, am Pool, lachend an der Bar. Ein Private Dinner vor atemberaubender Meereskulisse – ich ganz die Ayşe, die Christoph so liebte: ausgelassen, mit Blumen im Haar und Champagner im Glas. Ja, das war unsere beste Zeit. Und doch gab ich gerade jetzt, in jenen Wochen unbeschwerten Glücks, meinem Leben wieder einmal eine neue Richtung. Da war nämlich dieses Buch im Gepäck …

Ich mache es kurz: Das Buch handelte vom »erfolgreichen Wünschen«. Das probierst du mal aus, dachte ich. Schließlich versuche ich ein aufgeschlossener Mensch zu sein, der sich bemüht, allem Neuen ohne Vorurteile gegenüberzutreten.

Irgendwann also sitze ich allein am Strand, unter einem kupferfarbenen Abendhimmel, die Beine gekreuzt, in der Hand Stift und Papier – bereit, das Ritual zu vollziehen. So kam es zum Beschriften des Papierchens, das dann später von Anette gefunden wurde. Dies nur deshalb, weil es im Buch hieß, man solle den Wunschzettel anschließend gut verstecken. Ja, *verstecken*! Am besten so gründlich, dass man ihn selbst nicht mehr wiederfindet. (Hat bei mir ja gut geklappt!) Warum man das macht? Ich verstand es so: Weil man über einen Wunsch, den man manifestiert hat, nicht nur in Worten, sondern auch in Gedanken schweigen soll. Anders gesagt: Man soll ihm weder Zweifel noch freudige Erwartung hinterherschicken. Nur so kann sich, wie es heißt, die »Energie« ungehindert entfalten.

So neuartig die geschilderte Technik für mich auch war, das Prinzip dahinter kam mir doch sehr bekannt vor. Bis hin zum »Loslassen« des Wunsches. Meine Großmutter, von der noch einiges zu erzählen sein wird, drückte es altmodischer aus, aber irgendwie auch poetischer:

Rüzgara güvenip önemli bir sırını acarsan onun bu sirri allha ulastirmasi icin de sabirli olmalisin mürrekepten daha degerli – wenn du dem Wind etwas Wichtiges anvertraust, musst du ihm auch Gelegenheit geben, es zu Gott zu tragen.

Bei meiner Oma, ich nehme das vorweg, schien es ganz hervorragend zu funktionieren. Ganz ohne Zettel und Bücher. Ging ja nicht anders, denn sie konnte weder lesen noch schreiben. Alles nur Einbildung? Vielleicht können wir uns auf eine ganz einfache Definition einigen: Wirklichkeit ist für uns, was zu wirken scheint!

Zugegeben: Beweisen kann ich nicht, dass meine Zeremonie am Strand der Malediven tatsächlich dafür verantwortlich ist – aber bitteschön: Hier stehe ich heute, im Friseursalon *HaarWerk*. Toplage in der historischen Innenstadt Münchens, Eckgeschäft mit repräsentativer Schaufensterfront. Ausgerechnet ich habe den Zuschlag bekommen – von über 200 Bewerbern! Sogar die dem Universum gesetzte Frist schien gewahrt. Na ja, jedenfalls einigermaßen. Im März 2006 unterschrieb ich den Mietvertrag.

Aber nur nicht übermütig werden! Wer auf die Ansprechbarkeit höherer Mächte setzt, muss womöglich damit rechnen, dass seine Wünsche ganz, ganz wörtlich genommen werden. Also Vorsicht! Sonst könnte es einem so ergehen wie Freund Aladin. Dem hat der Geist aus der Flasche alles von den Lippen abgelesen. Buchstäblich. Und ganz egal, wie unüberlegt Aladins Anliegen auch sein mochten – sie wurden stets erfüllt. Womit zumindest eines bewiesen wäre: Die Hotline zum Universum war angeblich immer schon freigeschaltet …

Während der ersten Monate in München zog es mich übers Wochenende oft wieder nach Frankfurt zurück. Ich habe den größten Teil meines Lebens in der dortigen Region verbracht und fühle mich durchaus als ein »Frankfurter

Mädel«, meine familiäre Herkunft einmal ausgenommen. Mit der Mentalität meiner neuen Wahlheimat München hatte ich, offen gestanden, anfangs einige Probleme. Doch das ist mittlerweile anders geworden. Auch diese Hürde habe ich genommen – darauf bin ich gewissermaßen spezialisiert. Herausforderungen zu meistern hat mich das Leben gelehrt. Und so weiß ich auch, dass man eine neue Umgebung voll und ganz annehmen muss, um dort Wurzeln schlagen zu können. Für mich bedeutete das zwar nicht, alle Brücken nach Frankfurt abzubrechen. Aber doch, sie nicht mehr so oft und sehnsüchtig zu überschreiten. Es tat sehr weh, gerade auch wegen Christoph. Aber es war richtig.

Mein stärkster Motor ist immer das Bedürfnis gewesen, weiterzukommen: im äußeren Leben, vor allem in meinem Beruf, und im inneren Leben, ganz mit mir selbst. Wenn ich etwas nicht ertragen kann, dann ist es Stillstand. Und wenn ich das Gefühl habe, dass ich meine Zelte abbrechen muss, dann kann mich keiner aufhalten. Auch nicht der Mensch, der vielleicht der wichtigste in meinem Leben ist: meine Zwillingsschwester Hatice.

Endlich und endgültig auf den eigenen Beinen stehen. Mein eigenes Leben führen. Genau diese Erfahrung hatte ich noch gebraucht.

Und so lautet heute meine vorläufige Bilanz: Ich bin Single und trage die alleinige Verantwortung für ein Unternehmen, das auch meiner Schwester gehört. Und ich lebe zum ersten Mal allein, ganz allein! Jetzt, da ich ins fünfte Lebensjahrzehnt eingetreten bin. Wer nicht aus einer Kultur stammt, in der die Gemeinschaft über allem steht, wird das mit Erstaunen zur Kenntnis nehmen. Wir Türken aber sind ausgesprochene Gemeinschaftsmenschen. Kein Wunder, werden wir doch gleich in drei Gemeinschaften hineingeboren: in die der Familie, die des Islams und die des Vaterlandes. Und alle drei haben eines gemeinsam: Sie versuchen stets, über dich zu bestimmen. Vor allem, wenn du eine Frau bist.

Bis ich mit 40 Jahren nach München ging, hatte ich stets mit anderen Menschen zusammengelebt. Erst mit einer Familie, die über mich bestimmte. Später mit Männern, die es mehr oder minder erfolgreich versuchten. Doch jetzt ist das vorbei: Keiner, der mir sagt, was ich zu tun oder zu lassen habe. Keiner, der mir in meine Entscheidungen hineinredet oder mir etwas aufdrängt. Aber auch keiner, der mir immer hilft und stets eine Schulter zum Ausweinen bietet. Eine sehr neue, sehr ungewohnte Erfahrung – so neu und ungewohnt, dass ich manchmal gar nicht weiß, wie ich mich eigentlich fühle. Aber eines kann ich heute sagen:

Ich, Ayşe, bin endlich frei.

Mich hatte keiner auf der Rechnung

Darmstadt-Jugenheim, 12. März 1967, 6 Uhr 36

Ich erblickte das Licht der Welt in einem Jahr, das keine monumentalen Ereignisse kannte. Wenn man jedoch genauer hinschaut, fällt ins Auge, dass es ein Jahr war, in dem sich sowohl für Menschen als auch für Ereignisse die großartige Möglichkeit bot, schon mit einer Nebenrolle einen Platz in der Geschichte zu erringen. So wurde im bolivianischen Dschungel ein gescheiterter kubanischer Revolutionär namens Che Guevara unsterblich, als er von seinen Häschern brutal zu Tode gehetzt worden war. Auch die Wissenschaft überwand in jenem Jahr ihre Grenzen, und zwar indem sie uns so massenhaft nützliche Dinge schenkte wie die erste Beobachtung eines Doppelsterns in einer fremden Galaxie und die Transplantation eines menschlichen Herzens. Nach schier endlosen Vorbereitungen führten 1967 auch die Schweden den Rechtsverkehr und die Deutschen das Farbfernsehen ein. In England setzte man schon voll und ganz auf die Finanzwirtschaft: Dort bezog jemand erstmals Bargeld aus einem Automaten! Und last, but not least, wurde in Bellinzona mein Landsmann Kubilay Türkyılmaz geboren. Wie, den kennen sie nicht? Aber das war doch der erste Türke, der für ein anderes Land Fußball-Nationalspieler wurde! »Kubi« riefen ihn zärtlich seine zahlreichen Schweizer Fans, was ja wohl bezeugt, dass dort schon im Jahr 1967 eifrig an den Grundlagen für die Integration von Ausländern gearbeitet wurde.

Genau sechs Minuten, nachdem im Krankenhaus von Darmstadt-Jugenheim meine Zwillingsschwester Hatice aus meiner Mutter Muazzez geschlüpft war, rief die Hebamme:

»Moment mal, da kommt ja noch jemand!«

Gut, dass es wenigstens ihr noch aufgefallen ist. Ja, das war dann ich. Mich hatte keiner auf der Rechnung. Am allerwenigsten meine Mutter.

Hati und ich sind eineiige Zwillinge. Naturgemäß sind wir uns äußerlich sehr ähnlich, aber wir haben doch ganz unterschiedliche Persönlichkeiten. Astrologisch gesehen müssten wir beide Paradebeispiele für den Fische-Charakter sein, denn dies ist nicht nur unser gemeinsames Sternzeichen, sondern auch unser beider Aszendent. Ich allerdings, nur für mein Teil, mag mich damit nicht voll und ganz einverstanden erklären. Etwa weil ich dem Sternzeichen Widder ganze fünf Minuten näher bin als Hati? Jedenfalls fühle ich mich eher als feuriger Geweihträger denn als stilles Flossenwesen.

Als unsere Mutter in die Geburtsklinik fuhr, stellte sie sich innerlich auf ihr fünftes Kind ein. Dass ich als sechstes bei dieser Gelegenheit gleich noch mitgeliefert würde, darauf war keiner gefasst. Nicht mal unser Vater, Turhan, obwohl der eigentlich hätte wissen müssen, dass es irgendwann doppelten Nachwuchs geben musste, bei dieser Produktivität. Schließlich waren in seiner Familienlinie Zwillingsgeburten keine Seltenheit. Leider hatte, solange man zurückdenken konnte, stets nur eines von zwei Kindern überlebt. Bei Hati und mir war das zum ersten Mal anders! Ein gutes Omen, möchte man meinen – und wenn man an so etwas glaubt, darf man sich jetzt durchaus bestätigt fühlen, obwohl es noch eine ganze Weile dauern sollte, bis das Glück uns beiden lachte. Dass sich jedoch ausgerechnet in meiner eigenen Zwillingsmutterschaft das schwere Familienschicksal fortsetzen sollte, das war damals am allerwenigsten zu erahnen.

Eine ganz normale türkische Gastarbeiterfamilie im Ausländerviertel von Darmstadt, nach unserer Ankunft zu acht in einer Zweizimmerwohnung. Der Vater schuftete auf dem Bau, hatte sich zum Kolonnenführer hochgearbeitet. Die Mutter stand in einer Wandfarben-Fabrik am Fließband. Unter solchen Umständen wird das Leben nicht eben einfacher, wenn plötzlich gleich zwei kleine Schreihälse neu hinzukommen.

Olmucak diye bir şay yok – geht nicht gibt's nicht! Das war das Überlebensrezept für ungezählte Familien, wie wir es waren. Nie ist der Lebenstüchtigkeit dieser Menschen das Lied gesungen worden. Waren sie nicht die stillen Helden des deutschen Wirtschaftswunders? Was meine Eltern betraf, so mussten sie nach unserer Geburt ihr Leben nochmals rigoros umstellen. Es hieß für sie, ihre Arbeitsschichten so abzustimmen, dass sie sich abwechselnd um uns kümmern konnten. Unter der Woche dürften sie sich also praktisch kaum noch gesehen haben.

Auch unsere älteste Schwester, Aynur, musste mit ihren zwölf Jahren nach Kräften mithelfen, vor allem, indem sie auf die elfjährige Naime und meine Brüder Ahmet (5) und Mehmet (4) aufpasste. So ist es eben in einer türkischen Familie: Die älteren Geschwister kümmern sich um die Jüngeren. Sie erziehen sie gewissermaßen mit, im Auftrag der Eltern. Ein weiteres ungeschriebenes Gebot: Der Fruchtbarkeit sind keine Grenzen zu setzen. Weiterer Kindersegen wurde vom Himmel erteilt durch unsere jüngere Schwester Cavidan sowie Nesthäkchen Ali, die ein beziehungsweise zwei Jahre nach uns zur Welt kamen. Aber da hatten wir Zwillinge bereits ein anderes Leben bekommen …

Es war eine Frau, die dafür gesorgt hat – und auch noch im Alleingang. Sehr ungewöhnlich in einer türkischen Familie. Aber bei dieser Frau war fast alles ungewöhnlich. Arife, die man auch *Arife Büyük Ana*, Arife die Große, nannte, lebte in der Türkei. Sie war unsere Großmutter väterlicherseits – und das unangefochtene Alphatier der ganzen Sippe. Nach altem Brauch wurde sie meist *Babanne* gerufen: Vatermutter.

Ich habe oft und eingehend darüber nachgedacht, was ich heute wohl sein und tun würde, wenn diese starke Frau damals nicht so massiv in unser Leben eingegriffen hätte. Aber das ist eine Frage, auf die es keine Antwort gibt, ist doch das Leben so viel stärker als die menschliche Vorstellungskraft. Und wie sagt man seit alters im Orient: Es kommt doch immer so, wie es kommen soll – früher habe ich dagegen rebelliert, doch heute bin ich darob nicht mehr unglücklich.

Meine Eltern müssen sehr erstaunt gewesen sein, als sie den Umschlag mit den knallbunten türkischen Briefmarken erhielten. Absender: Arife. Es musste etwas sehr Wichtiges, etwas geradezu Lebensentscheidendes sein, wenn die Vatermutter einen Brief schreiben ließ.

»Mein geliebter Sohn«, stand da in gestochener, etwas altmodischer Handschrift. Babanne hatte den Brief offensichtlich von einer Person anfertigen lassen, die derselben Generation angehörte wie sie. Anscheinend von jemandem, der darin geübt war, offiziell wirkende Schreiben zu verfassen. Die Form entsprach dem Inhalt, wie sich sogleich zeigen sollte. Und wie es die Art unserer Großmutter war, kam sie gleich zur Sache:

»Nach reiflicher Überlegung habe ich eine Entscheidung getroffen. Ich werde eine deiner Zwillingstöchter zu mir nehmen. Dann habt ihr ein bisschen mehr Luft in der Wohnung, und mir tut es auch gut.«

Dann gerade noch ein kurzer Gruß an den geliebten Sohn, und fertig. Hier teilte sich ein Mensch mit, der wusste, was er wollte. Und auch, wie er andere dazu bringen würde, dabei mitzutun. Ja, das konnte Arife die Große sehr gut, sowohl bei ihrem Mann als auch bei ihren Söhnen.

Unsere Familienchefin war damals 66 Jahre alt. Sie und Opa Ali waren bereits auf dem Altenteil. Wie allgemein üblich in ihrer Generation, waren sie in sehr jungen Jahren vermählt worden. Arife selbst hatte den Ausschlag für die Verbindung gegeben. Aber wohl mehr aus praktischen Erwägungen denn aus Liebe. Arifes Eltern besaßen ausgedehnte Ländereien, und der junge Ali war Verwalter ihrer gesamten Anwesen. Da es keinen männlichen Erben gab und Arife möglicherweise einer arrangierten Ehe zuvorkommen wollte, griff sie sich ihren Ali, bevor es zu spät war.

Die Jahre flossen dahin, und insgesamt vier Kinder wuchsen heran. Aber kaum näherte sich der Erstgeborene dem Mannesalter, wurde Ali von Arife mehr oder minder entmachtet. Nach und nach übertrug sie die Verantwortung für Haus und Hof Turhan, unserem Vater.

»Ich war zu Hause schon als Sohn der Mann im Haus«, pflegte dieser amüsiert zu sagen. Was die Chefstelle unter seiner Mutter betraf, sprach er damit sicherlich die Wahrheit.

Unser Baba war Babannes »Ein und Alles«, wie man so sagt. Die Position als Lieblingssohn dürfte seinen ausgeprägten Stolz noch gefördert haben. Aber wie das Leben so spielt: Sämtliche Annehmlichkeiten, die für Turhan mit seinem Platz an der Sonne im Hause Arifes verbunden waren, wurden irgendwann von etwas noch Besserem überstrahlt. Die Kunde von einer glänzenden Zukunft in Deutschland eilte damals durch die türkischen Dörfer. Ihrem Zauber vermochte auch mein Vater nicht zu widerstehen.

Für Babanne war es ein schwerer Schlag, dass Turhan nach Deutschland ging. Später zogen auch ihre drei anderen Kinder fort und gründeten ihre eigenen Familien. Ja, es war wohl schlicht und ergreifend die Einsamkeit, die sie den Brief schreiben ließ, der für uns Zwillinge von so schicksalhafter Bedeutung war. Nicht zuletzt wird sie sich ausgerechnet haben, wieder mehr Zugang zu ihrem Liebling zu bekommen, wenn eines seiner Kinder bei ihr aufwüchse.

Für meinen Vater jedenfalls war der Wunsch seiner Mutter Befehl. Er fügte sich ohne sichtbaren Widerstand. Allerdings unterwarf er sich auf eine Art und Weise, die mir im Nachhinein als höchst interessant erscheint. Und zwar, weil es exemplarisch zum Ausdruck bringt, wie man in unserer Familie mit Schwierigkeiten umging.

Baba nahm sich nicht etwa Urlaub, um in die Türkei zu fahren und unter vier Augen mit seiner Mutter über ihr erstaunliches Anliegen zu sprechen. Er rief nicht einmal bei ihren Nachbarn an, die doch über ein Telefon verfügten, um wenigstens fernmündlich ein persönliches Gespräch mit ihr zu führen. Beides hätte seine Verhandlungsposition gestärkt, wenn er vorgehabt hätte, sich zu widersetzen. Aber das hatte er nicht vor.

Baba gab seine Antwort in schriftlicher Form. Das war alles andere als notwendig. Aber mit der gleichen Förmlichkeit zu antworten bezeugte auf eine etwas steife, konservative Weise Achtung vor einer höhergestellten Person. Gleichzeitig war jedoch auch klar, dass seine Mutter jemanden bitten musste, ihr seinen Antwortbrief vorzulesen. Das muss wie eine subtile Demütigung für sie gewesen sein. Ihr Analphabetismus beruhte übrigens einzig und allein darauf, dass sie es als Kind nicht nötig hatte, eine Schule zu besuchen.

Diese ziemlich umständliche Form der Kommunikation mag westlichen Menschen befremdlich erscheinen. Hier sagt man sich ja doch ganz gern gegenseitig die Meinung und hält sich viel zugute auf die Fähigkeit zur »offenen Aussprache«. Wo aber die Notwendigkeit, unbedingt die Form zu wahren, so stark verinnerlicht ist wie bei uns zu

Hause, läuft es halt ganz anders. Es bleibt oft gar nichts anderes übrig, als einen förmlichen Akt der Unterwerfung zu wählen, um wenigstens *inneren* Widerstand zum Ausdruck zu bringen. Vor allem aber auch, um klarzumachen, dass für die eigene Zustimmung ein Preis zu entrichten ist. Viele Menschen im östlichen Kulturkreis, vor allem die Frauen, haben es in dieser indirekten und stillen Form, Druck auszuüben, zu wahrer Meisterschaft gebracht. Ich gehöre allerdings nicht dazu.

Auch Baba wollte seiner Mama klarmachen, dass für sein Einverständnis ein Preis zu entrichten oder besser: eine Bedingung zu erfüllen war. Und die hatte es in sich. Er schrieb ihr nämlich zurück:

»Wenn schon, dann musst du beide nehmen, Zwillinge trennt man nicht.«

Unsere Mutter wurde, wie ich stark vermute, nicht in den Entscheidungsprozess einbezogen. Sie dürfte es auch nicht anders erwartet haben. Aus langer, leidvoller Erfahrung wusste Muazzez, dass sie gegen den geballten Willen ihres Mannes und seiner Mutter nie ankommen würde. Die Haltung des Erduldens und Ertragens war ihr so sehr zur zweiten Natur geworden, dass sie gar nicht anders konnte, als sich zu fügen. Ein Aufbäumen gegen die Familie ihres Mannes? Undenkbar! Also ergab sie sich schweigend in ihr Schicksal und versank in stummem Schmerz. Es muss für sie gewesen sein, als wenn sie gezwungen würde, zwei ihrer Kinder zur Adoption freizugeben. Verkraften konnte sie es nur, indem sie innerlich mit uns abschloss. So jedenfalls lernte ich es irgendwann zu sehen, und das war der Beginn des Prozesses gegenseitigen Verzeihens zwischen meiner Mutter und mir. Selbst dann dauerte es noch eine ganze Weile, bis sie es gegenüber meiner Schwester und mir offen zugeben konnte.

Man stelle sich das jetzt bitte bildlich vor: Hatice und ich waren gerade sechs Monate alt, hilflose Säuglinge noch, die erst sehr viel später verstehen würden, was ihre Eltern da gemacht hatten – uns wegzugeben in ein fernes Land, in die Obhut einer alten Frau, die ihrem Leben wieder Saft und Farbe verleihen wollte.

Die ersten 16 Jahre eines Lebens können einem sehr lang erscheinen, wenn man sehnsüchtig darauf wartet, endlich wieder bei den Eltern sein zu dürfen. Sie werden zum Gefängnis, wenn man sich immer nur geduldet, aber nie wirklich geliebt fühlt.

Arife hatte bei ihrem Sohn nur eines der Zwillingsmädchen angefordert, nun aber musste sie beide nehmen. Es entsprach ihrem Charakter, dass sie dennoch ihre eigene Agenda nicht änderte. Sie wollte *ein* Kind, und sie verhielt sich weitgehend so, als ob es auch nur eines in ihrem Gesichtskreis gäbe. Warum, verstand ich nicht, aber es war Hati, die zu ihrem Augenstern avancierte. Zwar nicht für uns als kleine Kinder, aber für alle Erwachsenen, die nicht völlig blind waren, muss es offensichtlich gewesen sein: Meine Schwester wurde zum Dreh- und Angelpunkt im Gefühlsleben unserer Großmutter. Von ihr bezog die alte Frau eine emotionale Energie, die sie schon lange Zeit nicht mehr hatte bekommen können – oder wollen. Nicht von ihrem Mann (den hielt sie auf Distanz) und nicht von ihren eigenen Kindern (die hatten sich selbst distanziert). Meine Schwester bekam somit eine heikle Rolle zugeteilt. Einerseits konzentrierte unsere Großmutter ihre Zuwendung und Fürsorge fast ausschließlich auf sie. Andererseits wurde sie emotional viel stärker in die Pflicht genommen als ich. Uns beiden hatte man verwehrt, bei Vater und Mutter aufzuwachsen. Aber einer von uns wurde jetzt noch die Aufgabe übertragen, zum Exklusivlieferanten von Zuwendung für die Oma zu werden.

Wenn ich unsere Geschichte heute so erzähle, klingt sie natürlich ganz anders, als ich sie damals erlebte. Ich habe ziemlich lange gebraucht, um Hatis wahre Rolle und die für sie damit verbundenen Belastungen zu erkennen. Damals schien mir, sie genösse alle Vorteile, während ich alle Nachteile erwischt hatte. Wie habe ich darunter gelitten, dass meine Schwester der große Liebling unserer Erziehungsberechtigten war! Sie durfte (heute würde ich sagen: musste) sogar mit ihr in einem Bett schlafen. In jenem prächtigen, mit gusseisernen Girlanden verzierten Doppelbett, aus dem Opa Ali verbannt wurde, sobald wir da waren. Während er nachts in die Küche abwandern musste, wurde selbst mir noch ein Schlafplatz im Zimmer mit Oma und Schwester zugebilligt: eine Matratze auf einem hölzernen Untergestell mit drei großen Schubladen. Darin lagen eine Decke und mein Kissen, die ich jeden Abend herausholte. Da es in unserem kleinen Häuschen kein Wohnzimmer gab, diente meine Liegestatt als Sitzgelegenheit für Besucher. Und davon hatte Arife nicht wenige.

Nomen est Omen?

Frankfurt, irgendwann im Jahr 2003

Wenn ich mit meinen Kundinnen ins Gespräch komme, werde ich manchmal nach der Bedeutung meines Namens gefragt. Dann erkläre ich, dass »Ayşe« zwei Bedeutungen hat. Es heißt sowohl »Freiheit« als auch »die Lebendige«. Das eine hat viel mit dem anderen zu tun, und falls der Name eines Menschen etwas über ihn aussagt, dann verrät meiner auch einiges über mich.

»Ich liebe meine Freiheit und Unabhängigkeit über alles, und ein quirliger, lebenslustiger Mensch bin ich auch.«

Soweit mein übliches Statement zu diesem Thema.

Einmal jedoch, bei einer mir völlig unbekannten Dame, reagierte ich ganz anders. Ich weiß nicht, warum, aber auf ihre Frage antwortete ich mit einer Gegenfrage:

»Möchten Sie erfahren, wie ich zu meinem Namen gekommen bin? Dann müsste ich aber ein bisschen ausholen …«

Etwas an dieser Unbekannten muss mich dazu ermutigt haben. Und sie zeigt Interesse an meinem Angebot.

»Eigentlich heiße ich gar nicht Ayşe«, eröffne ich ihr also, während ich ihr das frisch gewaschene Haar durchkämme, »das ist nur der Name, den meine Oma mir gegeben hat. Mein eigentlicher Name wurde auf ihren Wunsch hin geändert.«

»Aber das ist doch gar nicht so einfach!«

»Das stimmt. Aber meine Großmutter hat immer durchgesetzt, was sie wollte.«

Es war Großmutters zweite Tat uns gegenüber.

»*Ich* erziehe die beiden, und sie haben die Namen zu tragen, die *ich* ihnen gebe.«

Damit war es entschieden, und alle hatten sich zu fügen.

Später erzählte uns Vater, welchen Heidenaufwand es bedeutete, unsere Vornamen beim Darmstädter Standesamt geändert zu bekommen. Was für ein Papierkrieg! Und dann noch wegen eines so seltsamen Anliegens: neue Vornamen für die Zwillingstöchter! Ich stelle mir das gesammelte Kopfschütteln der verdutzten Beamten vor:

»Ja, warum haben Sie ihnen denn überhaupt erst andere Namen gegeben?«

Wie ich unseren Vater kenne, dürfte er die Angelegenheit mit der ihm eigenen Listigkeit betrieben haben. Womöglich, indem er Sprachprobleme vorschützte, um peinlichen Fragen auszuweichen. Dabei sprach er schon damals ein ganz passables Deutsch. Jedenfalls muss es für ihn eine wahre Ochsentour durch die deutschen Amtsstuben gewesen sein. All die verständnislosen Blicke genervter Sachbearbeiter, die jede Menge Stempel auf verschiedenste Dokumente zu knallen hatten! Nicht zu fassen, dass dieser Mann sich derartig ins Zeug legte – nur um neue Vornamen für seine nicht mal ein Jahr alten Kinder zu bekommen! Aber unter dem moralischen Druck seiner Mutter lief Baba zur Hochform auf. Er schaffte es wirklich, die Sache ganz korrekt und offiziell durchzuziehen.

»Und wie sah er selbst das, Ihr Vater?«

Die Stimme der Kundin holt mich aus meinen Erinnerungen heraus. Erst jetzt bemerke ich: Ich habe gar nicht bewusst und mit Bedacht erzählt, ich habe einfach nur laut gedacht.

»Nun …«

Ich will wieder ausholen, muss aber plötzlich lachen.

»Sicher können Sie sich das nicht so richtig vorstellen, aber für meinen Vater war die ganze Aktion tatsächlich völlig normal und natürlich.«

Türkisches Familienleben ist berühmt für beispielhafte Elternliebe, ja geradezu die Verherrlichung der Kinder durch die Eltern.

»Wir tun alles für unsere Kinder!«

Diesen Satz hört man oft aus dem Munde türkischer Eltern. In der Tat: Das Verwöhnprogramm für den Nachwuchs ist beeindruckend. Weder Kosten noch Mühen werden dabei gescheut. Unausgesprochene, aber felsenfeste Tatsache ist jedoch auch: Der elterliche Einsatz gilt vornehmlich dem männlichen Nachwuchs, zuallererst dem ältesten Sohn. Mädchen werden zwar gefordert, selten aber gefördert. Ebenso selbstverständlich ist, dass die Kinder für die Opfer, welche die Eltern für sie bringen, zu nicht unbeträchtlichen Gegenleistungen herangezogen werden. Es gibt offizielle und inoffizielle Erwartungen dieser Art. Eine offizielle ist, dass die jüngere Generation die ältere nicht abschiebt, wenn diese alt und gebrechlich wird. Inoffiziell jedoch bezahlt der Nachwuchs oft schon im Kindesalter, indem er quasi zum gegenständlichen Besitz der Familie wird. Karrieren als Sündenböcke für familiäre Frustrationen, als schwarzes Schaf oder als Blitzableiter für elterliche Konflikte sind damit vorgezeichnet. Nicht selten werden Verpflichtungen innerhalb der Familie auch von einer Generation auf die nächste delegiert. Im Grunde musste auch unser Baba die Erfüllung seiner Pflichten gegenüber seiner Mutter an uns wehrlose Kinder delegieren.

»Es war mir eine Ehre, wenigstens zwei meiner Kinder in meiner Heimat aufwachsen zu lassen.«

Dies betonte er gegenüber jedem, der es hören wollte. Ja, Baba hat unsere Verpflanzung in heimatliche Erde wohl tatsächlich als Beweis seiner eigenen Vaterlandsliebe gesehen. Und für einen richtigen Türken ist sein Elternhaus der heiligste Teil Heimaterde! Wobei der Patriotismus unter den Weggezogenen oft noch höher im Kurs steht als bei den Daheimgebliebenen. Und als Vater sich dem Willen seiner Mutter unterwarf, war »Vaterlandsliebe« wohl auch ein schönes Wort, um sein schlechtes Gewissen zu beruhigen.

Jedenfalls war es in unserer Familie ein absolutes Tabu, über die für uns so folgenreiche Entscheidung auch nur ein einziges kritisches Wort zu verlieren. Wie alle türkischen Männer, hatte auch unser Vater seine Mutter zu ehren! Und ich habe wirklich das Gefühl, dass es eine echte, starke Liebe zwischen den beiden war. Baba hat Babanne geradezu abgöttisch verehrt. Selbst als sie ihm auftrug, uns umtaufen zu lassen, war es für ihn keine Frage, alles dafür zu tun, ihrem Wunsch zu entsprechen. Sein Leben lang stand mein Vater voll und ganz hinter seiner Mutter.

»Ja, wie hießen Sie denn ursprünglich?«

Die Fremde – ich kenne nicht einmal ihren Namen – hört mir gespannt zu, aber langsam sollte ich die Katze aus dem Sack lassen. Schließlich gilt es für mich in solchen Situationen zu bedenken, dass alle Deutschen etwas gemeinsam haben: Sie wollen möglichst schnell auf den Punkt kommen, sonst werden sie ungeduldig. Selbst wenn sie sich beim Friseur stundenlang unter die Haube setzen und es dabei auch noch möglichst kurzweilig haben wollen.

»Also, ursprünglich hieß ich Aygül, das bedeutet ›Mondrose‹.«

Sie ist ganz baff.

»Aber das ist ja etwas ganz anderes als Ihr jetziger Name. So verspielt und romantisch. Wundervoll! So würde man in Deutschland leider nie ein Mädchen taufen! Und Ihre Schwester?«

»Die war zunächst eine Aysun, was ›der letzte Mond‹ oder ›der heilige Mond‹ bedeutet. So nennt man den Vollmond, wenn er sich in seiner ganzen Pracht und Vollkommenheit zeigt.«

Was für eine extravagante Tat meiner Großmutter! Uns aus eigener Selbstherrlichkeit neue Namen zu verpassen! Einfach so, ohne Grund.

Einfach so …? Beileibe nicht. Sonnenklar steht es mir heute vor Augen: Mit der Umbenennung nahm Babanne unser Schicksal vollends in den Griff. Es war eine Umprogrammierung. Ich selbst mutierte von einer verträumten Mondrose zu Ayşe, die sich auch heute noch die Worte Freiheit und Unabhängigkeit auf die Fahnen schreibt. Meine Schwester dagegen wurde durch einen von Allah gesegneten Namen auf den Sockel gehoben: Hatice – so hieß die verehrte, heilige Ehefrau unseres großen Propheten Muhammad.

Und noch mehr wird klar, wenn man genauer hinsieht: Ob bewusst oder unbewusst – Babanne hat damit versucht, ihr *eigenes* Schicksal zu verarbeiten. Wie ein geschlagener Mensch den ihm zugefügten Schmerz zu vergessen sucht, indem er andere schlägt, hat sie ihr eigenes Leid aus Kindertagen auf uns übertragen. Auf Hatice projizierte sie ihr Bestreben nach Anpassung, nach Harmonie mit der Familie. Auf mich dagegen ihren – natürlich vergeblichen – Protest gegen ein Schicksal, das ihr als Kind ebenfalls brutal aufgezwungen worden war.

Auch unsere Oma nämlich wurde als kleines Kind aus dem elterlichen Nest gerissen. Sie war damals vier Jahre alt. Ich weiß nicht, an welcher schweren Krankheit ihre Mutter litt, aber sie muss jahrelang bettlägerig gewesen sein. Jedenfalls konnte sie nicht mehr für die kleine Arife sorgen. Mit vier Jahren brachte man das Mädchen ins Haus einer Tante. Von Baba weiß ich, dass man ihr immer wieder versicherte, sie käme wieder zu ihrer Mama zurück, sobald es dieser besser ginge. Aber es wurde und wurde nichts daraus. Erst vergingen Wochen, dann Monate. Und eines Tages hieß es, dass sie für immer bei der Tante bleiben müsste. Ihre Mutter war gestorben.

Meine Kundin hört mir immer noch aufmerksam zu. Ich unterbreche meine Arbeit und setze zu einer mir besonders wichtigen Mitteilung an.

»Babanne hat ihre Tante nie gemocht, sie hat sie sogar gehasst. Diese Tante hieß mit Vornamen Ayşe. Ihre geliebte Mutter aber – das war auch eine Hatice.«

In den Augen meiner Kundin erkenne ich echtes Mitgefühl. Sie ergreift spontan meine Hand.

»Ich weiß, dass es Ihnen nicht viel helfen wird, was ich jetzt sage«, spricht sie mit weicher Stimme, während sie weiter meine Hand hält. »Aber ich sage es trotzdem. Vielleicht denken Sie ja später noch einmal darüber nach.«

Wir schauen uns in die Augen.

»Wir alle haben unsere unbewussten Familienaufträge. Es ist immer eine Last, und viele werden sie sogar ihr Leben lang nicht los. Aber diejenigen, die sie uns erteilt haben, taten dies in den allerwenigsten Fällen bewusst und absichtlich. Darf ich Ihnen einen guten Rat geben?«

Ich schaue zur Seite. Als ob ich damit verhindern könnte, dass sie sieht, wie ich mir mit der Hand eine Träne aus dem Auge wische. Dabei will ich jetzt nichts so sehr wie einen ehrlichen Rat dieser geheimnisvollen Fremden.

»Ja, bitte sagen Sie mir, was Sie für richtig halten.«

Sie schaut mir über den Spiegel tief in die Augen. Was für eine seltsame Situation, inmitten all des geschäftigen Treibens um uns herum. Doch keiner scheint etwas von dem Ernst unseres Gesprächs mitzubekommen. Immer noch hält die Frau meine feucht gewordene Hand.

»Verzeihen Sie!«, sagt sie schlicht, aber bestimmt. »Verzeihen Sie Ihrer Oma. Ihren Eltern. Auch Ihrer Schwester.«

Und nun wird ihre Stimme geradezu liebevoll.

»Verzeihen Sie aber auch sich selbst. Vor allem sich selbst. Das ist das Schwerste. Und tun Sie es aus ganzem Herzen!«

Jetzt stehe ich wirklich kurz davor, ungebremst loszuheulen. Aber so weit will ich es nun doch nicht kommen lassen. Also schlucke ich ein paarmal und bedeute der Kundin, dass ich kurz weg muss, um eine andere Schere zu holen. Als ob sie nicht wüsste, was in mir vorgeht! Mit dem letzten Rest Selbstbeherrschung verschwinde ich in unserer Teeküche und versuche erst einmal, wieder zu mir zu kommen. Ich atme eine Weile bewusst tief ein und aus, trinke ein Glas Wasser und kehre dann an meinen Arbeitsplatz zurück.

»Sie wollten doch eine Schere holen«, werde ich scherzhaft getadelt.

Diese Person versteht gewiss etwas von Psychologie, offenbar ist sie sich ihrer Sache so sicher, dass sie sich immer noch nicht auf den Plauderton einzulassen gedenkt, den ich nun am liebsten wieder anschlagen würde. Stattdessen hakt sie nach.

»Sie sollten vielleicht auch bedenken, dass in vielen Familien die ganze Ablehnung auf ein einziges Kind projiziert wird. Aber Sie selbst haben es doch inzwischen bestimmt geschafft, nicht mehr das schwarze Schaf zu sein.«

Ganz direkt, aber mit wahnsinnig viel Mitgefühl schaut sie mir über den Spiegel erneut in die Augen.

Schon wieder hat sie etwas ganz tief in mir berührt. Wie recht sie hat! Die Ablehnung der gesamten Familie! Ich, das schwarze Schaf. Und erneut fällt es mir wie Schuppen von den Augen. Mir wird leicht schwindlig, während ich im Spiegel ihren Blick erwidere, der mich einerseits festnagelt, mir andererseits mit so viel Verständnis begegnet. Eine mir total fremde Frau! Was geht hier vor? Wie kann sie das wissen? Wie kann sie ahnen, dass ein Großteil meines Tuns und Lassens noch heute darauf ausgerichtet ist, anerkannt zu werden?

Ja, was habe ich in meinem Leben nicht alles unternommen, um geliebt, geachtet und anerkannt – um überhaupt gesehen zu werden! Wie eine Verzweifelte habe ich mich immer darum bemüht, dazuzugehören. Anfangs war es Babanne, um deren Liebe ich kämpfte. Dann tat ich alles, um wieder von meiner eigenen Familie aufgenommen zu werden. Später wollte ich zu den Deutschen gehören und noch später zu den Erfolgreichen – zu denen, die wichtig sind, die »es geschafft« und die »das Sagen« haben.

»Ich glaube, ich habe mich inzwischen vom Makel des Ausgestoßenseins befreit. Heute bin ich eine von denen, die den Ton angeben.«

Ich rede inzwischen mehr zu mir selbst als zu der Kundin. Sehe ich da ein feines Lächeln in ihrem Gesicht?

»Viele Leute legen Wert darauf, zu meinen Veranstaltungen eingeladen zu werden«, fahre ich fort und versuche möglichst unbeirrt zu erscheinen. »Die Events in meinem Salon gelten in der Mode- und Medienszene als Ereignisse, auf denen man sich zeigen muss, wenn man dazugehören will. Sie wissen schon, Sehen-und-gesehen-Werden …«

Doch während die Sätze nur so aus mir heraussprudeln, fühle ich, dass ich mit meinen Gedanken und Gefühlen ganz woanders bin. Nun muss ich aber aufhören, ich merke, wie verwirrt ich bin. Nicht dass ich die Unwahrheit sagen oder auch nur übertreiben würde. Aber ich lenke doch einfach nur ab. Hier geht es mir zu sehr ans Eingemachte!

»Vielen Dank fürs Zuhören. Das hat mir jetzt sehr gut getan«, sage ich nun, um Fassung bemüht, während ich ihr die Haare vom Umhang bürste.

Sie blickt mich leicht schelmisch an:

»Es ist leider eine schlechte Angewohnheit von mir, immer jemandem helfen zu wollen. Entschuldigen Sie bitte.«

Doch plötzlich ist sie wieder ganz ernst:

»In Ihrem Leben haben Sie sich wohl sehr oft unverstanden gefühlt.«

Aha, denke ich, es folgt doch noch ein letzter Angriff auf meine Selbstbeherrschung. Schnell halte ich ihr den Spiegel vor, damit sie sich von allen Seiten betrachten kann. Und mir nur ja nicht erneut in die Augen schaut!

»So einen Schnitt hatte ich noch nie. Ganz toll haben Sie das gemacht!«

Sie scheint ehrlich begeistert. Erhebt sich und geht ohne Umschweife zum Empfangsdesk, um zu zahlen.

Kein »Auf Wiedersehen«?, denke ich verdutzt.

Aber ich habe mich getäuscht. Vor dem Hinausgehen kommt sie noch einmal auf mich zu. Sekundenlang stehen wir voreinander und schauen uns wortlos in die Augen. Dann öffnet sie die Arme und drückt mich an sich.

»Dich hätte ich gern als meine Tochter gehabt«, flüstert sie mir mit leicht belegter Stimme ins Ohr.

Ihre Hand streicht über meinen Kopf, und ich habe wirklich das Gefühl, endlich einmal von meiner Mutter liebkost zu werden.

Ich habe diese Frau nie wiedergesehen.

Die weise Frau von Susurluk

Susurluk, Westtürkei, ab 1967

Der Ort, an dem ich meine Kindheit und frühe Jugend verbrachte, heißt Susurluk. Heutzutage dauert die Autofahrt von dort nach Istanbul nicht einmal zwei Stunden. Das klingt, als sei Susurluk fast der Vorort einer Metropole, nicht wahr? Uns kam es aber beileibe nicht so vor. Für uns schien Istanbul etwa so weit entfernt wie New York.

Dieses Nest war zu groß und zu quirlig, um ein Dorf zu sein, aber zu klein und zu ländlich für eine richtige Stadt. Alles in allem eine typisch türkische Lebenswelt, dieses Susurluk. Es gab nur eine Schule, aber mehrere Moscheen. Oma achtete sehr darauf, dass wir alle Pflichten unseren Lehrern und der Religion gegenüber erfüllten. Mitten im Ortszentrum lag *Susurluk Parkı*, eine wirklich wunderschöne Grünanlage, ein ausgesprochen beliebter Treffpunkt für Frauen, Familien und Kinder. Dem Grundschulalter entwachsen, durften wir dorthin zum Spielen, es sei denn, wir hatten etwas ausgefressen. Oma selbst kam natürlich nie mit. Der erwachsene männliche *Susurluklu* fand Zerstreuung in einer ganzen Reihe *Kahwes*, den traditionellen türkischen Kaffeehäusern. Um diese hatten wir selbstverständlich einen großen Bogen zu machen.

Unbestrittener Mittelpunkt des gesamten Ortes aber war der *Garaj*, der Busbahnhof. Um ihn herum gruppierten sich die Treffpunkte der Männer. In diesem Bezirk spielte sich auch die Freizeitgestaltung der männlichen Jugend ab. Ein Ort brodelnden Lebens, vor allem, wenn die Busse aus und nach Deutschland hier Zwischenstation machten. Für uns aber ein absolutes Tabu, leider!

Ein überaus beliebtes Naherholungsziel für alle *Susurluklular* war schon damals das Marmarameer. Nun, für *fast* alle. Unsere Oma war zu alt für Strandausflüge, aber selbst wenn sie 30 Jahre jünger gewesen wäre – dazu hätte sie sich nie und nimmer herbeigelassen. Sie war eben anders als der Rest.

Großmutter war in Susurluk und Umgebung ungefähr so bekannt wie in Deutschland der sprichwörtliche bunte Hund. Nein – das stimmt so nicht ganz: Sie war eine graue Eminenz.

Tatsächlich, unsere Babanne war in dieser Lebenswelt eine absolute Respektsperson. Nicht nur, dass sie unangefochten unsere weit über hundert Köpfe zählende, weitverzweigte Sippe regierte. Nein, ihr lag die ganze Umgebung zu Füßen! Zweifellos hätte Arife das Zeug zur Bürgermeisterin oder zur erfolgreichen Unternehmerin gehabt, wenn, ja wenn eine solche Karriere für eine Frau nur denkbar gewesen wäre. So aber musste sie sich mit der Rolle der heimlichen Herrscherin begnügen. Sie war die *Ahretanne*, die weise Frau, von Susurluk.

Und damit hatte sie eine Menge zu tun, sei es im medizinischen, im juristischen oder im religiösen Bereich. Sie war eine echte Allrounderin, wenn auch eine sehr ungewöhnliche. Die Wurzel all ihrer Funktionen in der Gemeinschaft, sozusagen ihre Kernkompetenz, bildete etwas wahrlich Ehrfurcht Gebietendes: Großmutter vermochte sich in die Welt des Jenseits zu begeben. Und dies ebenso selbstverständlich, wie andere Menschen von zu Hause zur Arbeit gehen. In gewisser Weise war dies tatsächlich ihr eigentlicher Arbeitsplatz: das Jenseits. Davon waren alle in Susurluk felsenfest überzeugt. Eine *Ahretanne* steht mit dem einen Fuß in der Welt der Menschen, mit dem anderen in der Welt der Geister. In dörflichen Gemeinschaften meines Heimatlandes übernehmen diese Frauen auch heute noch wichtige Aufgaben: als Vorbeterinnen und Heilerinnen, als Lebensberaterinnen und Schlichterinnen.

So war es auch bei Arife. Ihre bunt gemischten Aufgaben erfüllte sie mit unerschütterlicher Souveränität und konzentrierter Aufmerksamkeit, worum es sich auch gerade handeln mochte. Hatte sie eben noch für eine Klientin Kontakt mit der Seele eines verstorbenen Verwandten, Ehepartners oder Liebhabers aufgenommen, um eine Botschaft aus dem Jenseits ins Diesseits zu befördern (oder umgekehrt), so erteilte sie in der nächsten Stunde einem jungen Brautpaar den Segen (oder auch einem Bauvorhaben), oder sie betete für einen Bauern um eine gute Ernte.

Oma vermittelte zwischen streitenden Nachbarn und Erben. Sie segnete das Wasser aus neu gegrabenen Brunnen und besprach welches, das man dann kranken Tieren zu trinken gab. Wurde ein junger Soldat in die Unruhegebiete Kurdistans versetzt, kam er zu ihr, und sie rief für ihn die Schutzengel herbei. Wünschte sich eine bislang unfruchtbare Frau sehnlichst ein Kind, ging sie zur *Ahretanne*, damit diese ihr die Hände auf den Bauch legte und gewisse Fruchtbarkeitsriten vollführte. War jemand so krank, dass er nicht selbst zu ihr kommen konnte, schickte er stellvertretend einen Verwandten oder Freund. Diesem gab Oma zum Trinken für den Patienten ein Glas Wasser mit, das sie vorher »bebetet« hatte.

Nie wurde eine Bitte abgeschlagen, wenn es darum ging, Leiden zu lindern oder das Glück und den Segen Allahs herbeizuführen. Ob als Mediatorin oder Geistheilerin, ob als Vorbeterin oder Beschwörerin, unsere Babanne galt als äußerst kompetent und zuverlässig. Es gibt noch heute Menschen in Susurluk, die steif und fest behaupten, sie habe ihnen das Leben gerettet. Und ich übertreibe nicht, wenn ich sage, manch einer hielt meine Großmutter für eine Heilige.

Oma begleitete ihre Aktivitäten regelmäßig mit einem halblauten Singsang, den niemand zu verstehen schien. Wir Kinder am allerwenigsten. Offiziell galt das als »Gebet«. Allerdings hatte es so gut wie keine Ähnlichkeit mit der Art, wie ein gläubiger Muslim oder gar der *Hotscha*, der Geistliche in der Moschee, betet. Dabei war Oma ganz bestimmt eine gläubige *Muslima*. Sie achtete streng auf die Einhaltung der religiösen Regeln des Islam, bei sich selbst, aber auch bei uns. Doch je älter ich wurde und je mehr ich über die islamische Religion lernte, umso deutlicher bekam ich das Gefühl, dass es mit Großmutters Gebaren noch eine ganz andere Bewandtnis hatte. Ich vermute, ihre Praktiken wurzelten in einer sehr, sehr fernen Vergangenheit. Ich bin aber nie ganz dahintergekommen. Ihre Geheimnisse ruhen mit ihr im Grab. Aber ihr Charisma, das besondere Fluidum, welches sie umgab, das spüre ich noch immer.

Für uns Kinder war das rege Treiben im Hause einer *Ahretanne* eine zweischneidige Angelegenheit. Einerseits litt ich darunter, dass ich tagsüber meine Schlafliege, praktisch die einzige Rückzugsmöglichkeit für mich im ganzen Haus, an Omas Klienten abtreten musste, denn unser Schlafzimmer war auch ihr Empfangsraum. Andererseits brachte ihre Tätigkeit auch nicht zu verachtende Vorteile für uns mit sich. Dienste, die im Namen Gottes verrichtet werden, vergilt man in der Türkei traditionell in Naturalien. O ja, es gab immer viel und gut zu essen bei uns! Das Haus quoll nur so über von gebratenem Fleisch und Fisch, frischem Obst und Gemüse, duftendem Fladenbrot und allerlei süßen Sachen. Solange uns dieser Überfluss beschert wurde, waren wir Kinder von Großmutters Tätigkeit doch sehr angetan. Und wir fragten nicht weiter, was das alles zu bedeuten habe.

Immerhin, ein paar Gedanken machte man sich schon. Warum eigentlich hatte Oma nach einem anstrengenden Vormittag im Dienste der spirituell ausgehungerten Dörfler noch immer nicht genug »gebetet«? Diese Frage trieb mich eine Weile um, ohne dass ich sie recht beantworten konnte. Sobald wir Kinder nach der Schule mit dem Allernötigsten versorgt waren, ging sie nämlich schon wieder in Klausur, nun aber ganz für sich allein. Sie saß einfach da, mit geschlossenen Augen auf ihrem Bett, den Rücken zur Tür und das Gesicht zur Wand, nach Osten. Die Hände in Gebetshaltung, mit den Handflächen zum Körper, die Fingerspitzen nach oben. Auf dass die Fülle Allahs in sie flösse!

Während sie stundenlang so da saß, schien sie vollkommen weggetreten zu sein. Offenbar bemerkte sie es nicht einmal, wenn wir uns einmal trauten, das Zimmer zu betreten. Es war uns natürlich streng verboten, sie »beim Beten« zu stören. Solange sie »bei Gott« war, hatten wir in der Küche zu bleiben, wo stets Essen auf dem Ofen stand. Manchmal schlichen wir uns auf Zehenspitzen zu ihr hinein, um zu schauen, wie weit sie war. Und eines Tages fanden wir es dann heraus: Sobald sie anfing, den Kopf mehrmals nach rechts und links zu bewegen, konnte es nicht mehr lange dauern. Dann bat sie den Engel auf der rechten und den Engel auf der linken Schulter um ihren Segen. Diese beiden Engel hat nach einem alten Glauben jeder Mensch. Nur konnte eben nicht jeder in Susurluk Kontakt mit ihnen aufnehmen. Danach strich Oma sich immer übers Gesicht, als wolle sie etwas wegwischen. Abschließend dankte sie dem Himmel und sprach ein inbrünstiges »Amen!« Danach war sie sofort wieder ansprechbar. Von Null auf Hundert aus einer Welt in die nächste!

Viel später, in Deutschland, habe ich eine interessante Antwort auf meine kindliche Frage nach Omas nachmittäglichen Exerzitien gefunden. Ich erfuhr nämlich, dass sich energetische Therapeuten und professionelle Geistheiler völlig ausgelaugt fühlen, wenn sie ihrer Tätigkeit nachgehen, ohne anschließend neue Kraft zu schöpfen. Sie verwenden, wie es scheint, bei ihrer Arbeit so viel Energie auf andere, dass sie sich hinterher unbedingt auf sich selbst konzentrieren müssen, um wieder zu Kräften zu kommen.

Hati und mir lagen solche Erwägungen damals natürlich »so fern wie der Berg Ararat«, wie man in der Westtürkei sagen würde. Wir verarbeiteten diese speziellen Eindrücke so, wie es unserer jeweiligen Entwicklungsstufe entsprach. Als Teenager nannten wir Oma, wenn sie in diesem Zustand verweilte, nur noch »Madame Seltsam«. Als Kinder jedoch waren wir davon ebenso fasziniert wie eingeschüchtert, und manchmal gab es uns ein richtiges Gänsehautfeeling.

Einmal ist meine Schwester nachts aufgewacht und wollte Zeuge geworden sein, wie Babanne sich mit einem Geist unterhielt. Ich selbst hatte nichts davon mitgekriegt, aber sie lag ja mit der Oma in einem Bett. Am nächsten Morgen winkte Hati mich in eine Ecke, wo keiner uns hören konnte, und schilderte mir die Details:

»Ich hab ihn ganz genau gesehen. Er saß auf dem Stuhl in der Ecke. Babanne hat mit ihm geredet wie mit einem ganz normalen Menschen.«

»Echt? Wie hat er denn ausgesehen?«

»Ganz grau, und einen dunklen Anzug hatte er an.«

»Hat er sich bewegt oder so was?«

»Nein, er saß einfach nur da, ganz reglos und hat nichts gesagt.«

»Also hat nur die Oma gesprochen?«

»Genau.«

»Bin ich froh, dass ich geschlafen habe.«

Wir tuschelten noch lange darüber, wie es wohl wäre, wenn so ein Toter einmal auch uns erscheinen würde.

»Ich würde sterben vor Angst.«

»Ich auch.«

Wir fanden es schon seltsam genug, dass sich solche Ereignisse in unserem Schlafzimmer zutrugen. Aber dann durften wir auch noch nicht einmal darüber sprechen. Nie im Leben hätten wir uns getraut, Babanne diesbezüglich Fragen zu stellen. Ihr Kontakt zum Jenseits, ihre Gebete, ihr gemurmelter Singsang waren unantastbar. All das hinterließ einen Eindruck in meiner Kinderseele, der möglicherweise noch heute nachwirkt und mich nicht daran zweifeln lässt, dass es mehr Dinge zwischen Himmel und Erde gibt, als wir Menschen es uns für gewöhnlich träumen lassen.

Wenn kleine Zicken träumen

Sitzt du schon wieder an deinem Fenster«, schimpft die Großmutter. »Du lockst uns noch die Männer von drüben ins Haus!«

Schwupps, schon war es wieder zu. Wie flink sie sich plötzlich doch noch bewegen konnte, die alte Frau. Es war gar nicht so leicht ranzukommen an den Fenstergriff, man musste sich dazu auf die Chaiselongue knien, auf der ich 16 Jahre meines Lebens schlief, und sich dabei sehr weit nach oben strecken.

Aber meine Erziehungsberechtigte war um meinen guten Ruf besorgt, und ein guter Ruf geht in der Türkei über alles. Sie fürchtete, die Nachbarn könnten auf falsche Gedanken kommen, wenn sie mich stundenlang auf der Fensterbank sitzen sahen. Aber was konnte denn ich dafür, dass gegenüber ein *Kahwe* war, ein beliebter Treffpunkt der Männer. Und ich war ja noch ein Kind. Sie nahmen im Übrigen gar keine Notiz von mir. Auch ich registrierte ihr Treiben nur im Unterbewusstsein, wie sie rauchten und lachten, wie sie *Tawlah* spielten oder einfach nur herumsaßen und ihr *Tespih* zwischen den Fingern hin- und herwarfen. Ihre Welt erschien mir fremd und geheimnisvoll, aber eigentlich interessierte sie mich überhaupt nicht.

Dass ich so leidenschaftlich gern am Fenster saß, hatte einen ganz anderen Grund. Hier war der Ort, von dem aus ich meine kindlichen Sehnsüchte in den Himmel schicken konnte. Das Fenster lag, wie gesagt, direkt über meinem Schlafsofa. Und wenn ich im Liegen hinausschaute, sah ich nur den Himmel, der meistens glänzend blau poliert war. Sobald ich mich allein im Zimmer befand, öffnete ich das Tor zu meinem heimlichen Paradies. Ich schob die Fensterflügel sperrangelweit auseinander und schaute einfach in den Himmel. Es dauerte nicht lange, und ich vergaß die Welt, in die man mich verbannt hatte. Träumte mich hinaus in ein anderes, für mich weitaus interessanteres Leben.

Der überwiegende Gefühlszustand unserer Kindheit war Langeweile. Bevor wir in die Schule kamen, durften wir den Hof unseres kleinen Anwesens nicht allein verlassen, und selbst danach auf Jahre hinaus auch nur, um zur Schule zu gehen. Oma verachtete Radio und Fernsehen, und Zeitungen gab es bei uns schon deshalb nicht, weil sie Analphabetin war. Als Spielzeug hatten wir zunächst nur ein paar Puppen und sonst nichts. Nach und nach kamen dann die Bilder- und Märchenbücher hinzu, die unsere Eltern bei ihren Besuchen aus Deutschland mitbrachten. Zunächst hatten sie offenbar nicht genug Geld für etwas anderes. Es sollte noch einige Jahre dauern, bis sie in der Lage waren, uns großzügiger mit Spielzeug auszustatten.

Eines Tages, so stellte ich es mir in meinen Träumen vor, würde ich für immer von diesem Ort am Ende der Welt weggehen, der einerseits meine eigentliche Heimat war, mir andererseits aber doch so fremd blieb. Ich würde weggehen in ein weit entferntes Land, und nie würde ich zurückkehren. Ganz anders wollte ich werden, anders als die Frauen, die ich hier sah. Ich träumte vom Meer, sah eine große Stadt und viele Menschen. Ich sah, wie ich mich zwischen all den Fremden leichtfüßig und sicher bewegte. Und ich fühlte mich großartig! Ich glaubte sogar den Wind im Haar zu spüren, wenn ich ein großes silbernes Flugzeug bestieg. Dabei trug ich feine Kleider und funkelnden Schmuck. Auf rauschenden Festen sah ich mich, in Abendkleidern aus glänzenden Stoffen, genau wie die Königinnen und Prinzessinnen aus meinen Märchenbüchern. Oder ich lief wie ein Filmstar über einen roten Teppich und winkte den Zuschauern zu.

Diese inneren Bilder haben meine glanzlose Kindheit erhellt. Im schlimmsten Schlamassel tauchten sie auf, aus der Tiefe meines Unterbewusstseins, wie ein Gruß aus der Vollkommenheit. Etwas in mir glaubte immer fest daran, dass ich eines Tages *genauso* leben würde. Oder wenigstens so ähnlich …

Leider verrieten es die Nachbarn der Oma oft, wenn ich am offenen Fenster saß. Und wenn sie mich erwischte, holte sie mich dort weg. Als ob sie fürchtete, ich könnte Schaden nehmen.

Aber ich schaffte es schon damals nicht so richtig, ein folgsames Mädchen zu sein. Denn hier gab es ein Problem: Es war mir nicht möglich, durch das Fenster »hindurchzuträumen«, wenn es geschlossen war. Wie oft hatte ich es schon versucht, doch ich konnte hinaufstarren, wie ich wollte: All die schönen Bilder wollten dann einfach nicht erscheinen. Das trieb mich fast zur Verzweiflung. Die Vorstellung, dass »es« nicht mehr kommen würde, erschien mir unerträglich. Also spielte ich die Brave, nur um zu warten, bis Großmutter außer Reichweite war. Dann machte ich das Fenster wieder auf und träumte mich erneut hinaus. So ging das geraume Zeit. Mindestens zwei, drei Mal die Woche zelebrierte ich meine Sehnsuchtsstunde. Nichts und niemand konnte mich davon abhalten.

Seinerzeit war es für mich ein heimliches Spiel, bei dem ich Trost und Zuflucht fand. Sobald ich wie auf einem fliegenden Teppich in die Sphären der Imagination entschwebte, verschwanden alle Sorgen, alle Langeweile. Ich fühlte mich so leicht und frei, so geborgen und voller Zuversicht.

Es heißt ja, dass Kinder in einer magischen Welt leben, in der sich Fantasie und Realität vermischen. Aber dann, mit dem Eintritt in die Schule, wenn Wörter und Zahlen das Regiment im Kopf übernehmen, verkümmern Intuition und unverbildete mentale Kraft. Die Lehrer tun ihr Bestes, um die kleinen Träumer zur Vernunft zu erziehen. Ein Glück, dass sie es nicht immer ganz schaffen! Im Gehirn einiger Leute, zu denen ich offensichtlich auch gehöre, scheint eine magische Ecke übrig geblieben zu sein.

Wer sich die urmenschliche Begabung des beseelten Träumens und Wünschens nicht nehmen lässt, sondern sie zu entwickeln lernt, dessen Leben nimmt irgendwann eine Wendung zum Besseren. Oder bin ich verrückt, weil ich das glaube? Nun, ich habe mich nie sonderlich darum gekümmert, wenn ich in irgendeine Schublade gesteckt wurde. Mein ganzes Leben habe ich so gelebt, wie ich selbst es für richtig hielt. Und nie wäre ich dort angekommen, wo ich heute bin, wenn ich es nicht immer wieder geschafft hätte, aus Wünschen Wirklichkeit werden zu lassen. Aus purer Dankbarkeit dafür, dass dieser Teil meiner

Seele unversehrt geblieben ist, könnte ich in all meiner orientalischen Inbrunst spontan niederknien und den Boden küssen!

◈

Ich habe mich wieder und wieder zu erinnern versucht, aber mir fällt beim besten Willen keine einzige Situation ein, in der Babanne mir echte mütterliche Gefühle entgegengebracht hätte. Das Äußerste an Zärtlichkeit, was sie mir geben konnte oder wollte, war, mir ab und zu übers Haar zu streichen. Aber selbst das tat sie, wie mir schien, ohne spürbare innere Beteiligung, fast mechanisch. Sehr oft habe ich mich danach gesehnt, auch einmal auf ihrem Schoß sitzen zu dürfen. Ein gelegentliches Wort des Lobes oder der Anerkennung hätte mir viel bedeutet, aber nichts dergleichen kam je über ihre Lippen. Dafür umso mehr Gegenteiliges. Die meiste Zeit aber beachtete sie mich einfach nicht. Manchmal fragte ich mich, ob ich für sie überhaupt existierte.

»Wie musst du dich gefühlt haben«, sympathisiert Hatice heute mit mir, wenn wir über früher reden.

Damals freilich war sie nicht meine Verbündete, sondern meine Rivalin um Omas Gunst. Ein Wettbewerb, in dem ich nur verlieren konnte! Dafür zahlte ich es ihr auf meine Weise heim. Eingesperrt in unser kleines Haus und den winzigen Hof, ohne jegliche Anregung von außen, eskalierten kleine Scharmützel manchmal zu regelrechten Zickenkriegen.

»Schau mal, was ich von der Oma bekommen habe!«

Hatice hielt mir eine wunderschöne alte Haarspange unter die Nase. Die hatte ihr die Oma bestimmt heimlich zugesteckt, damit ich nichts davon mitbekomme.

»Daran wirst du leider nicht mehr lange Freude haben!«

Wutentbrannt riss ich ihr das gute Stück aus der Hand und warf es in unser Plumpsklo.

Immer wieder bettelte sie mich an, die Schulaufgaben für sie zu erledigen:

»Du kannst das doch sowieso besser, mach das doch mal schnell für mich mit!«

Aber ich hatte keine Lust, die Dienerin zu spielen.

»Ich denk nicht dran, mach doch deinen Kram selber.«

Das ließ Hati nicht auf sich sitzen. Sofort lief sie zur Oma und jammerte herum.

»Babanne, Babanne! Ayşe schlägt mich, dieses gemeine Stück.«

Babanne eilte ihrem Liebling natürlich sofort zu Hilfe und gab mir eine saftige Ohrfeige.

»Willst du deine Schwester endlich in Ruhe lassen!«

Wie fies von Hati! Das durfte nicht ungestraft bleiben. Sie würde sich noch wundern. Am nächsten Tag wartete ich, bis wir in der Schule waren. In der großen Pause passte ich einen Moment ab, in dem sie sich sicher fühlte.

»Das hast du davon, du Schwindlerin.«

Damit holte ich aus und verpasste ihr eine schallende Ohrfeige.

Hatice, ich hoffe, auch du hast mir verziehen. Ebenso wie ich dir. Auch Vater und Mutter, sogar der Oma habe ich verziehen. Ein hartes Stück Arbeit! Am allermeisten Kraft jedoch hat es mich tatsächlich gekostet, mir selbst zu verzeihen. Ja, auch das ist wichtig – sogar das Allerwichtigste. Nur wer sich selbst verzeiht, kann aus dem inneren Opferland ausziehen, wo wir uns in Schuld und Angst gefangen glauben. Auch damit sollte die geheimnisvolle Fremde recht behalten – ich habe es erst nach mehreren Anläufen geschafft, mir selbst zu verzeihen. Es war der Beginn vom Ende meiner Karriere als Opfer: Opfer der Umstände, der Vergangenheit, des unabänderlichen Schicksals, der eigenen Fehler und Unvollkommenheiten … die Liste ist lang.

Aber damals war ich einfach nur sauer. Ständig saß Hati auf Omas Schoß. Sie, die kleine Prinzessin, ich, das Aschenputtel. Und wie sie es zu genießen schien, verwöhnt, geherzt und geküsst zu werden. Am schlimmsten war es, wenn Babanne mit anderen Frauen über uns sprach, uns miteinander verglich und ich es mitbekam. Was in unserem Häuschen mit den hellhörigen Wänden unvermeidbar war.

»Hati ist so ein liebes, anschmiegsames Mädchen, sie hat so ein sanftes Wesen, und schaut nur: So ein niedliches kleines Näschen und so schöne braune Rehaugen.«

Und dann, ohne jegliches Bedauern, wie mir schien:

»Ist es nicht seltsam, dass die eine so viel hübscher geworden ist als die andere?«

Immer wurde etwas bemängelt an mir. Ich hatte den schlechteren Charakter, die härteren Gesichtszüge, die schmaleren Lippen. Meine Wimpern waren weniger dicht, selbst meine Haare waren heller und nicht vom gleichen satt glänzenden Dunkelbraun wie bei meiner Schwester. Wer nicht selbst ein Zwilling ist, kann das vielleicht nicht verstehen, aber ich fühlte mich wie Hatices unvollkommene Kopie.

An manchen Tagen führte unsere Rivalität zu regelrechten Kleinkriegen. Es brachte mich innerlich zum Kochen, wie Hati ihre Überlegenheit auszukosten schien. Nur weil sie Omas hübscher Liebling sein durfte! Dafür bekam sie beim Abendessen von mir heimlich eine Extraportion Salz in die Suppe …

Am nächsten Morgen dann zog sie mich wieder auf:

»Babanne weiß schon, warum sie dich nicht mag. Du bist so stur und bockig!«

Auch das musste ich ihr heimzahlen. Ja, ich haderte sehr mit meiner Schwester, die doch eigentlich hätte meine Verbündete sein sollen. Tendenziell fühlte ich mich wie ein Nichts, ein einziges verlorenes Nichts.

Was bleibt einem kindlichen Gemüt da anderes übrig, als sich immer wieder in seine Fantasiewelt zurückzuziehen? Ganze Nachmittage saß ich am Fenster und rettete meine Seele mit Bildern von einer schönen heilen Welt. Heute weiß ich: Ich hielt mir damit einen Kanal zur Quelle meiner innersten Kraft offen. Ja, ich würde sogar sagen: Ich war, wenn auch unbewusst, schon dabei, mein künftiges Leben zu produzieren.

Wenn ich groß bin, werde ich eine schöne, strahlende Frau sein.
Alle werden auf mich schauen und mich bewundern.
Sie werden sich darum reißen, mit mir befreundet zu sein.

Blutrache

Susurluk, Westtürkei, 1972

Fünf Jahre waren wir alt, als geschah, was ich jetzt erzählen werde. Jede Einzelheit habe ich noch so deutlich vor mir, als sei es erst gestern gewesen. Ich berichte es so, wie ich es aus meiner Erinnerung, den Erzählungen verlässlicher Zeugen und vor dem Hintergrund meiner eigenen Erfahrungen mit den traditionellen Gesetzen von Ehre und Familie rekonstruiert habe.

Was ist das für ein Tumult im Hof! Wir haben gerade gegessen, und draußen hebt ein Riesengezeter an. Wir stürzen hinaus. Da steht Opas Pferd im Hof, es ist allein nach Hause gekommen. Ohne Opa Ali! Der Hof füllt sich mit erregten, aufgewühlten Menschen. Überall Panik und Verzweiflung. Mittendrin unsere Oma, vollkommen außer sich, klagend und jammernd.

»Sie haben ihn umgebracht! Sie haben ihn umgebracht!«

Eine Stunde später tragen sie ihn in den Hof, in Decken gewickelt. Blut tropft heraus. Oma steht starr und still, mit angstgeweiteten Augen. Nähert sich dem Leichnam mit schleppendem Schritt, als wollte sie nicht wahrhaben, was geschehen ist. Schlägt das Tuch auf und stößt einen gellenden Schrei aus. Heulend und wimmernd umklammert sie ihren toten Mann. Sie tobt, ist wie von Sinnen, hebt die Hände klagend zum Himmel empor, das Gesicht verzerrt vor Entsetzen.

Wie hatte man Großvater zugerichtet! Ich habe es noch in allen Einzelheiten in Erinnerung, aber die mir anerzogene Pietät verbietet es, das unfassbar Furchtbare zu beschreiben. Welche Raserei, welcher Hass muss hier im Spiel gewesen sein! Vor Schreck erstarrt, ohne Worte und Tränen, unfähig, die Blicke abzuwenden, stehen wir da. Wie festgefroren, irgendwie selbst innerlich wie tot.

Noch sehr lange waren wir fassungslos ob dieser brutalen Tat. Wer nur konnte so etwas tun? Opa Ali war doch ein so gutmütiger Mensch. Nie hatten wir aus seinem Munde auch nur ein einziges böses Wort gehört. Er hat so gern mit uns gespielt. Und konnte keiner Fliege etwas zuleide tun!

Nun, es begann als unnötiger Streit, wurde ungewollt zur blutigen Tragödie und dann zu einem doppelten Rachefeldzug mit tödlichem Ausgang. Ein blindwütiges Spiel archaischer Kräfte, weil niemand die Größe besaß, über die ihm zugedachte Rolle hinauszuwachsen. Und einfach nur eines zu sein: Mensch. Ein Mensch, der verzeiht, statt an der Spirale der Gewalt mitzudrehen.

Opa Ali, der Gatte Arifes der Großen, machte mitunter das, wozu wohl jeder Mann versucht ist, der sich zu Hause unterordnen muss: Er spielte nach außen gern ein bisschen den großen Mann. Hoch zu Ross begab er sich jeden Tag, selbst nicht weniger geschniegelt und gestriegelt als sein schöner Brauner, auf Inspektion der mittlerweile verpachteten Ländereien der Familie. Immer mit geschultertem

Gewehr, nach alter Väter Sitte. Vor einiger Zeit nun hatte Ali den Familienbesitz nochmals vermehrt, indem er vom Staat für wenig Geld ein paar Felder erworben hatte. Darauf muss er besonders stolz gewesen sein, da weitaus das meiste Land ererbt war und er selbst ja in die Familie eingeheiratet hatte. Damit will ich sein Verhalten keineswegs entschuldigen, sondern nur eine mögliche Erklärung dafür anbieten, warum er sich später so stur verhielt. Möglicherweise hatte er etwas ganz Besonderes mit diesem Stück Land vor, um damit allen zu beweisen, was für ein tüchtiger Mann er doch war.

Dabei standen ihm aber die Leute im Wege, die das Land bisher bewirtschaftet hatten. Es war eine eher arme Familie. Mein Opa hat wohl geglaubt, sie würden widerstandslos die neue Situation hinnehmen. Das aber war eine Fehleinschätzung. Vielmehr fühlten diese Menschen sich berechtigt, das Land weiterhin zu bebauen. Mein Opa, der das anders sah, forderte sie bei seinen Kontrollritten wiederholt auf, sich zurückzuziehen. Vergeblich. Wenn auch arm, war dies doch eine ebenso stolze Sippe wie die unsere. Selbstbewusst hielten sie ihm stets entgegen:

»Du musst uns erst beweisen, dass dieses Land jetzt dir gehört. Wo ist denn dein Grundstücksschein? Zeig uns die Papiere!«

Damit haben sie Opa Ali wohl auf dem falschen Fuß erwischt. Trockene Verwaltungstätigkeit war in der Tat nicht seine Stärke. Er ritt eben lieber aus – oder spielte mit uns, wenn er nicht im *Kahwe* saß. Nur nebenbei sei erwähnt, dass die Langsamkeit der türkischen Behörden mindestens so sprichwörtlich ist wie die der deutschen.

Auf alle Fälle hatte Opa den Schein längere Zeit nicht vorliegen. Und als das Dokument dann endlich eintrudelte, war er schon tot. Im Prozess wurde der Tathergang wie folgt rekonstruiert:

Ali erscheint zu Pferde am bewussten Ort, trifft auf die bisherigen Pächter und erhebt, bereits in erregtem Zustand, erneut seine Forderung:

»Das Land gehört jetzt mir, ich verbiete euch, es zu betreten.«

Die Angesprochenen jedoch leisten der Aufforderung wieder keine Folge. Ihr Anführer hält dagegen:

»Es ist *unser* Land, seit Generationen leben wir davon, und wir lassen es uns nicht wegnehmen.«

Mein Großvater wiederholt zum x-ten Male:

»Ich habe es gekauft und bezahlt.«

Worauf erneut entgegnet wird:

»Du hast ja nicht einmal einen Grundstücksschein. Außerdem – wovon sollen wir dann leben? Wir sind arme Leute. Du raubst uns unsere Existenz!«

So geht es immer weiter.

»Wenn ihr mein Feld nicht auf der Stelle räumt, gehe ich zur Gendarmerie!«

»Wir bleiben hier. Und jetzt verlässt *du* diesen Platz, und zwar sofort.«

Die Erregung auf beiden Seiten steigt. Eine Entladung der Gewalt liegt in der Luft. Die schreiende Menge umringt Großvater, das Pferd beginnt zu scheuen.

Da löst sich ein Schuss aus Alis Gewehr. Wie, warum und in welcher Absicht – wer will es wissen? Ich jedenfalls kann mir nicht vorstellen, dass mein Großvater kaltblütig einen

Menschen umgebracht hat. Wie dem auch sei, ein Mann wird getroffen und liegt in seinem Blut.

Hasserfüllt, rachedurstig geht die Menge auf Ali los. Es ist aktenkundig, dass sich dabei besonders die Frauen hervortaten. Und dass mein Großvater sich kaum noch gewehrt, geschweige denn, dass er nochmals geschossen hat. Ich kann mir nur denken, dass er selbst entsetzt und starr vor Schreck war. So kommt es innerhalb weniger Minuten zum Blutbad. Fünf, sechs Frauen zerren Ali vom Pferd und gehen mit ihrem Feldgerät auf ihn los. Mit Hacken und Spaten erschlagen und verstümmeln sie ihn.

Auch der Angeschossene stirbt ein paar Tage darauf im Krankenhaus. Aber die Tragödie ist damit längst nicht zu Ende. Nun folgt der nächste Akt.

Wir stehen noch fassungslos auf dem Hof, Opa Ali wurde mittlerweile ins Haus gebracht. Von dort hört man das Wimmern und Klagen seiner Witwe. Da erscheint ein Onkel, Sohn Alis und Babannes. Er ist 22 Jahre alt, gerade aus dem Militärdienst entlassen. Heißblütig und schon Manns genug, um den Regeln der Blutrache Geltung zu verschaffen. Niemand fordert ihn dazu auf, niemand aber auch hält ihn zurück. Er macht nicht viel Federlesens. Geht in sein Haus, holt seine Pistole und läuft zu dem Feld, auf dem die Tat geschehen ist. Dort findet er einen Mann aus der anderen Familie bei der Feldarbeit vor. Er erschießt ihn auf der Stelle.

Wir Kinder haben dieses Nachspiel nicht mitbekommen, sehen nur plötzlich bewaffnete Gendarmen in der Tür. Der Onkel ist vorbereitet. Er lässt sich ohne Gegenwehr Handschellen anlegen und wird abgeführt. Erhobenen Hauptes schreitet er das Spalier der Schaulustigen ab. Später wird er der Polizei gegenüber die Tat gestehen, ohne eine Spur von Reue zu zeigen. Er hat getan, was getan werden musste, dessen ist er sich sicher. Er hat die Ehre der Familie gerettet! Es half ihm nichts, viele Jahre lang musste er dafür im Gefängnis sitzen.

Zwischenbemerkung: Manchmal werde ich gefragt, was denn der markanteste Unterschied sei zwischen dem Leben dort in der Türkei und dem hier in Deutschland. Meine Antwort ist einfach: Man feiert dort ganz anders als hier. Natürlich ist das nicht der einzige Unterschied und nicht einmal der gravierendste. Aber er ist ziemlich aussagestark, wie ich finde.

Also feiert der heißblütige Orientale ausgelassener als der temperierte Mitteleuropäer? Nein, so ist es nicht. In meiner Heimat feiert man, wie soll ich sagen: irgendwie »ganzheitlicher«. Dort liegt in jeder ausgelassenen Fröhlichkeit immer auch ein feierlicher Ernst. Und bei jedem ernsten Anlass schwingt eine sublime Freude mit. So ist es im Ramadan, der tagsüber die strenge, nach Sonnenuntergang jedoch die heitere, lebenslustige Seite des Menschseins feiert. Und so ist es auch bei einem Begräbnis. Ja, angesichts des Todes wird bei uns sozusagen das Leben mitgefeiert.

Drei Tote an einem einzigen Tag. Ganz Susurluk trug Trauer. Die Anteilnahme galt beiden Familien, und auch die Trauerfeier in der großen Moschee wurde für alle drei Getöteten gemeinsam abgehalten. Das war nicht nur eine große Geste der Gemeinschaft, so übte sie auch spürbaren Druck auf die letzten noch verbliebenen Hitzköpfe der beiden feindlichen Familien aus. Sie sollten, dies war die Botschaft ganz Susurluks an sie, nicht nur ihre Toten, sondern auch ihren Hass begraben. Und wirklich gab es danach keine weiteren Opfer.

Es folgte eine schier endlose Serie von Gebetsstunden. 40 Tage lang dauerten die Trauerzeremonien. Nicht nur meine Oma war so lange nicht zu beruhigen, mit ihr weinten und jammerten nach Kräften alle Frauen des Dorfes. Immer wieder kam der *Hotscha* in unser Haus und hielt Andachten ab. Stets versammelten sich dabei die Klageweiber des Dorfes, um zu beten, zu weinen und zu jammern.

Und zwischendurch wurde ständig gegessen! Das ist es, woran ich mich am besten erinnere: In jenen Wochen wurden in unserem Haus Unmengen von Nahrungsmitteln gekocht – nicht nur für uns, sondern vor allem auch für die vielen Gäste. Tonnenweise gab es zu essen, und der *Hotscha* aß am meisten, wie ich staunend bemerkte. Vielleicht kam mir das auch nur so vor, weil er von allen Außenstehenden am häufigsten und längsten da war, aber ich erinnere mich sehr gut daran, wie er nicht nur immer mit den anderen aß, sondern zwischen den Gebeten sogar für sich allein, in unserem Schlafzimmer. Nun, ich habe mir sagen lassen, als in Deutschland der Dorfpfarrer noch von den frommen Gaben seiner Gemeinde lebte, da war auch er regelmäßig die beleibteste Person weit und breit.

Natürlich wurde in diesen Tagen auch viel über unseren Onkel im Gefängnis gesprochen. Ich kann mich sogar noch recht gut an einige der Aussagen und Diskussionen erinnern. Es gab sehr wohl auch nachdenkliche Stimmen über sein Vorgehen in unserer Familie. Man sprach davon, dass man mit so einer Tat niemandem nützt und allen nur schadet.

Hati und ich verkrochen uns, so oft es ging, in irgendeiner Ecke und beobachteten alles, ohne uns zu mucksen. Keiner half uns, die Ungeheuerlichkeit, die hier geschehen war, auf irgendeine Weise zu verarbeiten.

Die Sprache Gottes ist Štokavisch

Mit Opa Ali war auch ein großer Teil der Freude von uns gegangen, die es in unserem Alltag bisher noch gegeben hatte. Unser Haus, so klein und eng es war, schien plötzlich ganz leer geworden zu sein. Jetzt war gar keiner mehr da, der mit uns spielte. Großmutter schien großen Schmerz in sich zu tragen, denn sie zog sich zunehmend auf sich selbst zurück. Sollte sie ihren fügsamen Ali doch mehr geliebt haben, als sie zu erkennen gegeben hatte? Über 50 Jahre war er an ihrer Seite gewesen, hatte stets zu ihr gehalten und seine Nebenrolle gelassen ertragen. Im Alter von 72 Jahren stand sie nun mit zwei noch nicht einmal schulpflichtigen Mädchen ganz allein da.

Wie schon erwähnt, ist es ein Grundstein türkischen Familienlebens, den Alten einen Lebensabend im Schutze der Sippe zu ermöglichen. Das funktioniert allerdings nur so lange, wie die Großfamilie ihre Bindungskräfte bewahrt und die erwerbstätige Generation nicht in alle Winde zerstreut ist. Das aber war bei meiner eigenen Familie mehr oder weniger der Fall: Meine Onkel und Tanten lebten, jeder für sich, an anderen Orten, einige sogar im entfernten Deutschland. Den Familienbesitz hatte man schon vor Jahren verpachtet oder verkauft, was Babanne und Ali zwar ein auskömmliches Leben bescherte, sie im Alltag aber doch auf sich allein gestellt sein ließ.

Großmutter hatte nun also niemanden mehr um sich – außer uns. Und es wurde immer deutlicher, dass zwei kleine Kinder einer alten Frau doch nicht die Familie ersetzen können. Damit will ich nicht sagen, dass wir ihr gleichgültig wurden. Im Gegenteil, die Anzahl der Gebote und Verbote, mit denen sie unser Leben in die richtigen Bahnen zu lenken trachtete, stieg eher noch. Doch was ihre innere Beziehung zu uns betraf, so entstand nun ein Vakuum, das sich erst ganz allmählich wieder zu füllen begann.

Sie brauchte allerdings nicht lange zu suchen, bis sie etwas fand, das ihr, wenn schon nicht Ausgeglichenheit und inneren Frieden, so doch ständige Beschäftigung und Ablenkung verschaffte: Sie intensivierte ihre spirituellen Dienstleistungen für die Allgemeinheit jetzt ganz erheblich. In der Tat bestand dafür ein nie ganz zu stillender Bedarf, und so wuchs der Publikumsverkehr in unserem Hause gewaltig an. Von klein auf waren wir ja einiges gewöhnt, aber was nun folgte, stellte alles Bisherige in den Schatten. Nach *Garaj* und *Kahwes* avancierte unser Zuhause zum wohl meistfrequentierten Ort von Susurkuk und Umgebung. Alle wollten in unser Wohnschlafzimmer, das nun endgültig zum Behandlungsraum einer Geistheilerin umfunktioniert wurde. Im Schneidersitz saß Babanne auf ihrem Bett wie auf einem Thron, trotz ihres Alters kerzengerade aufgerichtet, und ließ einen nach dem anderen vorsprechen.

Als Wartezimmer hatte vordem nur die Küche gedient. Doch in dem Maße, wie sich herumsprach, dass die *Ahretanne* bei ihren täglichen Sprechstunden niemanden, aber auch wirklich niemanden abwies, und sei sein Anliegen noch so banal oder noch so sonderbar, füllte sich zunehmend auch der Hof mit Menschen. Geduldig warteten sie dort, um irgendwann in die Küche vorzurücken und schließlich zur Vier-Augen-Audienz ins Heiligtum vorgelassen zu werden. Aber damit nicht genug. Auf dem Höhepunkt des Wirkens unserer Oma mussten die später Eintreffenden zunächst mit einem Platz im gegenüberliegenden *Kahwe* vorliebnehmen. Von dort aus fädelten sie sich dann in die Warteschlange auf der anderen Seite der Straße ein.

Ein Erlebnis, das mich damals sehr verblüffte, erschloss sich mir in seiner vollen Bedeutung erst sehr viel später. Ich war zum Spielen bei meiner Freundin Leyla, der Tochter vom Besitzer des *Kahwes*, und klagte ihr mein Leid.

»Weißt du, Babanne hat jetzt immer so viel zu tun, dass sie praktisch gar nicht mehr kocht. Im Garten wächst nur noch Unkraut, und alles Gemüse geht kaputt. Die Leute bringen uns zwar Unmengen zu futtern mit, aber das ist alles kalt. Und ich hätte so gern mal wieder was Warmes auf dem Teller.«

Der Sympathie Leylas konnte ich mir sicher sein, doch ihr Vater schien anders darüber zu denken. Er muss unserer Unterhaltung gelauscht haben, denn plötzlich stand er vor uns und ergriff das Wort, um eine Lanze für Babanne zu brechen.

»Ach, Kind! Du begreifst offenbar nicht, was für eine heilige Arbeit deine Großmutter tut. Für alle Menschen hier ist sie etwas ganz Besonderes. Ich möchte fast sagen, sie ist so etwas wie eine Prophetin Allahs! Auch wenn du das noch nicht ganz verstehst, solltest du stolz auf sie sein und dich fügen. Und verhungern wirst du schon nicht!«

Damals schüchterte mich das sehr ein. Heute weiß ich: Es ging dem Schlawiner natürlich nicht um die Förderung der Volksfrömmigkeit, sondern um die Umsatzsteigerung in seinem *Kahwe*, für ihn ein schöner Nebeneffekt des Erfolges unserer Oma.

Es war unsere Einschulung, die einer Überhitzung der Konjunktur sowohl im *Kahwe* als auch in Sachen Geistheilung den Riegel vorschob. Womöglich hätte sonst irgendwann der *Hotscha* die Notbremse gezogen. Zwar bietet der Islam, etwa im Vergleich zum Christentum, Mystikern und anderen Abweichlern seit je relativ große Freiräume, sofern sie bekennen, dass es nur einen Gott gibt, nämlich Allah, und dass Muhammad sein Prophet ist. Aber dennoch: Einmal hat die Geduld ein Ende, und es wären Mittel und Wege gefunden worden, um Arifes Charisma nicht allzu groß werden zu lassen.

Sobald wir schulpflichtig waren, konzentrierte sie ihre Sprechstunden auf den Vormittag. Sie trennte die zwei Welten, zwischen denen sie sich bewegte, von nun an sorgfältig: hier, im Diesseits, die Familie, und dort, offenbar im Jenseits, ihre Tätigkeit für die Öffentlichkeit. So markierte der Beginn des Schulbesuchs für uns auch die Rückkehr unserer Oma in unser tägliches Leben. Was uns letztlich nur guttat, denn schließlich war sie unsere einzige Bezugsperson. Wenn wir um die Mittagszeit aus der Schule kamen, waren die meisten ihrer Klienten jetzt schon wieder fort. Essen gab es erst, wenn der letzte gegangen war – dann allerdings reichlich.

Im Übrigen macht auch eine professionelle Mittlerin zwischen der sichtbaren und der unsichtbaren Welt emotionale Höhen und Tiefen durch. Ich muss etwa zehn Jahre alt gewesen sein, als ich das einmal so richtig mitbekam. Auch dies war ein Ereignis, dessen Bedeutung ich als Kind nicht zu erfassen vermochte, das mir aber später umso mehr über das Selbstverständnis meiner Großmutter verriet. Und über das Beten.

Ich war beim Hausaufgabenmachen in der Laube, als Arife aus dem Haus trat. Sie hatte gerade den letzten Bittsteller verabschiedet und war sichtlich erschöpft. Ein langer Arbeitstag lag hinter ihr, denn in Deutschland standen die Sommerferien vor der Tür. Da hatte sie dann immer besonders viel zu tun. Warum, sollte mir jetzt gleich klar werden.

»*Gencil beleşçiler – ihr raffgierigen Mitesser!* Ich bin doch nicht nur dafür da, dass eure Verwandten euch aus *Almanya* wertvolle Geschenke mitbringen!«

Als »Mitesser« pflegte sie Menschen zu bezeichnen, die sich rücksichtslos und egoistisch verhielten. So aber hatte ich mir das fromme Beten in unserem Schlafzimmer nun nicht vorgestellt! Und jetzt sah sie mich. Sah mich mit diesem seltsamen Blick an, der nichts zu fixieren schien und der einem durch und durch ging. Dann lächelte sie. Ich habe sie selten lächeln sehen, wenn sie sich mir zuwandte, und erinnere mich daher an jede Einzelheit.

»Ayşe, mein Kind …«

Wie bitte? So hatte sie mich noch nie genannt. Doch damit nicht genug. Sie setzte sich zu mir. Nicht wie meine unnahbare Erziehungsberechtigte, sondern so, wie sich ein Mensch zu einem anderen setzt. Dies war ein ganz besonderer Moment. Und es hatte erst begonnen.

»Ayşe, mein Kind. Ich verrate dir jetzt einmal etwas über das Beten.«

Nun, das war ja wohl nichts Neues. Wir beteten jeden Tag mit ihr, und das nicht nur einmal: morgens vor dem Frühstück und bevor wir uns auf den Schulweg machten, abends vor dem Essen und noch mal beim Schlafengehen. Nicht zu rechnen die besonderen Gebete an religiösen Feiertagen. Sie selbst betete natürlich mindestens weitere fünf Mal am Tag, wie es sich für eine gläubige Muslima gehörte. Was also wollte sie mir jetzt *über das Beten* verraten?

»Ayşe, ich sage dir: Die meisten Menschen beten immer dasselbe, obwohl es für sie jedes Mal um etwas anderes geht.«

Da war ich aber neugierig.

»Nun, die Mutter aller Gebete besteht nur aus ein paar Worten. Diese Worte sind es, die Allah immer hört, wenn gewöhnliche Menschen beten. Egal, welche Bitten ihnen dabei auch aus dem Munde kommen mögen.«

Die lange Pause, die sie jetzt einlegte, ließ es nun wirklich ziemlich spannend werden!

»Das Gebet gewöhnlicher Menschen lautet in den Ohren Allahs stets nur: ›O großer Gott, mach bitte für mich, dass zwei und zwei nicht vier sind. Nur dieses eine Mal – bitte, bitte, o Allah.‹«

Ich verstand nicht. Noch nicht, damals. Und sie fuhr fort:

»Ayşe, wenn ich für euch beide zu Allah bete, dann bete ich auch immer darum, dass ihr *richtig* beten lernt. Nicht nur so, wie gewöhnliche Menschen es tun.«

Sprach's, stand auf und ging wieder ins Haus. Wahrscheinlich, um sich erst mal »auszubeten«, nach einem langen Tag im Dienste gewöhnlicher Sterblicher.

»Arife tut viel für die Menschen, sie muss das tun«. Erklärte uns Recep *Dayi*, unser Onkel Recep. Ihr Bruder war der einzige, dem sie nach dem Tod ihres Mannes wirklich vertraute. Seit seine Schwester verwitwet war, besuchte er sie regelmäßig. Wenn er kam, wussten wir, dass uns ein guter Tag bevorstand. Der Onkel kümmerte sich um das Notwendigste im Haus, er übernahm Reparaturen und Besorgungen. Vor allem aber hatte er ein offenes Ohr für Arife. Endlich konnte auch sie einmal jemandem ihr Herz ausschütten.

Für uns waren die Tage mit Onkel Recep wirkliche Lichtblicke in der dunklen Zeit nach Opas Tod. Er wurde definitiv unser Lieblingsonkel. Wie ich es genoss, wenn er mich in den Arm nahm und mit mir sprach. Ein Erwachsener, der sich für mich interessierte! Das musste ich ausnutzen. Bei jeder sich bietenden Gelegenheit setzte ich mich auf seinen Schoß und schmiegte mich an seine breite Brust. Ich durfte sogar seinen langen weißen Bart anfassen und zu kleinen Zöpfen flechten. Er war ein so liebevoller Mann.

Bei einer unserer Schmusestunden, ich war vielleicht gerade sechs Jahre alt, kam er auf unsere Oma zu sprechen. Offenbar wollte er, dass Hati und ich verstehen, warum sie so gut zu anderen Menschen war.

»Sie macht das nicht aus eigener Entscheidung, sondern weil Gott zu ihr gesprochen hat.«

Ich muss kreidebleich vor Angst geworden sein.

»Allah selbst hat mit unserer Oma gesprochen? Kann er denn mit Menschen sprechen?«

»Das kann er auf jeden Fall, er ist doch allmächtig.«

»Und warum spricht er mit der Oma?«

»Gott spricht zu allen Menschen, aber nur die wenigsten verstehen ihn. Babanne kann seine Stimme hören und begreift, was er sagt. Sie ist ein ganz besonderer Mensch. Deshalb hat Allah ihr den Auftrag erteilt, anderen Leuten zu helfen.«

Mir wurde leicht schwindlig. Gott persönlich sprach mit meiner Oma! Vielleicht könnte ich so eine Unterhaltung ja einmal mitbekommen? Immerhin schliefen wir ja zusammen in einem Zimmer. Würde Gott dann womöglich auch zu mir sprechen? Was er wohl für eine Stimme haben mochte …

Obwohl mir die Sache unheimlich vorkam, interessierte sie mich doch brennend. Zu gern hätte ich mehr über Babannes Gespräche mit Gott erfahren. Wenn sie Onkel Recep davon erzählt hatte, würde sie ihm vielleicht bei der nächsten Unterhaltung einige Einzelheiten verraten! Also verkroch ich mich bei passender Gelegenheit unter dem Tisch in der Laube, der von einer bis zum Boden reichenden Tischdecke bedeckt war, unter der man mich nicht sah. Da kamen sie schon, um sich beim Tee zu unterhalten, wie immer vor der Abendvesper.

Sie redeten … in einer mir völlig unbekannten Sprache! Ganz anders als das Türkische, nicht so weich mit Zunge und Gaumen gesprochen, sondern kehliger, aus dem Hals heraus, und ganz ohne Üs und Ös … Ich erschauderte. Die Sprache Gottes!?!

Ich wusste damals noch nichts über die Geschichte unserer Familie. Während der Ausdehnung des Osmanischen Reiches nach Westen hin waren Babannes Vorfahren ausgewandert und hatten sich im Sandschak, dem Land der Bosniaken, niedergelassen. Neben ihrer türkischen Muttersprache benutzten sie dort im Alltag auch das Štokavische, einen serbokroatischen Dialekt mit türkischen und arabischen Lehnwörtern.

Drei Generationen zuvor, als die Herrschaft der Türken im Sandschak endete, kehrten sie, wohlhabend geworden, in die Heimat zurück. Das Štokavische aber blieb noch bis in die Generation Babannes so etwas wie eine Geheimsprache für sie, in der sie sich diskret verständigen konnten. Das Balkangebirge galt seit alters als Heimat der Geister und Zauberer. Ob auch Babannes Berufsgeheimnis dort seine Wurzeln hatte? Niemand von uns weiß es, und niemand wird es je erfahren.

Früh übt sich

Babannes Eifer, selbst die alltäglichsten Dinge zu ritualisieren, hätte einen außenstehenden Beobachter bestimmt zum Lachen gereizt. Für uns dagegen war es meistens nicht komisch, sondern einfach nur lästig. Natürlich wussten wir, dass gottesfürchtige Muslime *Namaz* praktizieren müssen, das Gebetsritual mit Niederwerfungen auf dem nach Osten ausgerichteten Gebetsteppich. Das allein kostete schon viel Zeit – fünfmal täglich mindestens eine Viertelstunde. Oma hielt sich strikt daran, aber sie begnügte sich nicht damit. Vor allem hatte sie es mit dem Wasser. Offenbar galt für sie ein besonderes Reinheitsgebot, das da lautete:

»Erst nach dem siebten Mal ist es auch für Allah rein.«

Das bezog sich erstens auf ihre persönliche Waschordnung. Zweitens auch auf uns – und zwar mit Körper, Geist und Seele. Alles, was mit Wasser in Berührung kommen musste oder konnte, wurde siebenmal gespült. Jedes Wäschestück, jeder Apfel, jede Tasse, jede Gabel, jeder Haarschopf.

Alles siebenmal.

Man stelle sich den Aufwand vor! In unserer Küche gab es nur einen winzigen Wasserhahn. Und der hat nie richtig funktioniert. Trink- und Waschwasser förderten wir mit einer Handpumpe aus dem Hausbrunnen im Hof. Von dort aus musste das kostbare Nass überall hingebracht werden, wo es gebraucht wurde. Und – puh! – das war nicht eben wenig, dank der wunderlichen Angewohnheiten unserer Gebieterin. Kann man sich vorstellen, wie viele Eimer Wasser in die Küche geschleppt und auf dem Ofen erwärmt werden mussten, bevor es in der roh gemauerten Badeecke ans Waschen gehen konnte? Genau sieben große Kellen Wasser nach dem Einseifen über jeden Körperteil!

Die Zahl Sieben muss von besonderer Heiligkeit und magischer Kraft sein. Warum sonst hätte sich unsere Oma vor jedem *Namaz* mit einer sonst nie gebrauchten Kelle siebenmal Wasser aus einer besonderen Schüssel geschöpft? Es sich dann über Füße, Armgelenke, Gesicht und Hände gegossen?

Die besondere Bedeutung der Zahl Sieben steht, soviel ich weiß, im Einklang mit der islamischen Tradition. Ob dies aber auch für das besondere Verfahren galt, mit dem Oma das Wasser für ihre Zwecke vorbereitete? Sie pumpte es jeden Morgen selbst aus dem Hofbrunnen. Dann segnete sie es in ihrem typischen, murmelnden Singsang, wobei sie uns völlig unverständliche Wörter benutzte. Immer wieder stieß sie dabei leise Laute aus, die wohl mehr energetische als sprachliche Bedeutung besaßen.

Das von ihr besprochene Wasser setzte sie vor allem auch dann ein, wenn einer ihrer Klienten zu alt oder zu krank war, um sie persönlich aufzusuchen. Sie füllte es in ein Glas, segnete es nochmals – und, nun ja, dann spuckte sie hinein … Also, wohl nicht wirklich, sondern nur mit einem leisen »pfft«, mehr Luft als Speichel. Darauf gab sie das gefüllte Glas dem Beauftragten des Siechen mit, damit er es trank.

Eine willkommene Abwechslung, ja ein allwöchentliches Freudenfest für uns war es, wenn es galt, Oma die Haare zu waschen. Eine aufwendige Prozedur, die jedes Mal gut zwei Stunden in Anspruch nahm. Es machte uns großen Spaß, ihr dabei zur Hand zu gehen. Zunächst versammelten wir rings um die Badeecke eine ganze Galerie von Gefäßen, randvoll mit erwärmtem Wasser. Dann setzte Babanne sich auf einen Diwan (Küchenstühle besaßen wir nicht) und nahm ihr Kopftuch ab. Das allein war schon ein Ereignis! Wir sahen sie ja sonst nie ohne das Tuch, das sie immer so tief ins Gesicht zog, dass man im Profil fast nur ihre Nase sah.

Jetzt löste sie ihren Dutt. Was für ein Moment, wenn sich diese hüftlange, grauschwarze Lockenpracht über Omas Rücken ergoss! Nun durften wir sie von oben nach unten durchkämmen. Sorgfältig nahmen wir uns einen Strang nach dem anderen vor und lösten vorsichtig die Knötchen auf. War es geschafft, dass alles in voller Länge, glatt und gelockert, den Rücken hinunterfloss, ging es an die Reinigung. Sie hockte sich dazu auf den Sitzstein in der Badeecke, warf ihre Mähne mit einem Ruck nach vorn über den Kopf, beugte sich vor, und wir begannen sie zu shampoonieren. Danach schütteten wir ihr Unmengen warmes Wasser über den Kopf, das hatte schließlich siebenmal zu geschehen. Nach dem Abtrocknen durften wir Oma zwei dicke Zöpfe flechten und anschließend stets probieren, ob wir es schafften, ihr daraus den Dutt neu zu formen. Doch wir versagten immer! In ihren Augen bekamen wir es einfach nicht richtig hin. Da war sie sehr eigen, auf ihre Art eine absolute Perfektionistin. Sie beherrschte die notwendigen Handgriffe aus dem Effeff – bei ihr ging es so rasend schnell, dass es uns nie gelang, ihr die Technik abzuschauen. Selbst heute, nach Jahrzehnten Praxis als Friseurin, wäre ich noch nicht in der Lage, einen so straffen, makellosen Dutt hinzubekommen.

Was unsere eigenen Frisuren betraf, bestand Großmutter erbarmungslos auf spartanischer Einfachheit. Alle paar Wochen durfte Hairiye *Büyükhala*, Großtante Hairiye, Arifes Schwester, sich an unseren Köpfen versuchen. Sie schnitt uns nicht nur Stufen, sondern ganze Wendeltreppen in die Schöpfe. Ratzfatz, und schon war es abgesäbelt. Je älter wir wurden, desto tiefer deprimierte uns die erzwungene Schur. Wenn wir von Tantchen zurückkamen, mochten wir tagelang nicht in den Spiegel schauen. Alle anderen Mädels im Ort durften ihr Haar lang tragen, sei es offen oder zu Zöpfen geflochten. Nebenbei gesagt: Damals trugen die Mädchen und jungen Frauen in der Türkei viel, viel seltener Kopftuch als heute. Mit dreizehn, vierzehn Jahren, als ich mir von der Oma nicht mehr so viel sagen ließ, ging ich erstmals zu einem Friseur. Oder was man dort so nannte.

Zwei, drei alte Küchenstühle vor halbblinden Wandspiegeln. Der süßliche Geruch von türkischem Eau de Cologne in der Luft. Kein Waschbecken. Als Arbeitsmittel eine übergroße Schere, so stumpf, dass jeder Schnitt die Haarwurzeln erzittern ließ. Und ein altersschwacher, kreischender Föhn. Hier war früher das Kinderzimmer der Familie gewesen, bevor die Frau des Hauses ihr Gewerbe eröffnete. Wahrscheinlich aus alter Gewohnheit stand da auch ein Wäscheständer mit Unterwäsche und Handtüchern. Na, immer noch besser, als in den zittrigen Händen von Großtante Hairiye zu sein. Außerdem: Viel falsch machen konnte man bei mir nicht. Kurz geschnittenes Haar hatte für mich die Bedeutung von Eigenständigkeit und Nonkonformismus bekommen, und ich behielt es bei, bis ich wieder nach Deutschland kam. Vorher hätte ich nicht einmal sagen können, ob mein Haar von Natur aus glatt oder wellig ist.

Arife muss in ihrer Jugend eine sehr schöne Frau gewesen sein. Sie war groß, weiblich gebaut und hatte auch im Alter noch einen aufrechten, kraftvollen Körper. In ihren kohlschwarzen Augen brannte ein Feuer, das nicht nur uns Kindern größten Respekt einflößte.

Eigenwillig, wie sie war, trug sie nie die Standarduniform der konservativen Muslima – knöchellange Kaftans in betulichem Grau oder Braun –, sondern stets leuchtende, kontrastreiche Farben. Und grundsätzlich Selbstgenähtes: lange, lebhaft gemusterte Röcke und weitärmlige Blusen – oft schreiend bunt das alles, dabei aber doch aufeinander abgestimmt. Der Schnitt war immer derselbe, nur Stoff und Farbe variierten. Wir nannten Oma auch die »Eskimofrau«, weil wir in einer Illustrierten einmal Fotos der farbenfrohen, körperlangen Tracht vermeintlicher »Grönländerinnen« gesehen hatten.

Doch hätten wir uns niemals darüber lustig gemacht, obwohl die Leute über das ungewöhnliche Erscheinungsbild unserer Oma tuschelten. Es gehörte einfach zu ihr. Babanne war eben ein extremer Charakter, eine wirklich ungewöhnliche Frau.

Und, ja, sie hatte einen gewissen Hang zur Extravaganz.

Jeden Dienstag war Markt in Susurluk. Dort kauften wir

ein, und sonst nirgends. Anfangs, als Oma noch sehr rüstig war, bewältigten wir den langen Weg zu Fuß, auf dem Rückweg beladen mit den Vorräten für eine ganze Woche. In solchen Dingen war sie Madame Gnadenlos – sich selbst und uns gegenüber. Als sie jedoch zunehmend altersmüde und etwas milder wurde, kam sie auf eine andere Idee: Sie gab einem Nachbarn Geld dafür, dass er uns mit seinem *At Arabası* abholte. Dieses Fahrzeug nannten wir »unser Steinzeit-Taxi«: ein Pritschenwagen mit zwei Holzrädern, gezogen von einem Maultier. Auf dem Bock der Kutscher und die Oma. Hinten, auf der Pritsche, wir Mädels mit den vollen Einkaufstaschen. Diesen Luxus leistete sich niemand sonst in Susurluk. Für uns war es großartig! Wir fühlten uns wie zwei Prinzessinnen, die huldvoll die Grüße der Passanten entgegennahmen …

Das war unsere Oma. *Babanne. Ahretanne.*

Wenn ich heute bei meiner Schwester Cavidan in Frankfurt zu Besuch bin, blättern wir gern in alten Familienalben. Sie ergänzt ihre Fotosammlung, die bis in unsere Kindheit zurückreicht, ständig. Eine wahre Fundgrube der Erinnerungen! Als ich neulich bei ihr war, zog ein Farbfoto von unserem Haus in Susurluk meine Aufmerksamkeit auf sich.

»Schau dir das an, Cavidan. So haben wir gelebt!«

Unser Haus war eines der ältesten im Dorf und entsprach noch voll und ganz der traditionellen Bauweise: das Erdgeschoss aus getrockneten Lehmziegeln errichtet, mit massiven Wänden und kleinen Fenstern. Nichts an diesen rauen, von der Witterung genarbten Wänden war wirklich gerade, aber der Eindruck der Baufälligkeit täuschte. Wuchtig und dick schienen diese Mauern förmlich aus dem Boden herauszuwachsen. Nicht von ungefähr sprachen wir auch von unserem »Erdhaus«. Im oberen Stockwerk waren die Wände deutlich dünner, aus einer einzigen Lage brauner Backsteinziegel gemauert. Oben konnte es im Winter ganz schön kalt werden, aber es gab dort ohnehin nur einen einzigen Raum: das Gästezimmer, das hauptsächlich von unseren Eltern genutzt wurde, wenn sie im Sommer zu Besuch kamen.

»Wenn man sich vorstellt, in welchen Verhältnissen Hati und ich groß geworden sind! Eng war es bei euch in Darmstadt ja auch, aber wir hatten nicht mal einen Holzfußboden oder Fliesen. Da war nur gestampfter Lehm, und darauf lagen diese bunten Teppiche, kreuz und quer übereinander.«

»*Nuh-u Nebi'den kalma – wie aus den Zeiten des Propheten Noah übrig geblieben*«, spöttelt Cavidan. »Ehrlich gesagt, fand ich Omas Haus immer ziemlich schäbig.«

Wie kann sie nur so abschätzig darüber sprechen! Doch ich beiße mir gerade noch rechtzeitig auf die Zunge. Bringt ja nichts! Und wenn ausgerechnet ich, die ich heute so viel Wert auf Wohnkultur lege, mich für die alte Bruchbude stark mache, dürfte eh klar sein, warum ich das tue: weil ausgerechnet *ich* gezwungen war, dort zu leben.

Und was bekamen wir zu hören, wenn wir es einmal wagten, auf den sichtbar steigenden Wohnkomfort unserer Nachbarn hinzuweisen?

»Aza kanaat etmeyen çoğu bulamaz – wer sich mit wenig nicht begnügt, der kann auch nicht viel finden.«

Nun, in einem Haus aus Erde gewohnt zu haben, lässt mich die Annehmlichkeiten meiner heutigen Wohnung umso mehr schätzen!

Wer unser Grundstück von der Straße her betrat, musste zunächst ein großes, grünes Holztor öffnen, um in den halb überdachten Hof zu gelangen. Ein paar Schritte weiter rechts waren in der Außenwand des Häuschens die Türöffnungen zum Schlafwohnzimmer und zur Küche eingelassen. Ich sage Türöffnung und nicht Tür, denn außer im Winter waren keine Türblätter eingehängt. Ein wenig Schutz vor ungebetenen fliegenden Gästen boten leichte Vorhänge aus bunten Plastikstreifen.

Innen wehte einem stets ein leichter benzinartiger Geruch um die Nase. Und abends, wenn die Petroleumlampen angezündet wurden, stank es sogar wie an einer Tankstelle. Gut, Elektrizität für ein paar Glühbirnen gab es auch, aber die wurden nur im Ausnahmefall zur Benutzung freigegeben. Das funzelige Licht der Dochtlampen warf irre Schatten an die Wände, die sich ständig bewegten und veränderten, sodass wir als Kinder oft ein ziemlich gruseliges Gefühl hatten. Dann malten wir uns aus, was unsere Oma wohl so alles mit ihren Geistern anstellen könnte, wenn sie nur wollte ...

Aber unsere Laube! Von Reben umrankt und überdacht, lag sie an der Stelle, wo der Hof sich zum Garten hin öffnete. Neben meinem Traumfenster war dies mein Lieblingsplatz. Definitiv die gemütlichste Ecke im ganzen Haus. Hier fand auch ein Großteil des Familienlebens statt. Die

Laube war, wenn es die Temperaturen erlaubten, unser eigentliches Wohnzimmer. An der Hauswand befand sich ein mit bunten Stoffen und Kissen bedeckter Diwan und davor ein schöner, großer Esstisch. Ein richtiger Tisch, und auch Stühle! Die waren das einzige Zugeständnis, das Babanne in ihrem Haus an die westliche Kultur machte. An Radio, an Fernsehen gar war für uns nicht zu denken. Nur unsere Eltern hatten in ihrem Zimmer einen TV-Apparat. Später gelang es mir immer öfter, mich hochzustehlen und dort heimlich fernzusehen.

Im Haus wurde auf dem Boden sitzend gegessen, ganz nach alter Sitte. Da knieten wir im Kreis auf dem Teppich, vor dem *Sofra*, dem traditionellen niedrigen »Tisch« des Orients. Daran war ein Halter für das Tablett befestigt, auf dem die Mahlzeit stand. Jeder bekam eine Serviette auf den Schoß. Ich habe mich damals, ehrlich gesagt, sehr überwinden müssen, auf diese Art und Weise zu essen. So aß doch niemand mehr, in der ganzen Nachbarschaft nicht! Konnten wir uns denn keinen richtigen Tisch und keine Stühle leisten? Aber unsere Oma war unbeugsam in diesen Dingen, eisern bestand sie darauf, dass in ihrem Haus die alten Bräuche gewahrt wurden. Für mich war das Essen auf dem Boden so unangenehm, dass mir gehörig der Appetit verging.

»Iğne ipliğe dönmek – Nadel und Faden wirst du noch werden.«

Das bedeutet so viel wie zu einem »Strich in der Landschaft« zu werden, und ich bekam es oft zu hören. Möglicherweise legte mein Widerwille, unter diesen Umständen zu essen, bereits den Grundstein für die Magersucht, die mich im Teenageralter heimsuchen sollte. Vorerst aber passte sich das Ausmaß meines Appetits dem Verlauf der Jahreszeiten an. Im Sommer, wenn wir draußen am Tisch unsere Mahlzeiten einnahmen, legte ich immer zu, und im Winter, wenn wir drinnen auf dem Boden aßen, purzelten die Pfunde dann wieder. Ohnehin war in der warmen Jahreszeit alles viel schöner, eigentlich lebten wir dann den ganzen Tag draußen. Nachts durften wir sogar auf dem Sofa in der Laube schlafen.

Gern erinnere ich mich auch an den Sitzplatz im Garten hinter dem Haus. Was für ein Paradies dieser Garten war, und so groß, selbst für ländliche Verhältnisse! Im hinteren Teil, der eigentlich ein kleines Feld war, baute Oma mithilfe einiger Dörfler Weizen und Mais für ihre Fladenbrote an. Daneben, im Gemüsegarten, wuchsen leuchtend rote Fleischtomaten, schmackhafte Gurken, Zucchini und Paprika, viele Kräuter und Blumen. Natürlich hatten wir auch einen Stall mit sechs, sieben Hühnern. Das Pferd war nach Opa Alis Tod verkauft worden, sein Stall diente fortan als Abstellraum. Ganz hinten, vor dem Zaun zum Nachbarn, wuchs ein riesiger Feigenbaum. Obwohl es uns streng verboten war, hinaufzukraxeln, machten wir dort doch aufregende Kletterspiele.

»Ja, Cavidan, zu Hause ist eben zu Hause, und auch damals haben die Leute nicht schlecht gelebt!«

Endlich nahte der große Moment. Tagelang haben wir darauf hingearbeitet. Wir, das waren zwei neunjährige Mädchen. Wir wuchsen bei einer einsamen alten Frau auf, die nun in der Mitte ihres achten Lebensjahrzehnts stand. In einem von der Welt vergessenen türkischen Provinznest, einem »Erdhaus« ohne Radio und Fernsehen. Aber den Kopf voller Träume und gesegnet mit einer Kreativität, wie sie wohl nur Kinder entwickeln können, die aus wenig viel zu machen und mit heißem Herzen zu spielen verstehen.

Ausschlaggebend war ein deutscher Modekatalog, den die Nachbarstochter Leyla irgendwo aufgegabelt hatte und der bei uns liegengeblieben war. Den studierten wir, von vorn bis hinten, mit großen Augen und wachsender Begeisterung. Bis feststand: Wir machen unsere eigene Modenschau! Hatten wir nicht alles, was man dazu braucht? Eine Bühne mit Laufsteg: schnell gemacht, aus Linien, die man mit einem Stock in den Sand zieht und auf die man zur Markierung Steine und Äste legt. Schicke Kleider, nach unseren Entwürfen: kein Problem, angesichts gut gefüllter Resteschubladen der Mütter unserer Schulfreundinnen. Und dank der glänzenden Plastikfolie, die Baba eigentlich für die Renovierung des Gästezimmers vorgesehen hatte. Mannequins, die unsere Kreationen vorführten: all unsere Freundinnen natürlich. Eine Couturière, um die Kollektion zu entwerfen: niemand anders als meine Schwester Hati, die konnte schon immer gut zeichnen und basteln. Eine Coiffeuse für die Frisuren und eine Regisseurin der ganzen Veranstaltung: ich selbst, wer sonst! Denn im Versorgen der Haarpracht Babannes war ich ebenso Spitze wie darin, die Nachbarskinder nach meiner Pfeife tanzen zu lassen.

So werkelte, bastelte und schnibbelte die eine Gruppe mit Hati, was das Zeug hielt. Und unter meiner Führung übte die andere, sich zu bewegen, wie *Manken*, Mannequins, sich eben zu bewegen haben: in tänzelnden Schritten, mit eingezogenem Bauch, erhobenem Kopf und schwingenden Hüften …

Unmittelbar vor dem großen Ereignis verpasste ich meinen Mädels alle nur möglichen Frisuren (allerdings ohne ihnen die Haare zu schneiden, denn das hätte uns in die größten Schwierigkeiten gebracht): Zöpfe, Pferdeschwänze, Knoten, hochgesteckte Türme …

Dann ging es los! Unsere »Bühne« hatten wir vor die Wäscheleine in Babannes Garten gelegt, sodass wir mit Wäscheklammern einen Vorhang daran befestigen konnten. Das »Event« hatte sich in Windeseile herumgesprochen, und alle wollten dabei sein. Jedes Mal, wenn sich der Vorhang hob und eines unserer *Manken* den »Laufsteg« betrat, gab es prasselnden Beifall von mehreren Dutzend Kindern. Der kindlichen Fantasie sind keine Grenzen gesetzt, das wurde hier wieder einmal bewiesen.

Tausendundeine Nacht – diesmal schon eine Nacht zu viel

Susurluk, Westtürkei, so ab 1977

Jeden Sommer wird es sehr eng in unserem kleinen Haus. Meine *Alamancılar*, meine Deutschländer – das ist eure Zeit! Die kompletten hessischen Schulferien verbringt ihr bei uns und stellt unser Leben auf den Kopf. Ihr Eltern, Geschwister, unsere ganze Familie! Wochenlang habe ich euch, an meinem Fenster sitzend, entgegengefiebert.

Endlich ist es so weit. Der blaue Mercedes-Kleinbus mit dem hohen Dachgepäckträger rollt vor, vollgestopft mit Koffern, Paketen und Taschen, Zeitschriften und Spielzeug. Plötzlich hält das deutsche Konsumleben Einzug bei uns und erfüllte die Luft mit etwas, das ich für den Duft der großen weiten Welt halte. Was muss Deutschland für ein sagenhaftes Land sein! Wie modern meine Geschwister gekleidet sind! Und all die schönen Sachen, die Hati und ich auch dieses Mal geschenkt bekommen! Puppen und Minihäuser, Hüpfbälle, Kaufläden, Kochgeschirr, Malkreide und Bilderbücher. Seit es für die Eltern in Deutschland aufwärts geht, können wir uns über diese Art der Zuwendung wahrlich nicht beklagen. Für unsere Geschwister haben sie gewiss nie so viel Geld auf einmal ausgegeben. Ein Versuch der Wiedergutmachung?

Und dann jedes Mal der Schock, wenn die zwei fremden Welten aufeinanderprallen. Kaum ist die Woge freudiger Begrüßung verebbt, beginnen auch schon die Eifersüchteleien und Reibereien unter uns Geschwistern. Bei jeder Gelegenheit geben die Deutschländer uns zu verstehen, dass wir nicht zu ihnen gehören. Trotzdem schlafen sie mit der allergrößten Selbstverständlichkeit in unseren Betten!

Cavidan und Ali, die beiden nach uns Geborenen, verfügten über ein ideales Mittel, den Altersunterschied mehr als auszugleichen: Demonstrativ sprachen sie immer wieder deutsch miteinander. Sie konnten *uns* immer verstehen, *wir* aber hatten keine Möglichkeit, uns in ihre Gespräche einzuklinken.

Unsere Eltern bekamen von dem Gerangel kaum etwas mit. Oder taten sie nur so? Sie wohnten im Gästezimmer im oberen Stockwerk, vom Hof aus erreichbar über eine Außentreppe. Ihr Zimmer war das schönste im ganzen Haus.

»Immer das Beste für die Gäste!«

Viel interessanter als das Elternzimmer war oben jedoch die Vorratskammer. Dort verwahrte meine Mutter ihre wertvollsten Schätze. Alles, was ihr lieb und teuer war und was sie für später aufzuheben gedachte, wurde dort verstaut. Meine Eltern planten, im Alter wieder in die Türkei zurückzugehen, und dann wollten sie es gut haben. Mir gingen die Augen über, wenn ich die feinen Stoffe, die nagelneuen Möbel, das schneeweiße Geschirr mit Goldrand und das glänzende Besteck sehen durfte. Und jedes Jahr brachten sie weitere Kostbarkeiten mit!

Einmal, als meine Mutter allein in der Kammer herumkramte und ihre Sachen sortierte, versuchte ich mich ihr zu nähern.

»Darf ich bei dir im Bett schlafen, Mama? Bitte, bitte, nur ein einziges Mal!«

»Kommt gar nicht infrage. Keines der Kinder darf im Elternbett schlafen.«

Ihrem barschen Ton war deutlich anzumerken, dass die Sache damit ein für alle Mal erledigt war.

Mein Herz zog sich zusammen. Wie gern hätte ich, einmal nur, die Nähe meiner Mutter gespürt, ihre Haut gestreichelt oder an ihrem Haar gerochen. Aber keine Chance. Sie ließ mich nie an sich ran. Viele Jahre sollten vergehen, bis ich innerlich bereit war, für Mutters Verhalten Verständnis aufzubringen. Bis ich einsah, dass Distanzierung die einzige Möglichkeit für sie war, mit der Trennung klarzukommen. So nabelte sie uns ein zweites Mal ab, nämlich emotional. Als hätte sie uns zur Adoption freigegeben.

Dass sie ganz anders empfand, deutete sich für mich erstmals an, als ich zufällig ein Gespräch zwischen ihr und Babanne mitbekam. Ich dachte, ich höre nicht richtig, als sie von Großmutter verlangte:

»Ich meine, du solltest dich ein bisschen mehr um Ayşe kümmern. Sie macht mir ein bisschen Sorgen. Ich glaube, sie fühlt sich einsam.«

Babanne hat nie einen Hehl daraus gemacht, wer von uns Zwillingen ihr Liebling war. Alle wussten es.

Aber Mutter macht sich Gedanken um mich!

Ich jubelte innerlich: Endlich einmal schlug sie sich auf meine Seite. Doch der Triumph war nur von kurzer Dauer, denn schon im nächsten Moment musste ich miterleben, dass Mama wie ein dummes Schulmädchen zusammengestaucht wurde.

»Was bildest du dir ein, dich in meine Angelegenheiten einzumischen! Du hast mir überhaupt nichts zu sagen. Die Erziehung der Mädchen ist allein meine Sache, und ich weiß genau, was ich zu tun und zu lassen habe.«

Muazzez schwieg betroffen. Die übermächtige Arife aber war noch nicht fertig.

»Im Übrigen ist Ayşe genau wie du, und du weißt, was ich von dir halte.«

Ich konnte mir damals zwar keinen Reim darauf machen, was genau damit gemeint war, aber unterm Strich war sonnenklar, dass sie eine tiefe Abneigung uns beiden gegenüber hegte. Zum ersten Mal fühlte ich so etwas wie eine innere Verbundenheit zwischen Mutter und mir.

◈

Karacabey, Westtürkei, im Jahr 1953

Als Mama und Baba sich zum ersten Mal begegneten, so erzählten sie gern, verliebten sie sich sofort ineinander. Muazzez war noch blutjung, ganze 14 Jahre alt. Nach traditionellem Recht hatte sie damit aber bereits das heiratsfähige Alter erreicht. Nicht wenige Mädchen werden dann sogar heute noch mit einem Mann, oft selbst noch ein Jüngling, vermählt. Sie werden »in die Ehe gegeben«, wie es so schön heißt.

Bei Mama und Baba aber verhielt es sich anders. Ganz anders. Sie *sollten* nicht heiraten, sie *wollten* es. Das war riskant, aber sie hatten beschlossen, alles auf eine Karte zu setzen. Sie planten Muazzez' Flucht aus ihrem Elternhaus! Bei Nacht und Nebel machte das Mädchen sich auf, um bei ihrem geliebten Turhan zu sein. Freunde gaben dem Liebespaar heimlich Unterschlupf.

Das war starker Tobak! Die Flucht der Tochter des Hauses zu ihrem Angebeteten schlug in der Verwandtschaft ein wie eine Bombe. Und auch Turhans Familie war alles andere als erbaut. Schließlich hatte sich Turhan, der älteste Sohn Babannes und Alis, damit ebenfalls einer flagranten Grenzüberschreitung schuldig gemacht. Ich bekomme jetzt noch eine Gänsehaut, wenn ich mir das vorstelle: meine Eltern im Mittelpunkt einer hochdramatischen, echt orientalisch-romantischen Liebesgeschichte wie aus dem berühmten *1001 Nacht*!

Die beiden wollten die Heirat erzwingen. Mit allen Mitteln. Und ihr gewagter Plan ging auf! Nur eine einzige Nacht waren die Liebenden unbeaufsichtigt zusammen – aber das war nach den Gesetzen von Sitte und Moral schon eine Nacht zu viel …

Nun gab es zwei Möglichkeiten, um die verletzte Ehre beider Familien wiederherzustellen: entweder die schleunige Heirat des Paares – oder eine feindselige Auseinandersetzung zwischen den beiden Sippen. Glücklicherweise siegte die Vernunft. Die Leidenschaft überließ man den bald Frischvermählten.

Doch die Abkühlung ließ nicht lange auf sich warten. Nicht zwischen Muazzez und Turhan – diese beiden haben sich immer geliebt, das kann mit Fug und Recht behauptet werden. Wohl aber hinsichtlich ihrer Beziehung zu Turhans Familie, die nun den Rahmen ihres gemeinsamen Lebens bildete. Muazzez zog zu Turhan auf den Gutshof seiner Familie in Karacabey. Dort lebten damals Oma und Opa mit ihren vier Kindern, zwei Söhnen und zwei Töchtern.

Wie schon erwähnt: In der türkischen Großfamilie wird das Verhältnis zwischen Eltern und Kindern von Leistung und Gegenleistung bestimmt. Muazzez und Turhan hatten ihren Willen bekommen. Nun aber mussten sie dafür bezahlen. Man kann sich ausmalen, wer den Preis festsetzte. Und wer ihn zu entrichten hatte.

Unerbittlich machte die Schwiegermutter ihre Schwiegertochter zur Familiensklavin. Das junge Mädchen musste bis zur Erschöpfung putzen, waschen, kochen und aufs Wort gehorchen. Auch als sie mit 15 Jahren zum ersten Mal guter Hoffnung war, gewährte Babanne ihr nicht den Hauch einer Schonung. Mama musste während der gesamten Schwangerschaft Schwerstarbeit in Haus und Hof verrichten. Vermutlich, ohne dafür ein einziges Wort der Anerkennung oder gar des Dankes zu bekommen.

So oder so ähnlich ging und geht es in unzähligen Familien zu, und man sollte sich vor der Behauptung hüten, dies sei allein im islamischen Kulturkreis so. Typisch für *unsere* Familie ist, dass es nicht lange gut ging. Aber auch, dass kein Aufstand der Entrechteten den Stein ins Rollen brachte. Nein, es fand keine Revolution statt. Eher ein stiller Auszug aus dem Elend. Die folgende Geschichte habe ich von meinem Vater, und ich halte sie für ausgesprochen verlässlich, weil er darin nicht als glänzender Held dasteht, sondern als ganz normaler Mensch mit Licht und Schatten in seiner Seele.

Unsere älteste Schwester Aynur ist gerade ein paar Monate alt, da kommt es zum Eklat. Irgendein falscher Handgriff meiner Mutter, und Babanne gerät außer sich.

»Ich habe mir das jetzt lange genug angeschaut. Du *kannst* nichts, und du *bist* nichts. Geh mir aus den Augen!«

Meine Mutter hat die Tirade, wie immer wohl, regungslos über sich ergehen lassen und will schon das Feld räumen. Babannes Gezeter aber hat meinen Vater angelockt, der gerade in der Nähe ist. Sein plötzliches Erscheinen puscht Babanne noch weiter hoch, und nun geht es richtig zur Sache.

»Für meinen Turhan bist du einfach nicht gut genug«, schreit sie ihrer Schwiegertochter nach. »Turhan hat weiß Gott etwas Besseres verdient als dich!«

Und dann der folgenschwere Satz:

»Nimm dein Kind und geh dahin zurück, wo du hergekommen bist!«

Und Turhan? Schaut betreten zu Boden und sagt kein Wort.

Gedemütigt packt Muazzez ihre Koffer. Was sie in diesem Moment wohl gefühlt haben mag? Sie ist in allen Ehren verheiratet worden, hat stets Pflichten erfüllt, und nun das. In Schimpf und Schande zur eigenen Familie zurückkehren zu müssen. Mit einem Säugling auf dem Arm. Und alle schauen zu! Selbst ihr geliebter Mann …

Doch damit war Muazzez keineswegs von der Bildfläche verschwunden. Und nein, Baba hat seine große Liebe nicht verraten, obwohl er wie Wachs in den Händen seiner Mutter war. Doch wie sagt man? *Balmumunu yogururken parmaklarinin sıcak olmali fakat dikkat et mum isigi sıcakliginda – wenn du Wachs knetest, sollten deine Finger warm sein, aber nicht so heiß wie eine Kerzenflamme.* Und dieses Mal, dieses eine Mal, hatte Babanne den Bogen überspannt. Mit beträchtlichen Konsequenzen für sie selbst. Denn die Geschichte geht noch weiter.

Kaum war seine geliebte Muazzez weg, begriff Turhan, was er getan oder vielmehr unterlassen hatte. Die Pein seines schlechten Gewissens wurde nur vom Schmerz der Sehnsucht nach Frau und Kind übertroffen. Er konnte nicht mehr klar denken, sprach unablässig von seiner Familie und wurde vor Kummer immer dünner. Liebeskrank! Und seine Mutter? Wenn schon nicht die Achtung vor seinen Gefühlen, so untergrub allmählich doch die wachsende Sorge um die Gesundheit ihres Lieblingssohnes ihren Willen zur absoluten Macht im Hause. Es dauerte ein ganzes Jahr, aber schließlich lenkte sie ein und gab ihrem Sohn die Erlaubnis, seine Frau zurückzuholen.

Offenbar hatten die jungen Leute ihre Lektion gelernt. Von nun an passte kein Blatt Papier mehr zwischen sie. Babanne spürte wohl, dass ihr Sohn ihr zu entgleiten drohte, und lockerte den festen Griff, in den sie ihre Schwiegertochter genommen hatte, wenigstens so weit, dass massive Konflikte von da an ausblieben. Doch es war zu spät. Sie hatte sich die Suppe eingebrockt, und nun musste sie sie auch bis zur Neige auslöffeln.

Mein Vater hat nie ausdrücklich einen direkten Zusammenhang zwischen diesen Ereignissen und seinem Wegzug nach Deutschland hergestellt. Der muss aber doch bestanden haben. Denn finanziell hätte er es nicht nötig gehabt, seine geliebte Heimat zu verlassen. Welchen Grund also kann es für einen bodenständigen Familienmenschen wie ihn sonst gegeben haben, als die Sorge um seine Ehe?

Turhan und Muazzez wagten ein großes Abenteuer. Für Babanne war es eine Katastrophe. Mit allen ihr zu Gebote stehenden Mitteln versuchte sie, ihren Lieblingssohn zurückzuhalten. Und in psychologischen Dingen war sie eine große Strategin! Baba hat sehr lebendig davon erzählt.

Mutterlist Nummer eins: dem Sohne schmeicheln.

»Du hast es doch gar nicht nötig, dir im Ausland einen Job zu suchen. Junge, du bist nicht dafür geboren, dich hinten anzustellen.«

Mutterlist Nummer zwei: seinen inneren Pascha kitzeln.

»Wir besitzen so viele Felder! Du verpachtest einige und kannst von den Erträgen deine Familie ernähren.«

Mutterlist Nummer drei: ihm mit großzügiger Geste beschränkte Autonomie anbieten.

»Du kannst dir auf einem unserer Grundstücke ein Haus bauen, dann hast du dein eigenes Reich …«

Schließlich Nummer vier, die Mutter aller Mutterlisten: ihm ein schlechtes Gewissen machen.

»Bleib bitte hier, wir brauchen dich doch! Was sollten wir ohne dich tun?«

Ja, sie machte es ihm richtig schwer! Aber er wollte einfach nur noch weg. Nein, er *musste* fort. Um seiner Frau willen, um ihres gemeinsamen Lebens willen. Es gibt Bäume, die so stark sind und die so viel Wasser und Sonne brauchen, dass unter ihrer Krone nichts anderes wachsen kann.

Die Würfel waren also gefallen. Aber damit nicht genug: Turhan ging wie verwandelt aus dieser schwierigen Phase hervor. Lange hatte er gebraucht, um sich gegenüber seiner Mutter in Stellung zu bringen. Doch nun entwickelte er Kräfte, die nicht nur sein eigenes Leben veränderten, sondern das der gesamten Familie. Seiner neu entdeckten Durchsetzungskraft hatte auch seine Mutter nichts entgegenzusetzen. Selbstsicher nutzte er seine natürliche Autorität als ältester Sohn, und geschickt zog er dabei den Vater auf seine Seite. Dieser liebäugelte ohnehin bereits mit einer mehr repräsentativen Funktion, statt sich bis ins hohe Alter im Tagesgeschäft eines Gutsverwalters abzuarbeiten. Ehe Babanne es sich versah, war ein weitsichtiger Plan gereift.

Wenn der Familienbesitz verpachtet würde, könnte Opa Ali seinen Traum verwirklichen und sich auf eine Rolle als Aufseher der Liegenschaften zurückziehen. Gleichzeitig würde Turhan, der älteste Sohn, von der Verpflichtung entbunden, sein Nachfolger zu werden. Niemand könnte mehr sagen, Turhan habe seine Familie im Stich gelassen! Auch für die Eltern und die jüngeren Geschwister gab es eine Lösung: Sie würden in den Nebensitz der Familie umziehen, ins »Erdhaus« nach Susurluk.

»Dort könnt ihr ohne Sorgen von den Pachteinkünften leben, und dieses kleine Anwesen wird euch im Alter keine Last sein. Außerdem ist dann alles, was ihr braucht, direkt in eurer Nähe.«

Es gelang unserem Vater tatsächlich, den Spieß umzudrehen! Sogar die Argumente, mit denen Babanne ihn zum Dableiben bewegen wollte, hatte er sich zu eigen gemacht.

Und so, wie er es wollte, kam es dann auch. Die Eltern und Geschwister zogen um, und Turhan ging im Alter von 27 Jahren ganz beruhigt und guten Gewissens mit seiner (noch) kleinen Familie nach Deutschland.

In einem Punkt allerdings sollte seine Mutter doch recht behalten: Mein Vater war wirklich nicht dafür geboren, sich hinten anzustellen und noch einmal ganz klein anzufangen. Er war sehr fleißig, und seine Frau stand ihm in nichts nach. Es gelang ihm sogar, in einer deutschen Baufirma bis zum Vorarbeiter aufzusteigen. Was zu jener Zeit bedeutete, dass er auch einheimische Kollegen unter sich hatte. Aber wie viel weiter konnte es ein türkischer Gastarbeiter in Deutschland noch bringen? Eines war klar: Turhans Reputation würde in Deutschland nie auch nur annähernd dieselbe sein wie in der Türkei. Darunter litt Baba beträchtlich, auch wenn sein Stolz es ihm verbot, dies irgendjemandem zu zeigen. Insgeheim aber schämte er sich dafür, doch früher an seine Grenzen gestoßen zu sein, als er es sich bei seinem Aufbruch in die Fremde erträumt hatte. Erkennbar wurde das nur indirekt, wenn er, wie so viele seiner Landsleute, auf Heimaturlaub ganz gern ein wenig den gemachten Mann spielte.

Ein wahrer Segen war der Wegzug aus Babannes Einflusssphäre aber für die Ehe unserer Eltern. Die Unabhängigkeit von der Sippe und die Beständigkeit ihrer Liebe entschädigten die beiden für vieles. Dass Babanne versuchen würde, sich anderweitig an Turhan schadlos zu halten, brachte wiederum meine Schwester und mich ins Spiel. Aber wer wollte darüber richten, wenn Eltern ihre Kinder unbewusst benutzen, um ihr eigenes Leben in Ordnung zu bringen? Und wenn die Kinder wiederum die Programme, die ihnen selbst eingeschrieben wurden, ihren eigenen Nachkommen als Lebensauftrag mitgeben?

Letztlich geht es immer nur um die Liebe. Und wenn die Liebe nicht frei fließen kann, sucht sich der Strom der Gefühle eben verborgene Wege. Ich glaube, dass Babanne es nicht verwinden konnte, dass ihr Erstgeborener, ihr Liebling, eine andere Frau mehr liebte als sie selbst, seine Mutter. Insofern habe ich als Kind bei meiner Oma auch stellvertretend für meine Mutter gelitten.

Wenn ich nicht gehorchte, schalt mich die Vatermutter immer wieder:

»Du bist ein schlimmes Kind, du bist so stolz und stur wie deine Mutter.«

Baba

Vier Tage vor Ende der deutschen Schulferien wurde für die Heimfahrt gepackt. Vater und Ahmet, der ältere unserer beiden größeren Brüder, zurrten die Koffer und Pakete auf dem Dach des Kleinbusses fest. Mutter verstaute den Proviant für die Fahrt in großen Kühltaschen, und dann stiegen alle acht ins Auto und fuhren davon.

Meine Familie! Lässt mich einfach zurück! Jedes Jahr aufs Neue.

Tagelang saß ich danach an meinem Fenster und träumte ihnen voller Sehnsucht hinterher.

»Im nächsten Jahr darfst du mitkommen!«

Auch das hatte ich schon letztes Jahr gehört, ebenso wie das Jahr zuvor.

Und doch saß hier wieder ein Häufchen Elend und wusste, sie hatten erneut gelogen. Wie jedes Jahr. Immer diese falschen Versprechungen! Wenn sie wenigstens den Mut hätten, die Wahrheit zu sagen.

Wütend, enttäuscht, verlassen. Dermaßen einsam. Mit leeren Augen schaue ich zum *Kahwe* hinüber. Was bleibt mir anderes übrig, als das Fenster weit zu öffnen und mich in mein Traumschauen zu flüchten. Komisch: Je trauriger ich bin, desto besser funktioniert es. Ich muss nur ganz ruhig werden, und schon tragen mich die Bilder fort. Schöner denn je sehe ich mich. Auf einem mit Blüten geschmückten Boot in wehenden weißen Kleidern. Ich trage einen funkelnden Diamantring. So, wie kleine Mädchen sich das eben vorstellen …

Wenn ich groß bin, nehmen sie mich mit nach Deutschland. Dort werde ich mir genau so einen Ring kaufen.

Von Kindesbeinen an wurde meine emotionale Innenwelt nach einem klaren Prinzip organisiert: Zuwendung ist durch Anstrengung zu verdienen. Leistung und Gegenleistung. Bezahlen und bekommen, auch im Bereich der Gefühle, des Herzens, der Liebe. Was habe ich nicht alles unternommen für ein bisschen Lob und Anerkennung. Ich sehe sie vor mir, die kleine Ayşe mit ihren neun, zehn oder elf Jahren. Ein dünnes kleines Mädchen mit einem Herzen voller Sehnsucht. Sie versucht sich nützlich zu machen, wo es nur geht. Sie backt Kuchen, putzt und räumt den beiden Mitbewohnerinnen alles hinterher – in der Hoffnung, dass die Oma es merkt und endlich ein gutes Wort für sie übrig hat. Zu Hause so tüchtig und in der Schule eine kleine Streberin. Immer will sie ihr Bestes geben. Irgendwann gelingt es ihr, die Schwester in puncto Geschicklichkeit und Fleiß zu übertrumpfen. Sie kann besser kochen und backen, stricken, nähen und sticken als sie. So ein braves, fleißiges kleines Ding. Doch wo soll das hinführen, wenn ihre Leistung nicht belohnt wird?

Der einzige Mensch, der mir in jener Zeit das Gefühl gab, dass er mich ohne Wenn und Aber lieb hatte, war Vater. Dreimal, viermal im Jahr überraschte er uns mit einem Besuch übers verlängerte Wochenende. Ein Freudenfest! Er machte sich einen Spaß daraus, ohne Anmeldung einfach in der Tür zu stehen und zu rufen:

»*Ikizlerim – meine Zwillinge!*«

Auf einen Schlag war der Raum voller Leben. Mit seinem strahlenden Lachen bezauberte er uns, wir waren hingerissen von seinem Charme, seinem ganzen Auftreten. Wir bewunderten, ja wir vergötterten ihn geradezu, unseren Baba.

Ich habe diese Bilder nicht nur mit jedem Detail in meiner Erinnerung bewahrt, sondern vermag auch die schönen Gefühle, die damit einhergingen, jederzeit wieder abzurufen. Selbst gewisse Übertreibungen in seiner Erscheinung und die Brüche in seinem Verhalten, die ich heute sehr wohl einzuschätzen weiß, trüben die positiven Empfindungen nicht. Ich trete innerlich jeder Einzelheit in meiner Erinnerung mit derselben naiven Zuneigung und Verehrung gegenüber wie damals, als es Gegenwart war. Ja, ich idealisierte meinen Vater nur zu gern, obwohl er entscheidend dazu beitrug, dass ich mir ein inneres Gefängnis erbaute, aus dem nur schwer zu entkommen war.

So sah ich meinen Vater als Mittvierziger: ein attraktiver, gut angezogener Mann. Auf Stippvisite bei uns trug er stets Sonntagskleidung: ein weißes Hemd, perlmutterne Manschettenknöpfe mit goldener Fassung, eine auffällige Krawatte. Glitzernde Ringe mit großen Steinen und eine schwere goldene Kette um den Hals. In der kalten Jahreszeit liebte er russische Fellmützen und Jacken mit Pelzbesatz. Für mich sah er aus wie ein Filmstar, und ich bewahre diese Gefühle noch heute wie ein inneres Heiligtum.

Er war mein Idol, und ich fürchte, er ist es im Unterbewusstsein immer noch. Immer wieder habe ich mich in Männer verliebt, die mich an meinen Vater erinnern. Er war außergewöhnlich groß – 1,96 Meter – und überragte damit fast alle seine Landsleute. Sein Körper war muskulös und geschmeidig, das Gesicht männlich-markant, sein Haar pechschwarz, die Wimpern lang und seidig. Etwas ganz Besonderes schien mir der warme Olivton seiner Haut, ein Erbteil von seiner Mutter.

Natürlich gab er sich als Patriarch, wie er im Buche steht. Stärken und Schwächen schlummerten in seiner Seele in trauter Nachbarschaft. Er war von Herzen freigebig und überhäufte uns bei seinen Besuchen mit Geschenken. Hatte er gute Laune, konnte er alle bezaubern. Hatte er sich geärgert, brüllte und tobte er, dass die Wände wackelten. Und dann konnte ihm auch die Hand ausrutschen, was er hinterher natürlich immer bereute. Bei mir ist ihm das nicht passiert, bis auf eine einzige Ausnahme.

Während seiner Kurzbesuche in Susurluk waren Hatice und ich Tag und Nacht um Babas Wohl besorgt. Dabei suchte ich immer noch ein bisschen mehr seine Nähe als meine Schwester. Es gab so viel nachzuholen! Ich riss mich darum, ihm abends die Füße waschen und massieren zu dürfen und ihm das Essen ins Gästezimmer zu bringen. Dort pflegte er seine Mahlzeiten allein einzunehmen, der alte Pascha.

Das allergrößte Vergnügen bereitete es uns Mädchen, mit unserem Baba auszugehen. Er staffierte uns mit schönen Kleidern aus Deutschland aus und führte uns, an jeder Hand eine, stolz durch die Stadt. Meistens bummelten wir zuerst über den Marktplatz mit den vielen Gemüseläden, Cafés und Geschäften. Jeder kannte und grüßte uns.

»Ah, der Papa ist wieder im Lande. Wie geht es dir, Turhan?«

Dann wurde hier ein wenig geplauscht und dort ein Späßchen gemacht.

»Na, führst du deine kleinen Prinzessinnen aus? Man sieht sie ja sonst nie. Sie kommen gar nicht aus dem Haus.«

Fast immer führten unsere Spaziergänge zum *Garaj*, dem großen Busbahnhof. Das war vielleicht ein aufregender Platz! Ein einziges Kommen und Gehen, ein Trubel fast wie auf einem Volksfest. Auf allen großen Überlandfahrten wurde hier ein Zwischenstopp eingelegt. Manchmal spuckten drei, vier Busse gleichzeitig Massen von Reisenden aus, die nach einer Stunde Pause ebenso lärmend wieder verschwanden, wie sie gekommen waren.

An den Obstständen gab es die größten und süßesten Pfirsiche, und natürlich bekamen wir auch Eis und in der Gaststätte einen Teller mit *Lokum* und klebrig-süßem *Baklava*. Oft hatten wir hinterher Magendrücken von den vielen Leckereien und mussten uns die Bäuche halten, so vollgefuttert waren wir.

Vater ging immer zum *Garaj*, wenn er in Susurluk war. In den Männercafés traf er seine alten Freunde wieder und tauschte Neuigkeiten mit ihnen aus. Nach wie vor galt er als angesehener Mann. Einer von den Deutschländern eben, die für türkische Verhältnisse sehr viel Geld verdienten. Und er genoss es, seine Zwillinge zu präsentieren. Wir waren seine beiden Püppchen, und natürlich benahmen wir uns so artig, wie wir nur konnten. Auf dem Nachhauseweg kaufte er uns Geschenke. Damit wir alle drei auch wirklich genau gleich schön waren! Hatte er einen Hut auf, bekamen auch wir Hüte. Und da er selbst immer Ringe trug, sorgte er dafür, dass auch jede von uns einen tragen konnte.

Ich habe es so geliebt, an der Hand meines Vaters durch die Straßen zu flanieren! Es fühlte sich großartig an, von diesem schönen, starken Mann geführt zu werden. Kaum zu Hause angelangt, wartete ich nur darauf, auf seinem Schoß sitzen zu dürfen. Wenn er seinen Arm um mich legte, fühlte ich mich so unendlich geborgen. Er war so groß, dass mein ganzer Körper in seinen Armen förmlich versank. Nie wieder habe ich mich so beschützt gefühlt. Ich konnte einfach nur ein kleines, in seinen Papa verliebtes Mädchen sein und an seiner Haut schnuppern. Sein türkisches Eau de Cologne – ich verschweige geflissentlich, was ich heute davon halten würde – verband sich so perfekt mit dem Geruch seiner warmen Haut.

Ehrlich gesagt, habe ich immer gehofft, dass mein Vater mich mehr liebt als Hatice. Wenigstens *er* sollte *mich* bevorzugen. Der einzige Mensch in 16 Jahren, der mir das Gefühl gab, dass er mich wirklich *sah* – und *gern* sah! Nach unseren tränenreichen Abschieden setzte ich mich immer an mein Fenster und machte die Flügel so weit auf wie es nur ging. Mein Wunschgebet war dann immer dasselbe:

Lieber Gott, wenn ich einmal groß bin, möchte ich genauso schön und strahlend werden wie mein Papa. Bitte mach, dass ich auch so kostbare Kleider tragen kann wie er und dass die Leute genauso bewundernd über mich reden. Danke, lieber Gott. Deine Ayşe.

»Das Fleisch für dich, die Knochen für mich«

D*işini sikmak – die Zähne zusammenbeißen*, womöglich ein Leben lang: das mochte bei anderen funktionieren, aber nicht bei einem »so stolzen und sturen Kind«, wie ich es wohl war. Alle meine Bemühungen, durch Anpassung und Leistungswillen ein Mindestmaß an Zuwendung und Anerkennung zu bekommen, blieben ja fruchtlos. Da war es nur eine Frage der Zeit, bis ich zu rebellieren begann. Früher noch als andere, mit elf Jahren schon.

Ich begann jetzt eigene Wege zu gehen. Nach der Schule, wenn alle Kinder brav nach Hause trotteten, zog es mich in Richtung *Susurluk Parkı*. Diese Oase der Entspannung für Jung und Alt lag unmittelbar an unserem Nachhauseweg. Ein wunderschöner, gepflegter Stadtpark, die beliebteste Flaniermeile der *Susurluklular*, der Bürger von Susurluk.

Hier taten sich hochinteressante Dinge. Nachmittags trafen sich die Kinder zum Spielen, nach dem Abendessen die Familien zum Verdauungsspaziergang, und wenn die gegangen waren, kamen die verliebten Pärchen. Sonntags waren dann alle zusammen da: Eltern, Großeltern, die ganze Verwandtschaft, jede Menge Kinder, Heranwachsende und die jungen Männer auf Brautschau.

Im Schatten der hohen Bäume lag ein hübsches Café. Dort nahmen die Erwachsenen nachmittags ihren süßen *Tschai*, während die Kinder sich auf dem wunderbarsten aller Spielplätze vergnügten. Was für eine Auswahl an Karussells, Wippen, Schaukeln, Kletternetzen und Spielhäuschen – ein Betrieb fast wie auf einem Jahrmarkt.

Ich liebte es, mich dort herumzutreiben. Als Erstes zog ich mir die Schuhe aus und sauste barfuß über den weichen Rasen. Manchmal saß ich einfach nur auf dem Boden, sortierte die Steinchen auf dem Kiesweg und ließ mir den feinen Sand durch die Finger rieseln. Oder ich hörte dem Zwitschern der Vögel in den Platanen zu. Wie gepflegt hier alles war! Der Duft der Blumen, ein unvergleichliches Parfüm.

Wenn ich mal einen Garten habe, dann keinen Gemüsegarten wie Babanne, sondern einen, der genauso wunderschön ist wie dieser hier.

Hatice war von meinen Ausflügen nicht sonderlich begeistert. Sie ging zwar zunächst mit, versuchte aber stets, meinen Abenteuergeist zu bremsen.

»Komm, wir spielen, dass unsere Eltern drüben im Café sitzen«, versuchte ich sie zu motivieren.

Die Kinder sollten denken, wir hätten ebenfalls eine Mama und einen Papa, die auf uns aufpassten.

»Mamaaa! Schau mal, wie hoch ich schaukeln kann«, rief ich laut zum Café hinüber, damit es nur ja alle hörten.

Wie viel besser es doch den anderen Kindern geht, wir dagegen haben nicht mal eine normale Oma.

Es wäre wohl auch zu viel des Guten gewesen, von der *Ahretanne* der Gemeinde zu verlangen, sich dazu aufzuraffen, mit ihren Enkelkindern im öffentlichen Park Verstecken zu spielen!

Dafür ging ich jetzt umso öfter allein hin. Schon während des Unterrichts freute ich mich auf den Spielplatz.

Kaum ertönte der Gong, packte ich meinen Ranzen und sauste hinüber zu meinem Park. Mit großem Schwung landete die Schultasche im Sand, und ich setzte mich auf die größte aller Schaukeln. Dort war ich dann oft den ganzen Nachmittag nicht mehr wegzukriegen. Wie herrlich, in den tiefblauen Himmel zu fliegen. Alles Bedrückende, alles Belastende schaukelte ich mir aus den Gliedern, es flog mir geradezu aus dem Kopf.

»Frei wie ein Vogel!«

So sang ich. Und beim nächsten Schwung:

»Ich fliege euch allen davon!«

Und dann:

»Ihr werdet euch noch wundern! Ich bin ein wilder Vogel!«

Es waren Glücksmomente.

Leider machte mir Hatice zunehmend einen Strich durch die Rechnung. Je mehr ich mich für die Stunden der Freiheit auf dem Spielplatz begeisterte, desto mehr wurde sie zur Spielverderberin.

»Wir müssen nach Hause! Babanne sucht uns bestimmt schon und wird mit uns schimpfen.«

»Du kannst ja gehen! Ich bleibe so lange, wie es mir passt.«

Mir war es langsam *so* egal, was unsere Oma dachte! Für mich war jetzt der Park der Inbegriff von Freiheit. Spaß wollte ich haben. Amüsieren wollte ich mich. Ich kannte das doch noch gar nicht. Wie leicht und beschwingt ich mich schon fühlte, wenn ich auch nur über den Rasen laufen konnte. Ich schlug Purzelbäume, hüpfte herum wie ein junger Hund. Und ich spürte meine Kraft und Lebendigkeit. Sollte die Oma mich ruhig einsperren, ich würde doch nur wieder ausbüchsen!

So kam es, dass ich anfing, die Schule zu schwänzen. Aus der Streberin wurde eine genießerische Rebellin. Während meine Schwester im Unterricht saß, vertrieb ich mir die Zeit im Park. Endlich einmal ganz für mich allein sein und in den Tag hinein träumen. War das toll! Ich dachte mir drei Geheimzeichen aus und malte sie mit einem Stöckchen in den Sand. Jedes Zeichen stand für einen Wunsch.

Ich werde nach Deutschland gehen.
In Deutschland sind alle gut zu mir.
In Deutschland werde ich viele Freunde haben und viel Spaß.

Dann machte ich einen Kreis um die Zeichen und tanzte ein bisschen darum herum wie eine kleine Zauberin. So hatte ich es in einem Kinderbuch gelesen, und die wichtige Miene dabei hatte ich mir von Babanne abgeschaut, wenn sie ihren rätselhaften Ritualen nachging. Am Schluss wischte ich alles wieder weg, begleitet von einem »Husch, husch, husch!«

Gleichzeitig stellte ich mir vor, dass damit alles wahr werden würde. Ich war wohl ein kleines Naturtalent in diesen Dingen.

Es gab auch Tage, da schaukelte ich stundenlang und träumte nur so vor mich hin, bis es dunkel wurde. Irgendwann kam Babanne mich dann immer holen.

Einmal aber wurde ich von meinem Lehrer erwischt. Das war schlimm. Herr Mürluk war gerade auf dem Weg zur Schule. Als er in meine Richtung schaute, konnte ich mich nicht mehr rechtzeitig wegducken.

»Was macht denn die kleine Ayşe hier am Spielplatz?«

Die Frage war rhetorisch gemeint, aber der Ton drohend. Ich hätte mir vor Angst fast in die Hosen gemacht.

»Da wird sich deine Oma aber freuen, wenn ich ihr erzähle, wo du dich morgens herumtreibst.«

Am nächsten Tag musste ich vor die Klasse treten. Daumen und Finger beider Hände zusammenlegen und nach oben halten. An mir wurde ein Exempel statuiert.

»Damit du nie wieder vergisst, wo du am Morgen zu sein hast!«

Mit diesen Worten holte der Lehrer weit aus und ließ die Rute zehnmal auf meine Fingerspitzen sausen.

Höllisch weh tat das! Aber ich verkniff mir die Tränen.

Stolz und stur!

Viel schlimmer noch als die Schmerzen wäre es gewesen, vor der Klasse zu heulen.

In unserer Schule waren Backpfeifen, das Ziehen an den Ohren oder Haaren und andere Misshandlungen durch die Lehrer an der Tagesordnung. Eben die üblichen Sanktionen einer autoritären Erziehung, wenn wir schwatzten, unsere Hausaufgaben nicht gemacht hatten oder unfolgsam waren. Wir kannten es nicht anders. Und hatten eine Riesenangst vor unseren Lehrern. Sie waren nach dem *Hotscha* die am meisten gefürchteten Respektspersonen. Noch aus alter Zeit stammte der rabiate Satz, mit dem der Lehrer ein Kind bei seiner Einschulung von dessen Vater in Empfang nahm:

»Eti senim, kerim benim – das Fleisch für dich, die Knochen für mich.«

Wie es sich in den Augen Babannes gehörte, besuchten wir neben der Grund- und Hauptschule auch die Koranschule. In diesen Dingen war sie äußerst rigoros. Ich frage mich, ob da nicht auch ein Bedürfnis mitspielte, das eigene spirituelle Abweichlertum wettzumachen. Sie selbst bewegte sich mit ihren Praktiken auf schmalem Grat, wenn man die Maßstäbe der sunnitischen Orthodoxie anlegte. Die lernten wir Kinder nun dafür umso besser kennen.

Auf Wunsch unserer Erziehungsberechtigten traten wir zwischen dem achten und 15. Lebensjahr zweimal in der Woche zum privaten Religionsunterricht an. Dafür bezahlte unsere Oma eine Menge Geld, und sie bereute es sicher keine Sekunde.

In der Türkei gibt es zwei Bildungssysteme mit jeweils unterschiedlichen Aufgaben und unterschiedlichen Regeln. Das öffentliche Schulsystem funktioniert im Grunde genau wie in Deutschland: *Alle* müssen zur Schule gehen, und alle werden gleich behandelt, jedenfalls der Idee nach. Daneben gibt es den Bereich des religiösen Unterrichts, der nach den Regeln des Islam organisiert ist: *Keiner* muss ihn besuchen, da die Türkische Republik sich als säkularen Staat begreift. Diejenigen aber, die hingehen, sind zwar vor Gott gleich, nicht jedoch vor der Tradition.

Während also die Jungs zum Lernen in die Moschee durften und vom *Hotscha* persönlich unterrichtet wurden, mussten wir Mädchen zu einer weiblichen Hilfspredigerin nach Hause. Schließlich soll möglichst früh eingeübt werden, dass es dem weiblichen Geschlecht nur an hohen Festtagen erlaubt ist, die Moschee überhaupt zu betreten.

Und dann auch nicht etwa den großen Gebetssaal, sondern nur die Sparversion, den Gebetsraum der Frauen.

Beim Religionsunterricht ging es noch strenger zu als in der Schule. Bereits im Hof des Hauses der Koranlehrerin mussten wir Kopftücher anlegen, um eingelassen zu werden. Schweigend hatten wir uns in die Gebetsecke zu kauern. Und der Unterricht? Fragen zu stellen war nicht direkt verboten, aber so gut wie undenkbar. Was also haben wir gelernt? Na, den Koran natürlich. *Auswendig* gelernt, um es genau zu sagen. Und, um ganz korrekt zu sein: *in arabischer Sprache.* Das ist schon eine Besonderheit der islamischen Welt: junge Menschen ein heiliges Buch, das viele hundert Seiten umfasst, auswendig lernen zu lassen, *ohne dass sie ein einziges Wort davon verstehen*! Volle sieben Jahre bimsten und büffelten wir, was das Zeug hielt. Erst das arabische Alphabet lernen, um den Text laut lesen zu können, auch wenn wir ihn nicht verstanden. Dann die Gebetstexte lesen und aufsagen. Unsere Lehrerin war sehr streng, sie achtete peinlich genau auf die richtige Betonung der Wörter und Sätze. Wenn wir einmal unsere Hausaufgaben nicht gemacht hatten, schimpfte sie und quälte uns mit bösen Drohungen. Und das wirkte! Schließlich waren wir tatsächlich in der Lage, den kompletten Koran Zeile um Zeile zu rezitieren, nahezu im gleichen rhythmischen Gebetsgesang wie ein *Muezzin.*

Abschluss und Höhepunkt unserer religiösen Erziehung war das heilige Fest des *Hatim Indirmek.* Das ist die türkische Version der Konfirmation, sozusagen. Wie alle großen Religionsfeste fand auch dieses in der Moschee statt. Babanne scheute keine Kosten und Mühen, um uns für den großen Tag herauszuputzen. Sie ließ uns Kleider aus wunderschönen Stoffen und dazu passende Kopfbedeckungen nähen, in denen wir wie kleine Bräute aussahen.

Hatim Indirmek war eine harte Prüfung vorangestellt, denn dabei galt es, die erworbenen Kenntnisse unter Beweis zu stellen.

»Ayşe sagt nun Kapitel 5 Sure 6 auf«, verkündete der *Hotscha* bei der feierlichen Zeremonie.

Und dann spulte ich meinen Text mustergültig ab. Auch Hati und die anderen meisterten ihre Gebete. Am Ende waren wir alle stolz, unseren Eintritt in die religiöse Gemeinschaft geschafft zu haben. Mit *Hatim Indirmek* waren wir gesellschaftlich anerkannt. Wir hatten den Segen Allahs zum Eintritt ins Erwachsenenleben. Die bombastische Inszenierung gefiel eigentlich auch mir, aber meine Eltern erschienen leider nicht zu diesem Fest. Vielleicht wurde damit die letzte Möglichkeit vertan, mich einzufangen für eine Existenz in jener Welt, in der meine Familie lebte.

Allahaısmarladık, Susurluk

Susurluk, Westtürkei, Sommer 1983

Fehlende Zuwendung von meiner einzigen Erziehungsberechtigten. Kaum noch Entwicklungsanreize in der Schule. Im Herzen aber schon der jugendlichen Drang, die Welt zu erobern. Es war wohl unvermeidlich, dass mit dem Eintreten in die Pubertät eine Protestlerin in mir heranwuchs. Ich brachte zwar nach wie vor gute Zensuren nach Hause, aber nicht, weil ich noch gut gearbeitet hätte, sondern weil ich nicht allzu sehr gefordert wurde. Von Großmutter ließ ich mir immer weniger sagen. Meistens war ich mit einer verschworenen Gang unterwegs, fast alle älter als ich. Was wir trieben, war nicht besonders originell, aber es schien uns Stärke und Zusammenhalt zu geben: gemeinsam rumhängen, Musik hören, rauchen und endlos miteinander reden.

Ich hatte entdeckt, dass Babanne eine alte Frau war, zu schwach, um mich daran zu hindern, Grenzen zu überschreiten. Meine Eltern? Die waren im fernen Deutschland.

Ihr werdet schon sehen, was ihr davon habt, mich in diesem Kaff versauern zu lassen.

Ich überlegte zum ersten Mal in meinem Leben strategisch, cool und absolut fokussiert. Ich hatte endgültig die Nase voll.

Ihr sollt mich kennenlernen!

Und dann schritt ich zur Tat. Effizient, erbarmungslos, mit dem Mute der Verzweiflung.

◈

Es ist tiefe Nacht, Babanne schnarcht vor sich hin, sie wird mich nicht aufhalten. Ich nehme die Stufen zum ersten Stock wie im Fluge. Kein Problem für mich, das Schloss aufzubrechen, das haben mir die Jungs aus meiner Clique beigebracht. Ich bin drin! Im Deutschkonsumtempel meiner Mutter.

Wie ordentlich sie alles verpackt hat!

Ich bin gut ausgerüstet. In meiner Umhängetasche habe ich alles Nötige. Zuerst muss das schärfste Messer aus unserem Haushalt ran. Das »Ratsch«, vor dem das Klebeband des ersten Kartons kapituliert, klingt wie Musik in meinen Ohren.

Ha, die kostbare Bettwäsche! Und was für hübsche Tischtücher! Die waren bestimmt sehr teuer!

Mit Hochgenuss steche ich das spitze Messer mitten hinein in Blümchenmuster und Goldstickerei.

Und hier, das feine Tuch! Omas große Schere wird dafür sorgen, dass du dir daraus keine Kleider mehr nähen kannst!

Schnibbel-di-schnapp – schon ist die erste Stoffbahn unbrauchbar gemacht. Bloß nicht vor lauter Wut alles in kleine Fetzen schneiden! Das kostet nur Zeit. Gerade nur so viel kaputt machen, dass nichts mehr zu gebrauchen ist.

Mit einem alten Schraubenzieher von Opa Ali hebele ich die Tür des großen Schranks auf. Wollte immer schon wissen, was da drin versteckt ist. Oh, Mutters berühmtes

Service! Bisher habe ich nur Einzelstücke zu sehen bekommen, die sie Babanne immer ganz stolz gezeigt hat. Jedes Jahr, wenn sie zu Besuch kommt, wird es um einige Stücke ergänzt. Mannomann, was sich da in all den Jahren angesammelt hat! Jedes Teil trägt auf der Unterseite einen Stempel. Aha, deutsche Markenware. Aber wie kriege ich das alles kaputt? Es sind bestimmt über hundert Einzelteile, und wenn ich die jetzt nacheinander auf den Boden pfeffere, wacht sogar Babanne auf, obwohl sie einen Schlaf hat wie ein Murmeltier.

Ich weiß schon! Der edle Teppich, der dort drüben zusammengerollt ist, wird mir gute Dienste leisten!

Ich entrolle ihn und verteile Mutters Service gleichmäßig auf der einen Hälfte. Eine Porzellanschicht von 20 Zentimetern Höhe, cirka zwei mal ein Meter Fläche. Ein letzter Blick auf dieses Prunkstück elterlichen Besitzes – und schwupps, schon liegt die andere Hälfte des Teppichs darüber. Reicht das, um den Höhepunkt meines Zerstörungsfeldzuges ausgiebig genießen zu können, ohne lästige Zeugen auf den Plan zu rufen? Ich werde lieber noch die flauschigen Decken von dort hinten holen, um für Diskretion zu sorgen. Schon sind sie über meinem Werk ausgebreitet. Es kann losgehen!

Wohl eine gute Viertelstunde lang vollführe ich, wie Rumpelstilzchen am Feuer, ein böses Tänzchen auf meinem Teppich-Service-Sandwich. Gedämpft, aber markant genug, um mir die gewünschte Befriedigung zu bereiten, bezeugen die Geräusche unter meinen wirbelnden Füßen die fortschreitende Zerstörung: Erst ein heftig protestierendes Knacken und Prasseln, dann jammerndes Quietschen und Knirschen, schließlich nur noch resignierte Laute des Mahlens und Rieselns … Gute Arbeit!

Auf zum nächsten Höhepunkt. Ich stehe vor dem nagelneuen TV-Gerät. Ein Farbfernseher, der ganze Stolz einer türkischen Gastarbeiterfamilie! Meine Eltern holen ihn während ihres Urlaubs immer zu sich ins Gästezimmer. Am Tag ihrer Abreise wird das Gerät immer wieder in die Kammer eingeschlossen. Ich habe in den letzten Jahren zwar Mittel und Wege gefunden, um hier ab und zu heimlich fernzusehen, aber wenn ich's mir recht überlege, habe ich dazu eigentlich gar keine Lust mehr. Jetzt habe ich andere Pläne mit diesem Kasten.

Nun ist es vorbei mit euren gemütlichen Fernsehabenden.

Am nächsten Tag – mein Vandalenstück ist erwartungsgemäß unbemerkt geblieben, da so gut wie nie jemand von uns dort hoch ging, es sei denn, die Eltern wären zu Besuch – trage ich die Kiste zu einer Freundin nach Hause.

»Hier, nimm. Du wolltest doch immer schon einen eigenen Fernseher haben.«

Man kann sich leicht vorstellen, welchen Riesenärger ich bekam. Erst mit Babanne, dann mit meinen Eltern, das allerdings erst im folgenden Sommer. Da Babanne weder telefonierte noch schrieb, bekam man es in Darmstadt monatelang nicht mit, was ich angerichtet hatte.

»Was hast du mit meinen schönen Sachen gemacht. Bist du verrückt geworden!«

Meine Mutter schreit mich an. Aber ihre Schimpftiraden prallen an mir ab.

»Wenn ihr mich nicht mitnehmt, mach ich euch auch nächstes Mal wieder alles kaputt!«

Sie sollten ruhig merken, dass sie mir nichts mehr anhaben konnten.

Ich war nicht mehr bereit, die engen Grenzen und die Benachteiligungen, die mir auferlegt wurden, hinzunehmen. Als Teenager wünscht man sich eine Privatsphäre – ich musste sogar noch das Schlafzimmer mit Oma und Schwester teilen. Man wünscht sich, dass Gleichaltrige einen besuchen können – aber wer wollte schon zu mir kommen, wo ich doch nicht einmal ein kleines Eckchen im Hause mein Eigen nennen konnte? Ich sehnte mich nach Freiheit – und stand doch ständig unter der Fuchtel einer Greisin. Und wenn mich schon keiner in meiner Familie mehr mochte, so wollte ich wenigstens die Möglichkeit haben, mir einen eigenen Freundeskreis zu suchen.

Ja, mittlerweile hatte ich das Gefühl entwickelt, dass mich kein einziger Mensch mochte oder auch nur akzeptierte. Selbst mein Vater nicht, denn hätte er mich sonst nicht längst hier herausgeholt? Nicht einmal Hatice, denn auch zwischen uns beiden lief es nicht mehr gut. Nach außen hin hielten wir zwar noch zusammen wie eh und je. In den eigenen vier Wänden jedoch waren wir zu erbitterten Rivalinnen geworden. Wo wir uns früher harmlose Scharmützel geliefert hatten, fanden jetzt erbarmungslose Kleinkriege statt.

Wenn die selbstverständliche Harmonie zwischen uns beiden, die allen Querelen zum Trotz immer bestanden hatte, mehr und mehr einer gefühlsmäßigen Distanz wich, so lag das wohl auch daran, dass wir uns in der Pubertät unterschiedlich entwickelten. Während Hatice ausgeprägte weibliche Formen bekam, blieb ich recht lange *iğne ipliğe dönmek – Nadel und Faden.* Hätten wir einen Wettbewerb um die schlankste Figur veranstaltet, ich hätte ihn mit zehn bis zwölf Kilo Unterschied gewonnen. Hatice stellte ihre langen Beine in kurzen Röcken zur Schau und interessierte sich bereits mächtig fürs andere Geschlecht. Immer war sie in irgendeinen Jungen aus der Schule verliebt und lag mir mit ihren Schwärmereien in den Ohren. Ich dagegen machte mich absichtlich wie ein Junge zurecht, trug das Haar kurz und schmucklos und fühlte mich nur in Jeans und T-Shirts wohl. Mich trieb etwas ganz anderes um, und das wollte ich mit aller Gewalt.

Wenn ich überlege, woher ich komme und dann den Blick auf das richte, was ich heute bin und haben darf, dann ist mir klar, dass ich auch viel Glück hatte. Ich glaube aber nicht, dass es nur eine Laune des Schicksals war, die mein Lebensschiff doch noch an ein sonniges Ufer gespült hat. Ebenso wenig glaube ich, dass jeder, der etwas leistet, immer auch dafür belohnt wird. Es gibt keinen obersten Richter, der mit Waage und Zentimetermaß dasitzt und die Leistungen der Menschen misst, um ihnen dann das Verdiente zuzuteilen. Und noch viel weniger sind wir Menschen in der Lage, unseren Mitmenschen Gerechtigkeit widerfahren zu lassen.

Nein, es gibt da noch etwas anderes. Es beginnt mit dem Glauben an uns selbst, den wir nie verlieren dürfen. Und es geht weiter mit der Fähigkeit, im schlimmsten Schlamassel an unseren Träumen festzuhalten. Zuallererst brauchen wir eigene Träume – ohne sie wären wir verraten, verkauft und verloren.

Als Kind hatte ich einen Geschmack vom Geheimnis der Kraft des Träumens und des Wünschens bekommen, des Wünschens aus einem reinen und lebendigen Herzen. Inmitten meines freudlosen Alltags gab es im innersten Bezirk meiner Seele etwas ganz Besonderes. Diese nährende Kraft aber versiegte, als ich den Kampf um Selbstbestimmung und Freiheit ernsthaft aufnahm. Ich geriet in ein Kraftfeld ganz anderer Art.

Zu meinem inneren Gott wurde jetzt mein Wille. Ich *wollte*! Absolut und bedingungslos. Ich machte mir keine Gedanken darüber, dass meine Kräfte klein waren und die Welt da draußen so groß. Gerade ein Mensch, der einer Hölle entrinnen will, wächst über sich hinaus.

Ich lernte nun eine neue Kraft in mir kennen. So ließ ich erst meine Bedenken los – und später sogar manche Skrupel. Ich wollte aus meiner Hölle heraus – am besten, unter Umgehung dieser Welt, direkt in meinen ganz persönlichen Himmel. Dass es ein steiniger und gefährlicher Weg werden würde, ahnte ich bereits. Dass ich dabei auch manchen anderen Menschen mit ins Verderben reißen könnte, wurde mir erst im Nachhinein so richtig klar.

Jetzt, in diesem Moment, mit sechzehn Jahren in einem elenden Kaff an der Grenze der westlichen Zivilisation, gab es für mich nur eines: Druck machen! Druck vor allem meinen Eltern gegenüber. Hatte ich zuvor darum gebettelt, dass sie mich erlösten, so *forderte* ich es jetzt. Und sie hatten bereits eine Ahnung davon bekommen, wie entschlossen ich sein konnte.

»Ich will hier endlich raus! Wenn ich nicht mit nach Deutschland kommen kann, seht ihr mich nie wieder!«

Ich wusste zwar nicht, wohin ich im Ernstfall gehen sollte, aber ich wollte um jeden Preis meine Entschlossenheit demonstrieren. Vor allem gegenüber meinem Vater, dem Entscheidungsträger der Familie. Ich war notfalls bereit, ihn bis zur Weißglut zu treiben. Ich will hinsichtlich meines Verhaltens nicht in weitere Einzelheiten gehen, ich will nur sagen, dass ich es ihm hoch anrechne, dass er mich selbst in dieser kritischen Phase nicht ein einziges Mal geschlagen hat.

Meine Persönlichkeitsänderung ließ sich vor niemandem mehr verbergen. Natürlich wurde inzwischen auch in der Verwandtschaft darüber geredet.

»Babanne ist überfordert. Mit über 80 Jahren kommt sie gegen die Zwillinge nicht mehr an. Mit der einen ginge es ja noch, aber die andere ist schwierig, die überfordert sie zunehmend.«

So tuschelte man.

Ich war der kritische Fall von uns beiden. Zum ersten Mal stellte sich Tante Naile, eine der beiden Schwestern unseres Vaters, zu der ich einen guten Kontakt hatte, auf meine Seite. Sie nahm telefonisch Kontakt mit ihrem Bruder auf und versuchte ihn zu überzeugen, uns wieder nach Deutschland zu holen.

»Hatice will Oma nicht alleinlassen. Sie hat Angst, dass sie dann stirbt.«

Ich sitze mit meinen Deutschländern am Frühstückstisch in der Laube, als meine jüngere Schwester Cavidan damit herausplatzt.

Mein Herz klopft plötzlich wie wild. Was hat das zu bedeuten? Hat man hinter meinem Rücken beschlossen, uns diesmal wirklich mitzunehmen? Ich scheine die Letzte zu sein, die es erfährt!

Verwirrt, aber mit einem strahlenden Funken Hoffnung im Herzen, schaue ich auf meinen Vater. Er räuspert sich und ergreift dann das Wort.

»Hatice möchte gern hierbleiben. Wenn Ayşe möchte, kann sie allein mitkommen.«

Mein Traum wird endlich wahr!

Ich. Darf. Nach. Deutschland.

Als Erstes laufe ich zu den Nachbarsmädchen.

»Habt ihr schon gehört? Es ist so weit! Ich werde euch verlassen, und zwar für immer!«

»Was! Du machst wirklich Ernst? Haben sie echt gesagt, dass sie dich mitnehmen?«

Jahr für Jahr habe ich meinen Freundinnen von nebenan erzählt, dass ich eines Tages aus Susurluk weggehen würde. Irgendwann haben sie mich nur noch ausgelacht. Jetzt aber ist es so weit!

Nur noch zwei Wochen bis zur Abreise. Was für eine Aufregung! Ich muss von der Schule abgemeldet werden, muss mich von allen verabschieden. Meine Kindheit hinter mir lassen. Doch nicht eine einzige Träne werde ich alldem hier hinterherweinen! Ein bisschen weicher hat mich die unverhoffte Wendung meines Schicksals aber doch gemacht, und wenn ich auch nicht mehr in der Lage bin, an meinem Fenster ein Abschiedsritual zu vollziehen, so schicke ich vor dem letzten Einschlafen in der alten Heimat doch ein inniges Gebet zum Himmel.

Ich wünsche mir, dass ich in Deutschland glücklich werde.
Ich möchte dort meinen Weg gehen.

Am 15. August 1983 steige ich stolz wie ein Pfau mit den anderen in unseren Mercedes-Kleinbus. Ein ganzes Abschiedskomitee hat sich um den Wagen versammelt. Die Nachbarskinder, all meine Spielkameraden, die Nachbarn, sogar die Männer aus dem *Kahwe* gegenüber sind gekommen. Und natürlich Babanne und ihre solidarisch zurückbleibende Hatice. Als der Dieselmotor anspringt und eine schwarze Auspuffwolke in Richtung des Erdhauses bläst, kommt Hati noch einmal angesprungen und klopft an mein Fenster. Ich lege die Handflächen an die Scheibe, um sie ein letztes Mal zu grüßen, aber wir rollen schon davon. Hati läuft noch ein paar Schritte neben dem Auto her. Ich winke ein letztes Mal, drehe mich aber nicht mehr nach ihr um. Ich habe mir fest vorgenommen, nicht zu weinen.

Was für ein Gefühl, wenn ein so sehnsüchtig erwartetes Ereignis eintrifft. Noch kann ich gar nicht begreifen, dass ich meine Heimat verlasse. Während wir das Ortsschild passieren, winke ich ihm zu:

»*Allahaısmarladık – Gott befohlen*, Susurluk. Du wirst mich nie mehr wiedersehen.«

Drei Tage und Nächte sind wir unterwegs, die neunköpfige Familie. Aynur mit Vater und Mutter vorn, in der zweiten Reihe Naime mit den beiden großen Brüdern. Ganz hinten ich mit meiner jüngeren Schwester Cavidan und Nesthäkchen Ali. Wir liegen quer über den Sitzen, mit Kissen unter dem Kopf und Decken, wie in einem Wohnwagen. Es geht quer durch Bulgarien, dann durch Jugoslawien, über den legendären Autoput. An sämtlichen Grenzen müssen wir uns im Halbschlaf aus den Sitzen quälen, die Zöllner durchsuchen das Auto von oben bis unten. Dann geht es weiter.

Wir fahren gerade durch Österreich, sind kurz vor der deutschen Grenze, als Cavidan aus heiterem Himmel etwas zu mir sagt, das meine Vorfreude dämpft:

»Mein Bett und meine Kleider kriegst du nicht.«

Teil 2

Wünschen und Beten

Istanbul, März 2009

»Darf ich den Damen nachschenken?«

»Aber gern.«

Der Kellner gießt uns nach. In kerzengerader Haltung, die linke Hand hinter dem Rücken, den Daumen der rechten in der Vertiefung am Boden der Champagnerflasche. Einfach stilvoll, passend zur Situation. Es ist unser Geburtstag, und den feiern wir stets gemeinsam, meine Schwester und ich. Diesmal genehmigen wir uns ein verlängertes Wochenende in einem schönen Hotel. In Istanbul.

»Auf weitere 42 Jahre Zwillingspower!«

»Auf dieses ganz normal verrückte Leben!«

»Soll ich dir verraten, was mir gerade durch den Kopf geht?«, frage ich meine Schwester, während mein Blick über das glitzernde Blau des Bosporus schweift.

»Na was denn, hast du gerade eine deiner Visionen?«

Mich verschmitzt zu necken ist eine ihrer Lieblingsbeschäftigungen, nun, da wir ein reiferes Alter erreicht haben. Ich fühle mich ein wenig ertappt.

»Du liest wohl mal wieder Gedanken.«

»Und, was denkst du? Erzähl schon!«

Halb neugierig, halb belustigt erwartet sie meine neueste Idee.

»Ich habe das Gefühl, dass ich in absehbarer Zeit eine Wohnung in Istanbul haben werde, und zwar auch mit so einer schönen Aussicht wie hier von der Dachterrasse.«

»Nein, ehrlich? Wow!«

So ganz ernst scheint sie mich nicht zu nehmen. Aber keiner kennt mich so gut wie meine Schwester. Sie ahnt, dass da etwas im Busch ist. Leicht nervös nippt sie an ihrem Glas.

»Du willst dir hier also eine Wohnung zulegen?«

»Ja, genau das habe ich vor.«

Ganz klar, welche Frage als Nächstes kommt.

»Und von welchem Geld?«

Zwei große braune Augen, soeben nochmals größer geworden, blicken mich mit einer Mischung aus Mitleid und Strenge an.

Diese Art von Unterhaltung läuft zwischen uns nach einem festen Muster ab. Phase 1: Ich teile ihr mit, dass ich etwas vorhabe. Phase 2: Sie bekundet Skepsis. (Zugegeben: Meine Ideen sind bisweilen etwas gewagt.) Phase 3: Ich lege die Gemütsruhe eines Menschen an den Tag, der mit sich selbst vollkommen im Reinen ist. Phase 4: Eine ernsthafte Diskussion beginnt. (Sofern das Thema für uns beide von Belang ist.)

Die erste und zweite Phase haben wir nunmehr hinter uns gebracht. Die dritte ist der erste Test für die Ernsthaftigkeit meiner Absichten. Heute bin ich gut in Form.

Lässig hebe ich die Schultern und setze mein unschuldigstes Lächeln auf. Dazu mache ich eine vertrauensvolle Handbewegung in Richtung Himmel.

»Aha, ich ahne schon …«, Hatice atmet tief durch. »Lass mich raten … Wunschzettel?«

Ich lege einen Finger vor den Mund und schaue ihr tief in die Augen. Über unerfüllte Wünsche soll man doch nicht reden! Hati weiß Bescheid: Heute kommen wir mit diesem Thema nicht weiter. Es ist ja auch noch nicht wirklich spruchreif.

Aber jetzt ist es heraus, und jemand anders ist neugierig geworden. Wir sind nämlich nicht allein. Hatices fünfjähriger Sohn Tiyen und mein Sohn Cenk, mittlerweile 22 Jahre, sitzen mit am Tisch. Der kleine Tiyen ist ein heller Kopf.

»Was für einen Wunschzettel hat Tante Ayşe denn, Mama?«

Hatice nimmt ihren Sohn auf den Schoß.

»Ayşe hat sich etwas gewünscht und auf einen Zettel geschrieben, das ist alles.«

Auf eines kann ich mich verlassen: dass Schwesterherz meine Botschaften ans Universum mit Verschwiegenheit behandelt. Das ist für sie eine Frage der Solidarität, auch wenn sie mich in diesen Dingen nicht uneingeschränkt ernst nimmt.

Mein kleiner Neffe ist mit der Antwort seiner Mutter zufrieden. Aber nun haben wir Cenk auf den Plan gerufen. Mein Sohn hebt die Augenbrauen und fragt mich ganz direkt:

»Von welchem Wunschzettel ist hier eigentlich die Rede?«

Zu blöd! Ich ärgere mich über mich selbst. In Champagnerlaune habe ich fahrlässig die Aufmerksamkeit auf mein aktuelles Geheimnis gelenkt. Hätte ich doch besser den Mund gehalten! Jetzt bin ich Cenk eine konkrete Antwort schuldig.

»Ich schreibe halt auf, was ich mir wünsche. Ist doch nichts dagegen einzuwenden, oder?«

Das macht meinen Sohn nur noch neugieriger.

»Aha. Du schreibst deine Wünsche auf. Und dann? Machst du ein Hexenritual, oder was?«

Achtung, Falle! Jetzt bloß nicht zu viel preisgeben.

Am besten ist es, ihm mit Humor den Wind aus den Segeln zu nehmen.

»Genau. Ich nehme meinen Hexenbesen, rufe Abrakadabra und sause durch die Lüfte davon.«

Was für eine Vorstellung! Cenk muss laut auflachen.

Uff! Eins zu null für mich. Selbst meinem schlagfertigen Sohn fällt zu diesem heiklen Thema jetzt nichts mehr ein.

Hatice ist der einzige Mensch, der meine Entwicklung in dieser Hinsicht von Anfang an mitbekommen hat. Und sie hat schon recht, wenn sie meine Rituale dabei in die Nähe von Vorlieben rückt, die auch Großmutter zeigte.

»Ayşe, wenn du diese Sachen machst, kriegst du irgendwie denselben Blick wie Babanne«, hat sie mal gesagt.

Ich wusste sofort, was sie meinte, und es hat mich schon ein wenig nachdenklich gemacht. Dieser Blick! Es wurde uns Kindern immer etwas unheimlich, wenn wir ihn bei Großmutter wahrnahmen. Wenn sie ihre Segnungen murmelte, schien sie mit weit geöffneten Augen und erhobenem Kopf in eine unendliche Ferne zu schauen. Was wir bestimmt sehr komisch gefunden hätten, wenn sie dabei nicht so ernst gewesen wäre.

»Sehe ich jetzt wirklich aus wie Oma?«, fragte ich seinerzeit auch sofort zurück.

Aber es kann eben niemand aus seiner Haut heraus! Und wenn man so eine Großmutter hatte, dann wirkt das wohl unvermeidlich nach. Durch meine innere Verbindung zu unserer Babanne kommt es wohl auch, dass ich im Grunde keinen Unterschied mache zwischen *Wünschen* und *Beten*.

Was nun meinen Istanbuler Wohntraum betrifft, ist jetzt so viel darüber gesagt worden, dass ich gut und gern auch noch berichten kann, dass in meiner Nachttischschublade ein Papierchen mit folgendem Text liegt:

Liebes Universum,
ich wünsche mir eine Wohnung in Istanbul. Bitte ein Drei-Zimmer-Apartment mit Dachterrasse und Blick auf den Bosporus.
Vielen lieben Dank, Ayşe

Dieser Zettel ist weder zusammengefaltet noch versteckt. Ich habe den Wunsch noch nicht manifestiert, weil er noch zu unausgegoren ist. Solange ich nicht hundertprozentig sicher bin, dass ich das, was auf einem Zettel steht, ganz tief im Innern auch wirklich möchte, warte ich erst einmal ab. Und da ich den Zettel noch nicht mit meiner persönlichen Energie aufgeladen habe, kann ich jetzt hier auch ganz frank und frei davon sprechen! Noch handelt es sich dabei um ganz normale Gedanken, nicht etwa um »Magie«. Oder um »Beten«. Oder um »Wunsch-Manifestation«. Wie immer man »es« nennen will!

Aber ja, ich hätte schon gern wieder ein Bein in meiner türkischen Heimat. Allerdings möchte ich dann in Istanbul wohnen. Nicht nur, weil sich die Stadt in den letzten Jahren zu einer Metropole von europäischem Rang entwickelt hat, sondern vor allem auch, weil sie immer noch ihren unverwechselbaren orientalischen Charme ausstrahlt. Beides zusammen ergibt eine äußerst reizvolle Mischung. In der malerischen Altstadt mit ihren verschrobenen Häusern, ihren markanten Gerüchen und dem brodelnden Leben in den engen, verwinkelten Gassen sind einige moderne Quartiere mit einer schillernden Szene entstanden. Mit ihrer asiatischen Hälfte auf der einen und ihrer europäischen auf der anderen Seite des Bosporus vereinigt die Stadt jene zwei Welten in sich, die auch ich in mir trage.

Alles ist dort so wunderbar lebendig, die Menschen so temperamentvoll und extrovertiert. Nicht zuletzt die Frauen profitieren von der gegenseitigen Durchdringung westlicher und östlicher Kultur, weil sie hier auch in einer vom Islam geprägten Lebenswelt viele Freiheiten genießen. Und sie nutzen sie, indem sie Mut beweisen, sich schön zu machen und ihre Weiblichkeit zu zeigen.

Und dann die türkische Küche! Selbst als latent Magersüchtige komme ich jedes Mal um mindestens ein, zwei Kilo schwerer von dort zurück. Die Fülle des Lebens wird beim Tafeln mit allen Sinnen zelebriert. Ich kann mich zwar schon an den *Mezze*, den kalten und überwiegend vegetarischen Vorspeisen, genussreich satt essen – wer es aber deftig oder süß mag, wird nicht bei ihnen stehen bleiben.

Ja, ich denke wirklich, ich will dort ein eigenes Zuhause. Wie auch unsere Mutter. Inzwischen 70-jährig, wohnt sie nun seit 13 Jahren in Istanbul.

Unsere Eltern konnten sich tatsächlich ihren Traum verwirklichen, zusammen in die Heimat zurückzukehren. Immerhin neun Jahre lang war es ihnen vergönnt, dort gemeinsam den Ruhestand zu genießen. Dann starb mein Vater sehr überraschend, mit erst 71 Jahren. Niemand hätte erwartet, dass es so schnell gehen könnte, keiner war darauf vorbereitet. Ich war wie vom Donner gerührt, als ich den Anruf mit der Nachricht von seinem Herzinfarkt erhielt. Wie sehr hätte ich mir gewünscht, ihm am Sterbebett die Hand halten zu können, aber ich kam einen Tag zu spät.

Nach dem Eintritt ins Rentenalter, mit 63 Jahren, war Baba, damals noch agil und lebensfroh, nicht mehr zu halten. »Zurück zu den Wurzeln« war sein Motto, und ohne Zögern brach er seine Zelte in Deutschland ab. Wenn es ihm schon nicht möglich war, als gemachter Mann in seine Heimat zurückzukehren, so konnte er sich jetzt doch ins gemachte Nest setzen – dorthin, wo ihn seine Mutter eigentlich immer haben wollte. Von Herzen gönne ich es meinen Eltern, die ihr Leben lang schwer gearbeitet haben, dass sie einen Teil des Familienerbes für sich nehmen und ihr Leben einfach nur noch genießen konnten. Turhan gehörten nun mehrere Wohnungen in Istanbul, und eine davon richtete er für sich und Muazzez her.

»Deinetwegen muss ich mir den ganzen Hausrat jetzt ein zweites Mal zulegen!«

So hatte meine Mutter vor dem Umzug bei mir lamentiert. Ihr Ton ließ mich aufmerken, wobei deutsche Leser hier wieder eine Feinheit erfahren sollen.

Wenn eine türkische Frau ein Lamento anstimmt, dann kann ihr Klagen nicht nur erstaunlich viele Ausdrucksfacetten annehmen, es kann auch ganz unterschiedliche *Bedeutungen* haben. Eine Klage muss durchaus keine echte Klage sein, sondern kann auch ein verschlüsseltes Signal darstellen. Etwa, dass die Frau die Aufmerksamkeit auf etwas lenken möchte, das für sie als unaussprechlich gilt. Oder sie könnte die Nerven des Adressaten mit etwas Nebensächlichem strapazieren wollen, um bei ihm die Bereitschaft zu erzeugen, dass man endlich gemeinsam zur Hauptsache kommt. Das mag Europäern, die sich ihre »Wahrheiten« ins Gesicht sagen, ziemlich umständlich vorkommen. Man kann es aber auch so sehen: Dies sind oft die einzig möglichen Formen der Kommunikation, wenn eine Frau aus der für sie unabänderlichen Position der Unterlegenheit heraus ihre Ziele erreichen will.

Auf alle Fälle passte es zu meiner Mutter. Was also wollte sie mir sagen? Es war etwas in ihrer Stimme, das offenließ, ob sie nun belustigt war oder mich für meinen jugendlichen Rachefeldzug, als ich ihre wohlgefüllte Schatzkammer zerlegte, selbst nach so vielen Jahren noch tadeln wollte. Ich entschied mich, es positiv zu sehen, als Zeichen, dass sie mir zu verzeihen begonnen hatte. Und wie die Zukunft bewies, lag ich damit richtig. Zurück in der Heimat, wurden beide, Muazzez und Turhan, immer milder und zugänglicher. Und meine Hoffnung, mich schließlich mit ihnen auszusöhnen, wurde nicht enttäuscht.

Es ist still geworden in unserer kleinen Runde. Geburtstage sind eine gute Gelegenheit, Bilanz zu ziehen. Wo stehe ich jetzt – in der Mitte meines Lebens? Innig geliebte Menschen sind bei mir. Ist nicht allein das schon wunderbar?

Deutschland für Anfänger

Darmstadt, im Jahr 1983

Auf der schier endlosen Autofahrt von Susurluk nach Darmstadt stürmten viele neue Eindrücke auf mich ein. Und ich freute mich einfach riesig auf mein neues Leben, was auch immer es bringen würde.

Als erstes brachte es Regen. Nein, nicht den Regen, den ich kannte. Sondern etwas, für das es auf Türkisch gar kein Wort gibt. Ich erlebte es erstmals auf einem Rastplatz an der deutschen Autobahn. Wir stiegen aus, um etwas essen zu gehen. Aber was war denn das? Ich ging durch Wasserstaub! Überall in der Luft winzige Wasserpartikel, die nicht von oben herabfielen, wie richtige Regentropfen, sondern von nirgendwo herzukommen schienen und einfach überall da waren …

Und wie seltsam, dass in diesem Land das Gras frisiert wurde! Auf dem Weg vom Parkplatz zum Rasthaus sah ich viel Gras, so grün und voller Leben, wie ich es nie zuvor kennengelernt hatte. Aber es war noch kürzer geschnitten als meine Haare, wenn ich als Kind von der Schur bei unserer betagten Großtante Hairiye zurückkam. Wie ordentlich in Deutschland überhaupt alles war! Auch auf meinem Teller in der Imbissstube des Rasthauses lagen die einzelnen Bestandteile der Mahlzeit getrennt voneinander da.

Jemand musste sich die Mühe gemacht haben, sie fein säuberlich in einzelne Häufchen aufzuteilen. Hier das Gemüse, dort das Putenschnitzel, daneben der Reis mit der Sauce drüber. Kein einziger Tropfen Sauce auf einem anderen Teil des Tellers! Und wie leise die Leute hier waren, sogar beim Essen! Als ob sie sich verabredet hatten, möglichst wenig zu sprechen, und wenn, dann nur mit halber Stimme. Oder waren sie so erschöpft davon, Ordnung in die Welt zu bringen, dass sie keine Kraft mehr hatten, gesprächig zu sein?

In meinem neuen Zuhause angelangt, komme ich aus dem Staunen nicht mehr heraus. Bei Oma stand das Gebrauchsgeschirr praktischerweise auf einem Regal. Hier ist es in einen Schrank eingeschlossen. Der hat eine Tür aus Glas, sodass man die Tassen und Teller von außen betrachten kann! Mmmh … die Tasse da mit dem Goldrand, aus der würde ich doch jetzt gern mal ein bisschen Wasser trinken. Das werde ich mir aus dem Wasserhahn zapfen, der müsste doch funktionieren – wir sind ja schließlich in *Almanya* … Ja, tatsächlich, ganz gleichmäßig und durchsichtig wie flüssiges Glas zischt der Strahl heraus – kein Blubbern und Sprotzen, keine braune Brühe in meinem Trinkgefäß. Na, das wird jetzt aber schmecken! Doch kaum habe ich zum ersten Schluck angesetzt, da wird mir die Goldrand-Tasse aus der Hand gerissen.

»Gib her, die gehört mir! Die hast du nicht anzufassen!«

Meine kleine Schwester schnauzt mich an, als sei ich eine Fremde, die gerade in ihr Allerheiligstes vorgedrungen ist.

Wie sie da vor mir steht! So viel kleiner als ich, aber bis zum Letzten entschlossen. Na, ich kann wohl schon froh sein, dass sie mich jetzt auf Türkisch anspricht. Und dass sie überhaupt mal mit mir redet. Mit den Eltern unterhalten sich alle meine Geschwister auf Deutsch. Die wollen das auch so, denn ich soll möglichst schnell die Landessprache lernen.

Wir leben in Eberstadt, das einst ein Bauerndorf war, nun aber von der nahen Großstadt Darmstadt geschluckt wird. In einem winzigen Fachwerkhaus, das ungefähr so breit ist wie unser Hühnerstall in Susurluk. Es hat zwei Etagen. Oben nutzen die Eltern ein Zimmer für sich allein, den Raum daneben teilen sich die drei Brüder. Die drei Mädels haben keinen Raum für sich selbst. Geschlafen wird unten, in Küche und Wohnzimmer. Nicht weiter schlimm, sage ich mir. Ich bin es ja nicht anders gewohnt, als auf einem Schlafsofa zu nächtigen.

Eine achtköpfige Familie, auf engstem Raum zusammengepfercht, fein säuberlich sortiert nach Erster und Zweiter Klasse: im Komfortbereich die Alten und die männliche Jugend. In der überfüllten Holzklasse brodelndes Familienleben und nachts das Camp der Mädels. Das konnte nicht gut gehen, mit einem zugestiegenen Passagier an Bord, der sich mit dem Mut der Verzweiflung in den fahrenden Zug gekämpft hatte. Ich komme mir vor, als hätte ich ein Schild um den Hals: *Achtung Fremdkörper!*

Oder wie eine Tretmine, um die jeder einen großen Bogen macht. Ja, liebe Leute, wo bleibt denn der vielbeschworene türkische Familiensinn?

Nun hatte Vater bereits eine größere Wohnung in Aussicht – auch Hatice sollte ja ein Jahr später nachkommen –, und es war absehbar, dass diese Wohnsituation irgendwann ein Ende haben würde. Doch innerhalb kürzester Zeit schaffte es unsere Familie, aus einer gemeinsamen Herausforderung das Problem einer einzigen Person zu machen. Es dürfte nicht schwer zu erraten sein, wer diese Person war.

Nachdem Naime, die zweitälteste Schwester, schon vorher das Weite gesucht und geheiratet hatte, war Aynur, die Älteste, die alleinige Chefin im Ring. Vom Alter her befand ich mich in der Mitte, emotional aber stand ich daneben. Ich hatte das Gefühl, es passte kein Blatt Papier zwischen Aynur und Cavidan.

Zunächst verhielten sich unsere Eltern gegenüber allen geschwisterlichen Grabenkämpfen neutral. Zunehmend aber bekam ich das Gefühl, als stellten sie sich immer mehr gegen mich. Mit Worten, Blicken und Gesten schienen sie mir mitzuteilen, dass die anderen die älteren Rechte hatten. Das machte mich sehr traurig, aber es war meine Art, nicht einfach den Nacken zu beugen, sondern dagegenzuhalten. Dadurch drehte ich an der Spirale gegenseitiger Entfremdung kräftig mit.

Es war der sprichwörtliche Tropfen, der das Fass zum Überlaufen brachte. Was genau den Anlass bildete, weiß ich beim besten Willen nicht mehr. Wahrscheinlich hatte ich wieder einmal meiner Mutter Widerworte gegeben, und sie beschwerte sich daraufhin bei ihrem Mann. Jedenfalls fegte er mich beim Abendbrot aus heiterem Himmel an:

»Wie kommst du dazu, so frech zu sein! Wir haben dich auf deinen eigenen Wunsch hin zu uns genommen, nun hast du dich auch unseren Regeln zu beugen!«

Es war einer dieser Wutausbrüche, die bei ihm nicht oft auftraten, wenn aber, dann gingen alle am liebsten in Deckung. Dies war der Moment, in dem ich eine rote Linie überschritt. Es war schon ein starkes Stück, eine mütterliche Erziehungsmaßnahme in Zweifel zu ziehen. Sich aber auch noch dem Familienoberhaupt offen zu widersetzen, das schien geradezu undenkbar. Die Grenze, die dazwischen lag, erschien einem jungen Ding, das nach Deutschland gekommen war, um die Welt zu erobern, allerdings ziemlich porös. Und ich war nicht auf den Mund gefallen.

»Ist es denn eine Gnade, bei der eigenen Familie leben zu dürfen?«

Das saß. Mein Vater starrte mich sekundenlang an. Doch er explodierte nicht. Er sagte – gar nichts. Verlegen, starr vor Schreck blickten alle anderen auf die Tischplatte. Ich sprang auf und stürzte zur Tür. Nur raus, raus!

Draußen, im lärmenden Verkehr der Durchgangsstraße, an der unser Häuschen lag, versuchte ich mich zu sammeln. Ich war ein ungebetener Gast – in der eigenen Familie! Kannte ich das nicht schon bis zum Überdruss – dieses Gefühl, einfach nicht erwünscht zu sein? Keine Freude, keine Zuwendung, keine Aufmerksamkeit. Schon wieder war ich ein Anhängsel, nein schlimmer: Ich war auf dem besten Weg, das schwarze Schaf der Familie zu werden.

Was mich vollends verwirrte: Auch mein über alles bewunderter und geliebter Vater schien sich nun gegen mich zu stellen. So streng, so lieblos, so abweisend kam er mir vor. Ich verstand die Welt nicht mehr! Als Kleinkind hatte man mich abgeschoben, und jetzt, nach 16 Jahren, nahm man mich endlich wieder auf, wollte mich aber allem Anschein nach gar nicht. Und ich vermisste Hatice! Ihr hätte ich mein Leid klagen können. Sie hätte mir zugehört. Nach langer Zeit wurde mir wieder einmal so richtig bewusst, was ich doch an ihr hatte.

Spätabends schlich ich mich heimlich in die Wohnung zurück, bereitete mein Lager und war noch lange wach. *Yağmurdan kaçarken doluya tutulmak – vor dem Regen fliehen und in den Hagel geraten!* Da war ich nun, im Wunderland meiner Träume, und alles war so ganz anders, als ich es mir ersehnt hatte. Zwischen Ohnmacht und Trotz, zwischen Verzweiflung und Dickschädligkeit hin und her schlingernd wie ein Schifflein im Sturm, war ich dennoch alles andere als gebrochen. Tief in mir brannte der Wunsch nach Leben – und nach Freiheit.

Endlich! Umzug in die neue Wohnung. Ein türkisches Landei kommt endgültig in der deutschen Großstadt an: in einem neu errichteten riesigen Wohnblock mit Bewohnern aus aller Herren Länder. Endlich mehr Platz für unsere vielköpfige Familie. Ein großes Wohn-Esszimmer, vier Schlafzimmer und zwei Bäder. Endlich durchatmen! Cavidan und ich sind nun zu zweit in einem Zimmer. Schluss mit Schlafsofa! Zum ersten Mal im Leben ein richtiges Bett für mich ganz allein! Und ein eigener Schrank! Dieses unbeschreibliche Hochgefühl kann sich wohl nur jemand vorstellen, für den das Wort »Privatsphäre« fast 17 Jahre lang eine hohle Phrase war.

Doch immer noch wurde ich das Gefühl nicht los, dass ich in meiner Familie nicht den Nährboden erhalten würde, den ich brauchte, um in Deutschland Wurzeln schlagen zu können.

Die eine Schule fürs Lesen, die andere fürs Leben

Frankfurt, im Jahr 2008

»Cavidan, du warst schon ein gemeines Biest, damals. Weißt du das eigentlich?«

Immer wenn ich wieder einmal in Frankfurt bin, verbringe ich einige Zeit mit meiner jüngeren Schwester. Heute gehen wir am Mainufer spazieren und genießen es, dass sich hier in den letzten Jahren ein hässliches Abrissviertel zu einer sympathischen Flaniermeile mit fast mediterranem Flair gewandelt hat.

Cavidan tut natürlich ganz unschuldig.

»Ich, ein Biest? Das Biest warst doch du! Komm, wir setzen uns und nehmen einen Kaffee.«

Ich gehe auf ihren Vorschlag ein, und wir machen es uns auf den Liegestühlen eines »Strandcafés« gemütlich, um uns etwas aus den alten Zeiten zu erzählen und Neuigkeiten auszutauschen.

Cavidan ist neben Hatice und mir diejenige aus unserer Familie, die in Deutschland die tiefsten Wurzeln geschlagen hat. Sie wird es mir nicht übel nehmen, wenn ich sage: In manchem ist sie sogar »deutscher als deutsch«. Geheiratet hat sie einen Flugzeugingenieur, der aus Frankfurt stammt und ein astreines Hessisch spricht. Die Eigentumswohnung der beiden – längst abbezahlt natürlich – bekundet den Lebensstil des Paares: eine lässige Mischung aus Designermöbeln und Antiquitäten. Die Küche in hellem Holz, mit mediterranem Steinboden. Das Kinderzimmer so praktisch und durchgeplant wie im Musterkatalog. Der sechsjährige Sohn heißt Moritz und wird womöglich ein Einzelkind bleiben. Über die Erziehung möchte ich mich hier ausschweigen, da meine Schwester andernfalls so reagieren würde wie eine echte Türkin: Das gehört unter keinen Umständen in die Öffentlichkeit! (Dabei bin ich der Meinung, du machst das richtig gut, meine Liebe!)

Was meine hervorragend assimilierte Schwester sicher gern lesen wird: Sie ist Mitglied im Elternbeirat der Grundschule, trennt sorgfältig den Müll, kauft in Bioläden ein und kocht überwiegend vegetarisch. Deshalb weiß ich auch, wie ich mich jetzt für ihre kleine Retourkutsche von eben rächen kann. Wir studieren gerade die Speisekarte und ringen mit uns, ob wir auch etwas essen sollen.

»Guck mal, hier ist auch was für unsere Tofu-Türkin«, ziehe ich sie auf: »Fitness-Salat. Die gebratenen Putenstückchen kannst du ja mir geben.«

Sie verzieht keine Miene, sondern bringt unser kleines Geplänkel weiter auf Touren.

»Na und«, bekomme ich zu hören, »du schaffst es vielleicht noch, deine täglichen Kalorien zu zählen. Aber für kompliziertere Rechnungen brauchst du deinen Steuerberater.«

Stimmt! Ich konzentriere mich lieber aufs Kreative und Unternehmerische. Zahlen haben es mir nicht so angetan.

Darmstadt, im Jahr 1984

»Ayşe, wie lautet der Satz des Pythagoras?«

Ich laufe dunkelrot an. Kann auf deutsch doch nur radebrechen. Was meint er jetzt schon wieder?

»Nix wissen«, stammle ich, »welche Pitta-Satz?«

Kichern in der hintersten Reihe, wo die frechsten Jungs sitzen. Neunte Klasse, eine Hauptschule in Darmstadt. Ich bin hier ins kalte Wasser geworfen worden. Von dem, was in den Schulstunden behandelt wird, habe ich wochenlang so gut wie nichts verstanden. Doch langsam scheint es besser zu werden. Und jetzt das! Ich weiß wirklich nicht, was der Lehrer von mir will. Welche Blamage! Die müssen ja denken, in der Türkei gäbe es nur die Klippschule!

Aber unser Klassenlehrer ist mir wohlgesonnen.

»Ruhe da hinten!«

Er kann schon eine laute Stimme haben, der gute Herr Eichler. Die Lästermäuler verstummen. Herr Eichler bittet meine einzige türkische Schulkameradin, die Frage zu übersetzen. Ceylan ist wirklich supernett. Sie redet mit mir immer wieder auch in unserer Muttersprache, um es mir leichter zu machen, und erklärt mir stets mit Engelsgeduld, was in den einzelnen Fächern gerade durchgenommen wird. Sie übersetzt mir sogar die Hausaufgaben.

Nachdem Ceylan mir die mündliche Aufgabe auch jetzt erläutert hat, atme ich erleichtert auf und wage einen neuen Anlauf in meinem holprigen Deutsch.

»Diese Satz wissen. A Quadat plusse B Quadat sein C Quadat.«

Beifall von den Mitschülern. Wer hätte das gedacht!

»Bravo, Ayşe. Du entwickelst dich ja noch zum Mathe-Genie.«

Das war natürlich maßlos übertrieben von meinem lieben Lehrer, aber sehr ermutigend! Überhaupt lobte er meine Fortschritte immer vor der Klasse. Er legte großen Wert darauf, dass die Mitschüler nicht lachten, wenn ich versuchte, einen deutschen Satz zu formulieren. Wir waren seine letzte Klasse vor der Pensionierung. Ich glaube, er war schon viel zu weise und gelassen, um sich noch groß aufzuregen. Mir erschien es phänomenal, dass meine schulischen Leistungen von einem Erwachsenen gewürdigt wurden. Und dass man mich sogar als Mädchen schulisch förderte. Nicht, dass dies in der Türkei nicht sein durfte, aber überall waren es doch die Jungen, die den besseren Part für sich zu haben schienen.

Ich bemerkte, dass es in Deutschland etwas gab, dem fast alles andere untergeordnet wurde: das Leistungsprinzip. Für mich warf das einen Hoffnungsstrahl in meine ansonsten ziemlich triste Existenz. Denn ich fühlte mich eigentlich stark und voller Tatendrang – bereit für ein neues Leben. Man müsste mir nur eine Chance geben!

Einmal in der Woche besuchte ich den Deutschunterricht für Ausländer. Es war klar, dass ich nur Vorteile haben würde, wenn ich die Landessprache möglichst schnell erlernte. Und das wollte ich! Anfangs büffelte ich die Sätze einfach, ohne sie zu verstehen. So hatte ich es in der Koranschule gelernt, auf diesem Gebiet konnte mir keiner etwas vormachen. Indessen: Zu verstehen, dass ich ja auch verstehen musste, was ich da hersagte, das musste ich erst verstehen lernen! Das klingt nicht nur kompliziert, das war es auch. Aber ich lernte rasch.

Am Ende des Schuljahres hatte ich mir nicht nur passable Deutschkenntnisse angeeignet. Ich besaß jetzt auch den Hauptschulabschluss! Das war, verglichen mit anderen Gleichaltrigen, immer noch nicht viel. Doch für mich besaß dieses Zeugnis einen riesengroßen Wert. Ich weiß noch genau, was ich empfand, als es mir überreicht wurde. Eine ganz neue Erfahrung für mich: Ich fühlte mich *gewürdigt*.

Und dann kam Hatice! Im zurückliegenden Jahr hatte ich sie schwer vermisst. Ich fühlte mich so einsam. Meine Gefühlslage schwankte zwischen Trotz und Tränen. Die Isolation in der Familie hatte mich weichgekocht und alle Zwillingsrivalitäten vergessen lassen. Ich war nur froh und erleichtert, Hatice wieder bei mir zu wissen. Meine alte Verbündete. Meine andere Hälfte. Nicht ein einziges Mal in zwölf Monaten war es uns vergönnt gewesen, miteinander zu sprechen. Da in Babannes Haus eine so neumodische Einrichtung wie ein Telefon nie Einzug halten würde, musste sich unser Kontakt auf ein paar Briefe, eine Geburtstagskarte und Grüße beschränken, die wir uns gelegentlich ausrichten ließen.

Und jetzt steht sie leibhaftig vor mir! Ich wundere mich selbst über meine übergroße Freude. Offenbar hatte ich unsere Verbundenheit gewaltig unterschätzt.

»Mensch, Hati, war das eine schlimme Zeit«, schniefe ich in mein Taschentuch, während wir unseren ersten Abendspaziergang durchs Viertel machen.

»Aber jetzt wird alles anders. Jetzt, wo du da bist.«

Hatice freut sich ebenfalls und knufft mich freundschaftlich in die Rippen.

»Wir beide gehören eben zusammen. Ich hab dich auch sehr vermisst. Es war ziemlich langweilig, ganz allein mit Babanne.«

Arm in Arm wie ein verliebtes Pärchen treten wir den Heimweg an.

»Jetzt zeigen wir allen hier, dass wir keine türkischen Dorftrutschen sind, okay?«

Doch es kam wieder einmal anders, als ich dachte. Ich sollte jetzt eine Erfahrung machen, die nicht sonderlich spektakulär war, die aber doch zu dem Wichtigsten gehört, was ich mein Eigen nenne.

Auch zwei Menschen, die durch ein so starkes inneres Band miteinander verbunden sind, wie es bei Zwillingen nun einmal der Fall ist, können sich auseinanderentwickeln. Das ist an sich keine großartige Erkenntnis, doch kann es einem der Beteiligten ganz schön schwerfallen, sich daran zu gewöhnen, während der andere es gelassen zur Kenntnis nimmt – oder gar nicht bemerkt.

Nach unserem großen Wiedersehen war zwischen uns zunächst alles Friede-Freude-Eierkuchen, doch unmerklich fielen wir in unsere alten Muster zurück. Hatice wurde von unserer Familie willkommen geheißen, sie war sofort beliebt und akzeptiert. Ich ertappte mich dabei, dass ich schon wieder auf sie eifersüchtig war. Aber etwas war jetzt doch anders. Ich konnte einfach nicht mehr sauer auf sie werden! Es bedrückte mich zwar, dass sie sogleich Anklang fand, wohingegen mir das bisher nie so recht gelingen wollte, ja, das machte mir schwer zu schaffen – aber ich konnte es ihr einfach nicht übel nehmen. Nicht ihr persönlich.

»Sag mal, was hast du eigentlich, was ich nicht habe?«

Wir gehen wieder einmal um den Block, um uns ungestört aussprechen zu können. Ein kalter Novembernebel liegt über der Wiese hinter dem Kinderspielplatz, wo sich im Sommer die Jugendlichen treffen. Aber jetzt ist niemand da. Eine gute Gelegenheit, um mir etwas von der Seele zu reden, das mich seit Wochen beschäftigt.

Hatice hebt die Schultern und schaut mich nur mit fragenden Augen an.

»Was meinst du denn? Ich tu doch gar nichts.«

»Ja eben, das ist es ja. Du kommst hierher, und alle mögen dich und nehmen Rücksicht auf dich.«

Die Geschwister sprechen mit Hati sogar türkisch! Wieso hat man es mir so schwer gemacht und macht es ihr jetzt so leicht? Ich merke, es tut ihr leid, sie hat Schuldgefühle.

Ja, da waren sie wieder, die alten Muster. Und alle machten mit, die ganze Familie. Nur ich nicht mehr. Jedenfalls innerlich nicht. Und das war neu. Es war mir ein Rätsel. Ich war mir selbst ein Rätsel.

Der Mensch ist ein Wesen, geschaffen wie Tag und Nacht geschaffen wurden.

Nein, das stammt jetzt nicht von meiner Großmutter. Ich habe es in einem Sufi-Buch gelesen, das mir in einer Münchner Buchhandlung in die Hände fiel. Die Sufis! In meinem Heimatland und überhaupt in der islamischen Welt werden sie gegenwärtig nicht sonderlich geachtet, aber hier, in Deutschland, scheinen sie bei manchen Anklang zu finden, denen die christliche Religion mittlerweile etwas zu trocken und blutleer erscheint. Ich finde, dieses Sufi-Wort sagt eine Menge über uns aus. In seiner Schlichtheit enthält es auf bestechende Weise eine tiefe Wahrheit.

Am Tag ist die Welt hell und durchschaubar, alles scheint uns offenzustehen. Nachts dagegen ist es dunkel, es gibt nicht viel zu erleben (vom sogenannten Nachtleben mal abgesehen), und die meisten von uns schlafen bis zum nächsten hellen Tag. Und jetzt die dahinter liegende Erkenntnis: Beschäftigen tun wir uns mit dem, was sich an der Oberfläche unseres Bewusstseins abspielt. Unser Unterbewusstsein, die dunkle und geheimnisvolle Seite unserer selbst, beachten wir so gut wie gar nicht. Doch tut sich dort eine Menge! Ich vermute, dort arbeitet unser seelischer Verdauungsapparat. Dort verarbeiten wir unbemerkt all das, was wir in unser Bewusstsein aufgenommen haben. Es ist wie mit der Nahrung: Sobald ich anfange, etwas anderes zu essen, verändert sich mein Körper. Mit unseren Eindrücken ist es genauso, nur eben auf seelischem Gebiet. Und so stehen wir eines Tages vor uns selbst und konstatieren voller Erstaunen: Hoppla, ich bin ja ein ganz anderer Mensch geworden!

Ich war damals natürlich weit davon entfernt, mir solche Erklärungen auszudenken. Ich stellte einfach fest: Etwas war anders geworden, in mir selbst und damit auch zwischen meiner Zwillingsschwester und mir.

Ich haderte nicht mehr damit, dass sie es um so vieles leichter zu haben schien als ich. Ich legte mich sogar freiwillig für sie ins Zeug und half ihr in der Schule: etwas, das ich in Susurluk nur getan hatte, wenn ich mir etwas davon versprach. So wie ich ein Jahr zuvor, besuchte sie nun die neunte Klasse der Hauptschule. Und sie schaffte es, wie es immer ihre Art zu sein scheint, verblüffend mühelos, das Klassenziel zu erreichen. Ich glaube sagen zu können, dass ich ihr dabei ein wenig helfen konnte, und ich habe es von Herzen gern getan.

Zum Glück gezwungen werden ...

Darmstadt, Sommer 1984

»Ayşe wird eine Lehre als Friseuse machen!«

Da war es heraus. Ein typischer Mädchenberuf also! Meine Mutter hatte sogar schon eine Lehrstelle für mich.

»In dem Friseurladen, wo Aynur früher als Aushilfe gearbeitet hat, da kannst du sofort anfangen.«

Mir fiel die Kinnlade herunter.

»Friseuse?«

Dass ich mich heute immer über das Wort »Friseuse« mokiere, da es doch eigentlich »Friseurin« heißt, schwante mir damals nicht.

»Das interessiert mich doch aber überhaupt nicht!«

Wie nicht anders zu erwarten, fiel meine Reaktion etwas pampig aus. Hatte ich es doch zu meinem Grundsatz erhoben, aus meinem Herzen keine Mördergrube mehr zu machen. Was hatte ich denn noch zu verlieren? Etwa einen gesicherten Platz in euren Herzen, meine geliebten *Alamancılar*? Wohl kaum. Meine Aussichten dagegen, das schwarze Schaf unserer Familie zu werden, die schienen sich prächtig zu entwickeln!

Natürlich wurden alle meine Einwände als unerheblich betrachtet. Und was hatte ich dem Willen meiner Eltern auch Konstruktives entgegenzusetzen? Nichts, natürlich.

Ich hatte keine wirklichen Zukunftspläne. In meinem Kopf mischten sich Erinnerungen an kindliche Sehnsüchte und prickelnde Teenagerträume. Hauptsache, eine glänzende Karriere! Welcher Art auch immer. Viel zu nebulös, viel zu flüchtig, um jetzt schon die explosive Kraft zu entfalten, die mich in den ernsthaften Widerstand gegen die elterlichen Pläne treiben würde.

»Du kannst froh sein, dass du überhaupt eine Lehrstelle hast!«

So stauchte mich meine Mutter zusammen, und diesmal war sie nicht geneigt, vor mir zurückzuweichen und die pädagogische Drecksarbeit meinem Vater zu überlassen. Sie zog selbst in die offene Feldschlacht und ließ keinen Zweifel daran, *wer* hier *was* zu tun hatte, weil seine Füße noch immer unter dem häuslichen Tisch steckten.

»Und sei froh, dass der Chef mit Aynurs Arbeit so zufrieden war. Sei deiner Schwester dankbar!«

Keine Diskussion.

Damit also begann meine Karriere in meinem heutigen Traumberuf – als Opfer elterlicher Erziehungsgewalt. So sah *ich* es jedenfalls. Damals.

Ein Salon in einer unscheinbaren Straße von Darmstadt. Ziemlich klein, aber damals waren eigentlich alle Friseurgeschäfte winzig, gegenüber heute. Kein schlechter Laden eigentlich. Nur etwas altmodisch, von der Türklingel bis zum letzten Frisierstuhl. Anscheinend war immer alles super gepflegt worden, und da eine Salon-Ausstattung aus den 50er-Jahren noch unverwüstliche deutsche Qualitätsarbeit war, gab es für den aktuellen Inhaber überhaupt keinen Grund zur Modernisierung. Ganz wichtig für mich: Das Team war wirklich in Ordnung. Neben mir gab es noch zwei »Stifte« (das Kunstwort »Azubi« existierte noch nicht), eine Gesellin und natürlich den Figaro selbst.

Herr Stepanovic! Ein Serbe in den besten Jahren, der sich selbst als Gentleman alter Schule begriff. Sein Rhett-Butler-Oberlippenbärtchen clippte er sich vor Dienstantritt stets millimetergenau zurecht. Es war natürlich gefärbt, pechschwarz. Ebenso wie seine immer noch volle Haarpracht, die er mit sichtlichem Stolz trug. Damals gab es noch nicht das heute handelsübliche Haargel, das den historischen Durchbruch für einen sturmsicheren Aufbau der Herrenfrisur ermöglichte. Folglich musste bei Herrn Stepanovic jeden Morgen eine ganze Tube Pomade herhalten, um seinem Haupt das fettige Flair eines Late-Latin-Lovers zu verleihen.

Auch wenn mein Maestro physisch mehr an Ivan Rebroff erinnerte als an Hollywood – die Art und Weise, wie er sich stylte, war eine höchst erfolgreiche Imagemaßnahme. Er konnte sich vor Kundinnen im Ü40-Alter kaum retten. Was dem unverbesserlichen Womanizer überraschende Kontrollbesuche seiner temperamentvollen, ihrerseits wie eine dalmatinische Fregatte aufgetakelten Scarlett O'Hara einbrachte. Kein Wunder, dass sie Eifersucht empfand, ihr Göttergatte war schlechthin der ideale Frontmann für den weiblichen Teil unserer Kundschaft.

Die Geschäfte liefen aber auch deshalb so gut, weil Herr Stepanovic etwas erkannt hatte, das einem weitsichtigen Ausländer in Deutschland den Sprung vom Gastarbeiter zum erfolgreichen Unternehmer ermöglichen konnte. Wo immer es ging, baute er diese Erkenntnis in sein Geschäftsmodell ein, anders als so mancher seiner einheimischen Konkurrenten.

»Service, Service, Service!«

Obwohl er das englische Wort sehr lustig aussprach, mit weichem »s«, einem »ö« wie in »Österreich« und einem »r« wie eine rollende Meereswoge, war es ihm damit doch sehr ernst. Unermüdlich trichterte er uns Lehrlingen ein, dass man jederzeit eine zuvorkommende, hilfsbereite Haltung gegenüber den Kunden einnehmen und ihnen die Wünsche von den Augen ablesen müsse.

»Ihrrr müüsst wiedärrr dienen lärrrnen!«

Dieser Wahlspruch schien mir so altmodisch wie die Inneneinrichtung meiner neuen Arbeitsstätte. Doch es kam noch besser. Herr Stepanovic hatte sich in den Kopf gesetzt, mir noch ganz anderen Nachhilfeunterricht zu erteilen.

»Als ärrstes lärrrnst du mal aanständig Deutsch!«, meinte er schon am ersten Tag zu mir, »in meinem Saalong wiirrd hochdeutsch gesprochen.«

Dieser jugoslawische Zähneknisterer! Will mir *beibringen, was hochdeutsch ist. Mann, ich habe gerade in Rekordzeit meinen Schulabschluss gemacht!*

»Hochdeutsch? Was ist denn das? Das, was Sie selbst sprechen?«

Au weia! *Keski agzimi havaya acsaydim veya tam türkce keske agzimi hic acmasyadim – hätte ich doch lieber meinen Mund nur für die Luft geöffnet!* Herr Stepanovic aber besaß echtes Format. Statt sich beleidigt zu zeigen, sah er mich mit einer Mischung aus Mitleid und Belustigung an. Er redete ganz ruhig weiter, und da ich vom ersten Satz an, den er nun sprach, eine Menge von ihm lernte, will ich mich hier auch nicht weiter über ihn lustig machen, indem ich von A bis Z seinen slawischen Akzent nachahme.

»Also, Mädel«, setzte er an, »als Erstes musst du mal begreifen, dass wir beide nie so gut deutsch sprechen werden wie die Deutschen oder wie unsere Landsleute, die hier geboren sind.«

Herr Stepanovic war im Übrigen erst einige Jahre in Deutschland, und man hätte eigentlich den Hut vor ihm ziehen müssen, weil er es bereits so weit gebracht hatte. Ich hörte ihm jetzt aufmerksam zu, schließlich wollte ich nicht gleich an meinem allerersten Tag wieder gefeuert werden.

»Also«, fuhr er fort, »merk dir eins: Es kommt nicht darauf an, dass wir begreifen, wie sich die deutschen Wörter *hinten* verändern. Du weißt schon, was ich meine: ob ein Wort mit *m* oder *n* aufhört oder mit *nichts von beidem*, je nachdem, wie es gebraucht wird.«

O ja, ich wusste, was er meinte. Es macht mir noch heute Schwierigkeiten, ich weiß es.

»Vergiss auch, ob in der Mehrzahl hinten *e*, *en* oder *s* steht. Auf den *Hintern* der Wörter kommt es nur für die Deutschen selber an, verstehst du? Nur die Deutschen blamieren sich, wenn sie ihn nicht richtig abputzen, und es gibt eine Menge von ihnen, für die schon das zu schwierig ist. Aber weißt du, was wir Ausländer nie vergessen sollten?«

Jetzt war ich doch neugierig geworden. Mein Meister fuhr fort mit seiner einzigartigen Nachhilfe.

»Du solltest nie vergessen, wie die Wörter vorne in deinen Mund reingehen.«

»Was, wie bitte?«

Ich verstand nur »Bahnhof«. Aber er erwartete anscheinend einen Kommentar von mir. Oder wenigstens eine Gegenfrage. Also raffte ich mich auf:

»Ja, und wie sollen die Wörter *vorne* in den Mund reingehen, bevor ich sie *hinten* dann doch noch falsch ausspreche?«

Herr Stepanovic war seiner Sache absolut sicher. Er grinste sein Rhett-Butler-Grinsen, warf seinen Ivan-Rebroff-Body in Positur und sagte nur ein einziges Wort:

»Lässig.«

»Wie bitte?«

»Läässiick.«

Er dehnte das Wort in unnachahmlicher Weise. Ein echter südländischer Charmeur! Steuerte effektvoll auf den eigentlichen Höhepunkt seines kleinen Vortrags zu:

»Söörrviss und Läässick-keit – darin sind wir Ausländer die besseren Deutschen!«

Nun, es klang eigentlich gar nicht lässig, wie er das »g« in »Lässigkeit« aussprach, dieser Buchstabe knackte an seinem Gaumen wie eine Knallerbse. Aber welche Grandezza!

Was seine Worte über die Deutschen und ihre Ausländer betraf, so vermochte ich deren wirklich tiefe Weisheit damals nicht voll zu ermessen. Immerhin war meine Bereitschaft geweckt, von ihm zu lernen, wie deutsche Wörter »vorn« richtig gesprochen werden, und darauf zu verzichten, mich an ihrem »Hintern« vergeblich abzumühen. Indem ich meinen deutschen Kollegen lauschte, bemerkte ich sehr bald, dass ich einen ziemlich grausamen Dialekt sprach, den ich nachträglich nur als »Türk-Hessisch« bezeichnen kann. Im Salon Stepanovic durchlief ich eine strenge sprachliche Nacherziehung.

»*Tönung*. Nicht *Dönung*. Und nicht *guckemol*, sondern *schau mal*.«

In Sachen Spracherwerb befand sich mein Ehrgeiz von Anfang an in einem harmonischen Verhältnis zu den mir gestellten Aufgaben. Aber da hörte die Harmonie auch schon auf. Alles andere, was ich tun sollte, erschien mir mickrig und klein, es befriedigte mich nicht im Mindesten. Natürlich wusste ich immer noch nicht, *was* ich eigentlich wollte, aber eines schien klar: *Das* hier konnte es nicht sein. Wie so viele Teenager definierte ich mein Selbstbild und meine Ambitionen nicht darüber, *was* ich wollte, sondern darüber, was ich *nicht* wollte.

Es ging gerade noch so, wenn mir aufgetragen wurde, die Haare auf dem Boden zusammenzufegen, Mülleimer zu leeren, Arbeitsinstrumente zu reinigen, sie zu ordnen, bereitzulegen und dergleichen. Eben all jene niederen Aufgaben, die dem »Stift« in Handwerksbetrieben nur zum Schein übertragen werden, damit er etwas lernt, die aber eigentlich dazu da sind, ihn zu disziplinieren und an die lebenslange Monotonie des Arbeitsalltags zu gewöhnen.

Wirklich abstoßend war für mich etwas ganz anderes, und es erscheint mir aus heutiger Sicht als ein deutliches Zeichen dafür, dass ich meine Kindheit endgültig hinter mir gelassen hatte. Einschließlich jener Phase, in der ich als halber Junge burschikos meine sich entwickelnde Weiblichkeit zu ignorieren versucht hatte. Die Heftigkeit meiner Reaktion war allerdings auch ein Zeichen von Unreife und mangelnder Selbstdisziplin.

Ich habe bereits erzählt, wie sehr ich es als kleines Mädchen genossen hatte, meiner Oma die Haare zu waschen. Das geschah nicht unter den besten hygienischen Bedingungen, und damals hatte es mich auch nicht im Geringsten gestört, dass meine Großmutter, nun ja, eben auch ein alter Mensch war. Jetzt allerdings reagierte ich auf die gleiche Aufgabe geradezu allergisch, und das im Rahmen meiner Ausbildung zur Friseurin. Nach drei Wochen war ich deshalb völlig fertig. Ich kam nach Hause und erklärte meiner Mutter:

»Alles, nur das nicht!«

»Was ist denn jetzt schon wieder, Kind?«

»Dieser Beruf ist nichts für mich. Ich will keinen alten Leuten den Kopf waschen, die riechen und so ungepflegt sind!«

Meine Mutter aber ließ sich das nicht bieten. Sie sagte erst mal gar nichts, sondern verpasste mir bloß eine Ohrfeige, die sich gewaschen hatte. Dann machte sie eine eindeutige Ansage.

»Du wirst da hingehen und fertig! Wir haben deinem Chef unser Wort gegeben, und das hast du zu halten.«

So ist das eben in türkischen Familien. Der eine verspricht etwas, und der andere muss es ausbaden! Es war nichts zu machen, ich hatte diesen Beruf zu ergreifen. Punkt. Aber was geschah? Plötzlich machte es »klick« in meinem Kopf. Schon am nächsten Morgen stellte ich fest:

Alles läuft auf einmal deutlich besser.

Wenn ich mich schon nicht wohlfühlte mit meiner Arbeit, so gewann jetzt doch der Drang nach Unabhängigkeit, oder auch nur der Traum davon, die Oberhand. Selbst wenn ich meinen kompletten Lehrlingslohn, im ersten Jahr 250 Mark, bei meiner Mutter abzuliefern hatte, wusste ich doch: Eines Tages würde mein eigener Verdienst es mir ermöglichen, auf eigenen Füßen zu stehen. Außerdem kannten wir es nicht anders. Alle Geschwister, die schon etwas verdienten, aber noch zu Hause wohnten, arbeiteten auch für die Haushaltskasse. Das Trinkgeld durfte ich ja behalten. Mein erstes selbstverdientes Geld!

Ich fing Feuer. Arbeiten zu gehen und Geld zu verdienen, das allein versprach schon eine bessere Zukunft! Und siehe da, mehr und mehr entdeckte ich die guten Seiten an meinem Job. Er begann mir sogar Spaß zu machen. Und wenn ich schon »Friseuse« werden sollte, dann wenigstens eine richtig gute!

… und es ergreifen

Darmstadt, im Jahr 1985/86

Ich habe meinen Hausschlüssel vergessen und muss klingeln. Vater öffnet.

»Meine Tochter ist nicht zu Hause.«

Schon ist die Tür wieder zu. Im ersten Moment stehe ich ziemlich belämmert da. Dass er mich nicht erkennen würde, hätte ich dann doch nicht erwartet. Was bleibt mir anderes übrig, als nochmals zu klingeln?

Wieder geht die Tür auf, diesmal ganz langsam.

Und dann kriege ich eine gescheuert, dass mir die Spucke wegbleibt.

Lieber Papa, diese Ohrfeige zählt nicht in unserer Bilanz. Ich bleibe dabei: Du hast mich nie geschlagen! Dir ist halt die Hand ausgerutscht, aber sie traf nicht mich, sondern eine fremde Person, die du im ersten Moment nicht als deine Tochter erkanntest. Wie denn auch? Diese blauschwarze, hochtoupierte Haarvermehrung da vor der Tür …

Ich war ein Spätzünder. Als ich dann aber erst einmal angefangen hatte, mein Äußeres aufzumöbeln, war ich nicht mehr zu bremsen. Die Ausbildung zur Friseurin eröffnete mir Möglichkeiten, beflügelte meine Inspiration und ließ mich ständig Neues ausprobieren. Herrn Stepanovic entging dieser Eifer nicht, und er förderte mich nach Kräften. Ich hatte Glück, dass mein Lehrherr nicht nur ein galanter Plauderer, sondern auch fachlich eine Kanone war. Als Ästhet mit ausgeprägtem Gespür dafür, welche Frisur zu welchem Typ passt, fühlte er sich von seiner konservativen Stammkundschaft häufig unterfordert. Seine magischen Hände verlangten nach kreativerer Beschäftigung …

An diesem Punkt trafen sich die Bedürfnisse eines verkannten Genies und die Ambitionen seiner jungen Lehrtochter, die nun Blut geleckt hatte – obwohl sie doch erst zu ihrem Glück gezwungen werden musste! Ich stand in regem Kontakt zu einer ganzen Reihe williger Versuchskaninchen, die nur darauf warteten, einen Kopf im *dernier cri* verpasst zu bekommen. Eine Löwenmähne à la Farrah Fawcett, mit nach hinten toupierter, dauergewellter Lockenpracht? Das war ganz genau das Richtige für meine Schwester. Eine schwindelerregende Turmfrisur – je höher, desto besser? Klar doch, meine Punkfreundin Shandy wartete nur auf so etwas, am liebsten mit grellroten Strähnen. Ein Popper-Kurzhaarschnitt nach Starfriseur Vidal Sassoon, der alle Haartürme schleifen und wieder in die Natürlichkeit kommen wollte? Bitteschön, da stelle ich mich doch selbst zur Verfügung, und nebenbei: Mit dem uniformen Zwillingslook war jetzt endlich einmal Schluss!

Herr Stepanovic blühte förmlich auf. Als versierter Handwerker mit filigranem Geschick war er dazu prädestiniert, den Herausforderungen der aktuellen internationalen Haarmode gerecht zu werden. Und seine Experimentierfreude machte nicht davor Halt, einen biederen Darmstädter Friseursalon nach Feierabend in ein Versuchslabor für wagemutige junge Damen zu verwandeln. Ich lernte ungeheuer viel dabei, viel mehr, als zum Pflichtprogramm meiner Lehrausbildung gehörte. Es entstand eine ungewöhnliche Symbiose zweier leidenschaftlicher Stylisten, wobei der eine vom anderen profitierte: Ich lieferte dem Maestro die Modelle, und er lehrte mich nicht wenige Geheimnisse unserer Zunft.

Heute sage ich meinen eigenen Lehrlingen immer wieder, dass es nicht nur ein Beruf ist, Menschen schön zu machen, sondern unbedingt eine Berufung. Man muss Leidenschaft dafür empfinden – und man sollte diese Arbeit nicht nur als Handwerk betrachten, sondern auch als Kunstform. Ich schätze mich glücklich, dass ich bereits in jungen Jahren Feuer gefangen habe, denn um besser zu werden als der Durchschnitt, braucht man nicht nur eine gute Portion Talent. Es bedarf auch der Bereitschaft – und der Gelegenheit – zu immerwährender Übung. Training, Training, Training: Das gilt für uns Stylisten ebenso wie für Sportler, Musiker, Models, Schauspieler und alle anderen Performer auch.

Und noch etwas habe ich von Herrn Stepanovic gelernt: Ich darf den Menschen, der sich mir auch deshalb anvertraut, um seine äußerlichen Unvollkommenheiten – und, ja, selbst die Schönsten unter uns haben sie – zu beheben, nicht als Mittel zum Zweck betrachten. Vielmehr muss ich ihm mit »Seele und Gefühl« begegnen. Es gibt zwei Varianten der Versuchung zur Armseligkeit, wenn ein Coiffeur dies nicht versteht:

Die erste besteht darin, dass er mit spitzen Fingern am Schopfe seines Opfers nestelt und im Tone fachlicher Abgeklärtheit näselt:

»Na, was soll's denn sein – dasselbe wie letztes Mal?«

Diese Versuchung steht im Dienste der Faulheit und Abgestumpftheit. Die andere ist die Dienerin des Ehrgeizes. Ein Beispiel: Mitunter kommt ein – meist weiblicher – Medienmensch zu mir und meint genau zu wissen, was ich zu tun habe.

»Du, Ayşe, hast du mitgekriegt, dass Die-und-Die in ihrer letzten Sendung einen ganz anderen Schnitt hatte? Den hat ihr Der-und-Der gemacht. Und da bin ich fast neidisch geworden. Die sah tatsächlich aus wie neu – bei *der* tollen Frisur fiel gar nicht ins Gewicht, wie schlecht ausgeleuchtet und überschminkt sie war.«

Armselig wäre es, wenn die Stylistin jetzt der Versuchung erläge, es mindestens so gut machen zu wollen wie Der-und-Der. Womöglich noch, obwohl sie selbst auch die Sendung gesehen hat und fand, dass Die-und-Die dabei einfach nur »Banane« aussah. Jeder Mensch ist einzigartig – und selbst wenn er sich als Abziehbild seines Idols begreift, hat er als mein Kunde immer noch ein Recht darauf, seriös beraten zu werden!

Auch als sogenannte Topstylistin beachte ich das simple Motto meines ersten Lehrmeisters: »Seele und Gefühl!«

Sobald Herr Stepanovic einen Termin mit einer Stammkundin gemacht hatte, kam er ins Überlegen: Was kann ich verändern? Was passt zu ihrem Typ? Wie nehme ich ihr die Angst davor, etwas Neues zu wagen? Wie bringe ich sie dazu, ihr Potenzial zu entdecken?

»Hati, hast du an meinen Mini gedacht?«

Wir stehen in der Waschküche unseres Wohnblocks. Fünf Minuten fürs Umziehen. Sonst kommen wir zu spät – Hati zur Schule, ich zur Arbeit. Ja, sie hat dran gedacht! Zippt den Reißverschluss ihres selbstgenähten Overalls auf und holt den Stofffetzen raus, den ich jetzt anziehen werde. Meine züchtigen schwarzen Beinkleider kommen ganz hinten ins Wäscheregal. Dort bleiben sie bis nach Dienstschluss. Wenn ich nach Hause komme, wird niemand ahnen, dass ich tagsüber der Familie Schande bereitet habe, indem ich Knie zeigte. Jetzt kommt das Make-up dran. Alles in Windeseile! Den kleinen Spiegel mit dem Plastikrahmen haben wir an die Wand genagelt. Niemand beachtete ihn dort, wahrscheinlich hängt er heute noch da. Die Schminksachen verbergen wir in unseren Handtaschen.

Bevor wir die elterliche Wohnung wieder betreten werden, heißt es dann: Runter mit der Farbe! Weg mit Lidschatten und Wimperntusche! Wieder rein in die langen Hosen!

Ich änderte mich in Riesenschritten. Aß mit größerem Appetit, bekam an den richtigen Stellen Rundungen, war nach wie vor sehr schlank, aber nicht mehr »Nadel und Faden«. Ich war stolz darauf, dass ich immer frisiert war. Meine Weiblichkeit hatte ich nicht zuletzt durch meinen Beruf entdeckt. Mittlerweile war für mich klar, dass dieser Beruf *mein Ding* war, wie auch immer die Zukunft aussehen würde.

Aber nichts ohne meine Schwester!

Etwas anderes war für mich nicht vorstellbar. Doch zu dumm, Hatice hatte ihre eigenen Pläne im Kopf.

»Mein Traum, das ist und bleibt die Mode!«

Sie war schon immer sehr bestimmt in ihren Ansichten. Und was das Thema Mode betrifft, so waren ihr Talent und ihre Kreativität nicht zu bestreiten. Sie kaufte sich keine »Klamotten«, wie sie Konfektionsware verächtlich nannte, sondern entwarf und nähte ihre Kleidung grundsätzlich selbst. Alles. Ob Kleider, Röcke, Blusen, Jacken, Overalls – meine Schwester sah stets betont individuell aus. Und sehr bunt. Sie wollte unbedingt Modedesignerin werden. Eigene Kollektionen entwerfen, Modenschauen organisieren. Schon in Susurluk, für unsere legendäre Laufsteg-Show mit den Nachbarskindern, hatte sie für alle die Kleider genäht. Nun begann sie eine Schneiderlehre.

Hatice – so sanft und zurückhaltend, wie sie sich gibt – weiß ihre Absichten überaus zielstrebig zu verfolgen. Sie ist eine Meisterin der Eroberung im Handstreich. Dabei bedient sie sich zweier gegensätzlicher Methoden: Entweder sie versprüht ihren umwerfenden Charme, was die eine Hälfte der Menschheit regelmäßig weich werden lässt. Oder es geht zack-zack, und schon ist sie da, wo die andere Hälfte erst mal hinkommen muss! In diesem Fall hatte sie mich mit Methode Nummer zwei überrumpelt.

Da musste ich tief Luft holen! Wir waren doch gerade erst wieder vereint worden. Und jetzt wollte sie eigene Wege gehen, ohne uns beiden *als Team* eine Chance zu geben? Außerdem hatte ich das deutliche Gefühl, dass es ihr auf Dauer nicht guttun würde, jeden Tag allein vor der

Nähmaschine zu sitzen. Sie war doch ein lebenslustiger, kommunikativer Typ, der unter Menschen sein wollte! Ja, so ist es bei uns: Wenn sich die eine über sich selbst Gedanken macht, geht es eigentlich immer auch um die andere.

In einer stillen Stunde nahm ich sie beiseite.

»Hati, ich finde es toll, dass du deine eigenen Ziele hast. Vielleicht ist es wirklich nicht so gut, wenn wir alles immer nur zusammen machen.«

Sie schaute mich verwundert an. Damit hatte sie wohl nicht gerechnet. Erst mal entgegnete sie nichts. Gut, dann konnte ich ja weitermachen.

»Du weißt ja, mir fällt das nicht so leicht, dich wieder ziehen zu lassen, aber ich werde mich schon dran gewöhnen.«

Stimmte zwar überhaupt nicht, sollte aber so aussehen.

»Na ja, ich bin ja nicht aus der Welt.«

Wie begütigend, ganz die fürsorgliche Schwester.

»Stimmt«, stimmte ich pflichtschuldigst zu. »Und ich werde es bestimmt auch allein schaffen, mich selbstständig zu machen.«

Das war das Letzte, was ich mir hätte vorstellen können. Aber es *musste* jetzt gesagt werden. Es war mein einziger Trumpf. Und siehe da, sofort nahm das Gespräch eine andere Wendung. Sie wurde hellhörig und kriegte ganz große Augen.

»Du meinst, mit einem eigenen Laden?«

»Genau! Das ist mein Ziel. Nur einfach einen Beruf zu haben, das ist mir nicht genug. Ich will mein eigener Herr sein. Ich will nicht, dass mir jemand vor der Nase sitzt, der meine Kreativität bremst.«

Und jetzt setzte ich noch eins drauf. Ich wusste, ich musste hoch pokern. Alles oder nichts!

»Und eines ist klar: Ich könnte so was nur allein machen.«

Sie sagte nichts. Schaute nur auf den Boden. Ich rieb mir im Geiste schon die Hände. Gleich würde sie anbeißen, das fühlte ich. Nur noch ein Satz von mir, ein einziger Satz.

»Außer mit dir zusammen, natürlich.«

Ich ergriff ihre Hand und streichelte sie zärtlich. Das war nicht etwa gespielt. Es war mein vollster Ernst. Und die weichsten Rehaugen, die ein Mensch nur haben kann, schauten mir voller Sympathie ins Gesicht.

»Wirklich? Ist das so?«

»Ganz klar, das ist so. Ganz ehrlich.«

»Gut, dann will ich es mir überlegen.«

Und ob sie das tat. Noch während der Probezeit kündigte sie ihren Lehrvertrag und fand anschließend sofort eine Ausbildungsstelle als Friseurin.

Ich hatte meinen Beruf gefunden und meine Schwester behalten! Zumindest die Möglichkeit, einmal beruflich mit ihr zusammenzuarbeiten.

»Hati, das ist der Beginn unserer gemeinsamen Karriere!«

Gut, das war ins Blaue hineingesprochen. Ich wusste weder wo noch wann, noch wie wir das machen würden. Aber ich fühlte, dass sie mir vertraute. Womöglich glaubte sie sogar, dass ich schon alles wusste, was man wissen muss, um sich selbstständig zu machen. Sie hat jedenfalls nicht ein einziges Mal danach gefragt. Wem so viel Vertrauen geschenkt wird, der darf doch keinen Rückzieher machen!

Also begann ich tapfer selbst daran zu glauben, dass wir uns eine gemeinsame Existenz aufbauen würden. Nach langer Zeit spürte ich endlich wieder einmal jenes Vertrauen in das Leben und in mich selbst, das einen Berge versetzen lässt. Ich wusste ja: An meiner Seite würde der Mensch sein, auf den ich mich am allermeisten verlassen kann.

Es sollte allerdings noch einige Zeit dauern, bis es wirklich so weit war, dass wir gemeinsame Sache machen konnten. Unsere Lebensläufe nahmen noch so manchen Umweg, bevor sie wieder zusammenfanden. Und manche Station auf dem Weg trug den Namen eines Mannes.

Freiheit, die ich meine

München, Anfang 2008

»Wann war eigentlich dein erstes Mal?«

Sibels Frage kommt wie aus heiterem Himmel. *Baltayı taşa vurmak* – da hat sie aber *die Axt auf den Stein gehauen!* Wenn sie nicht meine beste Freundin wäre …

Wir sind ganz allein im Münchner Salon, die Tür ist bereits abgeschlossen, damit wir uns in Ruhe die Haare machen können. Heute Abend müssen wir beide alles geben! Der Flagship-Store eines bekannten italienischen Modelabels wird eröffnet. Ich habe Sibel gebeten, mitzukommen, da ich keine Lust habe, mit irgendeinem männlichen Begleiter dort aufzutauchen.

Zwar haben wir schon zwei Proseccos getrunken, um uns in Stimmung zu bringen. Aber was soll jetzt *diese* Frage?

»Wieso fragst du mich das ausgerechnet jetzt?«

Sibel lächelt sibyllinisch.

»Ich habe nur in einem der Magazine geblättert, die du für deine Kundinnen auslegst. Da ist eine große Umfrage zu dem Thema.«

»Und, was kam dabei heraus?«, frage ich scheinbar gelangweilt. Vielleicht lässt sich eine Antwort ja vermeiden.

»Na, dass das erste Mal im Leben einer Frau sehr prägend ist.«

»Ach ja, wer hätte das gedacht!«

Wir lachen und prosten uns noch einmal zu. Sibels Blick, vom Prosecco inspiriert, wird noch eine Spur provozierender.

Wenn zwei Türkinnen sich über das *erste Mal* unterhalten, wird es ernst. Wir haben nun mal eingebläut bekommen, dass die Jungfräulichkeit des Weibes höchstes Gut sei, welches es um jeden Preis für den künftigen Gatten zu bewahren gelte. Selbst unter Mädchen, die in zweiter Generation in Deutschland aufgewachsen sind, ist das *erste Mal* ein Riesenthema. Heftig diskutiert nicht zuletzt mit deutschen Freundinnen, die in der Regel ganz andere Ansichten haben.

»Wollen wir uns das Thema nicht lieber für nachher aufheben?«, schlage ich vor. »Prosecco reicht dafür nicht. Nachher gibt's Champagner, da komme ich vielleicht eher in Stimmung.«

»Okay, aber glaube mir, ich werde darauf zurückkommen. Was ziehst du eigentlich an heute Abend?«

Dankbar nehme ich den Themenwechsel an. Für heute habe ich mir ein schwarzes Chiffonkleid mit Spaghettiträgern ausgesucht, das ich mit einem Bolero aus dünnem Handschuhleder kombiniere. Dazu goldene Sandalen, die passende Handtasche – mir gefällt's.

Sibel jedenfalls sieht hinreißend aus in ihrem figurbetonten, klassischen Etuikleid und den edlen Pumps.

»Das Taxi ist da«, flötet sie, zieht sich ihr Jäckchen über, und los geht's.

»Auf zum Sehen und Gesehenwerden.«

Zu fortgeschrittener Stunde, nach Serien von Begrüßungsküsschen, Smalltalks und flirtiven Gesprächen, haben wir beide es uns in einer Fensterecke in tiefen Ledersesseln gemütlich gemacht. Es gibt ein Flying Buffet. Hübsche Boys, wohl von einer Modelagentur gecastet, balancieren ihre Tabletts durch die Menge. Man ist inzwischen beim Dessert angekommen.

»Ein Petit Four gefällig, die Damen? Hat kaum Kalorien«, neckt uns ein attraktiver Tablettträger und hält eine ganze Batterie von Törtchen mit hellblauer, rosa und gelber Glasur hin.

»Mmh, lecker«, strahlt Sibel ihn an. »Aber dazu brauchen wir jetzt noch ein Glas Schampus.«

Zwei Minuten später habe ich keine Chance mehr, der Frage des Abends zu entkommen. Wir prosten uns zu, nehmen einen Schluck und lehnen uns zurück. Schon schaut sie mir tief in die Augen und nickt mir aufmunternd zu.

»Wie war ich doch verliebt in diesen Jungen. Ach was – in diesen Mann! Er war ja um Jahre älter als ich. Und bestimmt der Hübscheste auf unserer Berufsschule, in meinen verliebten Augen sogar der Schönste von ganz Darmstadt. Groß, männlich, ausgeprägte Nase. Wunderschöne blaue Augen, lange goldbraune Locken bis zu den Schultern, immer supercool angezogen. Sogar an sein Parfum kann ich mich noch erinnern. Etwas ganz Herbes, Holziges. Und er war braungebrannt wie ein Surfer.«

Ich nehme noch einen Schluck und fahre gedankenverloren mit dem Finger über den Glasrand. Ich bin jetzt doch etwas erstaunt, dass ich immer noch so von ihm schwärmen kann.

»Der absolute Frauentyp. Er hatte so ziemlich *alle* Mädchen in der Klasse. Ja, und einmal auch mich …«

Das muss reichen, auch wenn Sibel jetzt schwer enttäuscht ist. Den Rest der Geschichte überlasse ich ihrer Fantasie. Meine Gedanken aber schweifen zurück.

Während einer Klassenfahrt nach Hamburg kommt er nachts in der Jugendherberge in mein Zimmer geschlichen. Klettert zu mir ins Hochbett. In dem Raum liegen noch vier andere Mädchen. Alle kriegen mit, was zwischen uns geschieht, aber keine traut sich, etwas zu sagen.

Ganz still und heimlich muss es gehen. Und schnell. Trotzdem ist es wunderschön. Ich bin *sooo* verknallt – da ist alles toll, wie es ist, egal wie und wo. Und damit hat es sich leider auch schon. Drei, vier Tage später teilt er mir mit, dass er keine Beziehung möchte. Mit keiner.

»Verlieb dich bloß nicht. Es ist mein Hobby, alle Frauen rumzukriegen.«

Ich wusste das ja schon von meinen Klassenkameradinnen. Und bin nicht einmal traurig. Dabei war ich doch eben noch so verknallt in … wie hieß er noch gleich?

Das also ist die Geschichte meiner Entjungferung. Für mich weniger erotische Initiation als persönliche Emanzipation von der geballten Macht der Religion und des Patriarchats. Ja, ich bin durchaus stolz darauf, mir als junge türkische Frau die Freiheit genommen zu haben, selbst über meinen Körper zu entscheiden. Ganz ohne Schuldgefühle.

Es war jene Zeit, in der Aynur und Naime, zur großen Freude unserer Eltern, nach alter Väter Sitte türkische Männer heirateten und auszogen. Ahmet, mein ältester Bruder, war so sehr mit seinem Ingenieurstudium beschäftigt, dass er sich zu Hause kaum noch blicken ließ. Damit wohnten im Jungenzimmer noch Mehmet und Ali. Im Zickenzimmer jedoch waren wir nun zu dritt – aber ein erstaunlich harmonisches Trio! Irgendwie hatte sich die Stimmung komplett gedreht. Hielt im Alter von 17 beziehungsweise 16 Jahren etwa die Vernunft in unsere Köpfe Einzug, um die kleinlichen Grabenkämpfe endlich vergessen zu machen? Jede von uns hatte ihre Rolle gefunden, und wir ergänzten uns prima. Cavidan, unsere Gymnasiastin, war die Selbstbewusste, Strebsame und Begabte von uns dreien. Hati gab den Sonnenschein in der Familie und in ihrem Friseursalon. Und ich selbst? Ich verhielt mich zu Hause so unauffällig wie möglich, zog auch meine Lehre eisern durch, betätigte mich ansonsten aber als Feierabend-Rebellin.

Was habe ich denn daheim zu verlieren? Die Eltern mögen mich doch sowieso nicht. Da kann ich auch gleich machen, was ich will!

Und das tat ich denn auch mit wachsender Begeisterung. Aus mir wurde eine Nachtschwärmerin. Natürlich in allergrößter Heimlichkeit, denn trotz meiner zur Schau getragenen Coolness wollte ich so wenig wie möglich riskieren.

Jeden Abend schleiche ich mich also aus der Wohnung, zu meiner Clique. Wieder eine neue Erfahrung: Im Kreise meiner neuen Freunde fühle ich mich akzeptiert, einfach so, wie ich bin. Oder wie ich glaube zu sein, als junger

Mensch auf der Reise zu sich selbst. Mit dabei Shandy, eine Farbige aus unserem Viertel, sowie sechs, sieben weitere Mädchen und Jungs aus dem bürgerlichen Milieu – alles Deutsche. Punkig aufgestylt ziehen wir durch die angesagten Clubs und Discos und lassen den Bären steppen. Na ja, das Bärchen. Hauptsache, ich gehöre dazu. Wunderbares Feeling!

Rauschhafte Erfahrungen haben es so an sich, dass man sie in vollen Zügen genießt, aber kaum eine Erinnerung daran bewahrt. Nur Schlüsselszenen prägen sich ein. Zu dieser Phase meines Lebens gehört das Bild einer Frau: Cyndi Lauper. Sie muss so etwas wie ein One-Hit-Wonder gewesen sein, denn sie hatte *den* Hit der Disco-Welle: *Girls just wanna have fun.* Mein Programm! Da ich ein Mensch bin, der immer neue Informationen aufsaugen muss, wollte ich unbedingt mehr über diese Frau erfahren.

Heimlich kaufte ich mir etwas, das unter Punkern als absolutes No-No galt: *Bravo.* Und da entdeckte ich sie, in trauter Nachbarschaft mit Ilja Richter, Otto und Konsorten – meine Cyndi! Die Bildstrecke erschien mir wie eine Offenbarung, aber was ich sah, war doch zu weit weg für mich, um es in eigene Ideen umzusetzen.

Cyndi Lauper wurde nur wenig mehr als zehn Jahre vor mir geboren, aber unter einer fulminanten Schicht Schminke schien ein Gesicht verborgen, das meiner Mutter hätte gehören können. Was war der Grund, dass die Zeit an dieser wunderschönen Frau einen derartig guten Job gemacht hatte? Die Antwort fand ich in meiner unmittelbaren Umgebung. Noch heute bin ich meinem Schutzengel dankbar dafür, dass er mich vor jenen Versuchungen bewahrte, denen manche meiner damaligen Freunde ihr blühendes Aussehen, wenn nicht ihr ganzes Leben opferten.

Aber diese Frisur! O Allah, Cyndi! Wie hast du nur diesen Farbton in deine turmhoch toupierten Haare bekommen? Dieses fulminante Rot, das aber überhaupt nicht aufgedonnert wirkte. So intensiv, so sinnlich. Ein Rot, das einfach nur »rot« war. Schwierig zu erklären, aber so war es! Ich hatte nicht den Mut, es dir nachzutun. Mit dieser Farbe am Kopf wäre ich aus meiner Familie, aus der Gemeinschaft des Islam, aus dem geheiligten türkischen Vaterland exkommuniziert worden!

Und dann, im Morgengrauen, immer das echte Grauen. Die Zitterpartie nach Hause. Ich hatte beim Rausgehen die Wohnungstür stets leicht offen gelassen, damit ich mich geräuschlos wieder einschleichen konnte. Arme Hatice, arme Cavidan. Jede Nacht mussten sie um mich bangen. Solange ich weg war, konnten sie vor Angst nicht richtig schlafen.

»Wenn die Eltern dich erwischen, kannst du was erleben!«

»Mir doch egal. So viel Schlaf wie ihr kann man in unserem Alter doch gar nicht brauchen.«

Es ist schon erstaunlich, wie viel Kraft man als junger Mensch doch besitzt. Ein ganzes Jahr fast ohne Schlaf! Mit Ende 18 hatte ich trotzdem die Lehre erfolgreich beendet. Meine Noten waren zwar nicht berauschend – wie auch? Bei *der* persönlichen Belastung! Trotzdem: *Etekleri zil çalıyor – meine Röcke klingelten vor Freude*, als ich den Gesellenbrief entgegennahm.

Da gab es also ein Mädchen, das den besten Teil seines Lebens noch vor sich hatte. Voller Neugier und Lebenslust, recht hübsch und nicht eben dumm. Nun gut, sie war auch etwas aufsässig. Kein Wunder bei *dem* familiären Hintergrund! Immerhin hatte sie einen Traum, der sie in die Freiheit und Unabhängigkeit führen sollte. Gemeinsam mit ihrer Schwester, die sie liebte und die mit ihr durch Dick und Dünn gehen würde.

Aber was tat sie? Sie folgte ihrer Abenteuerlust, ihrem Lebenshunger und ließ sich auf Menschen ein, die ihr nicht immer guttaten. Sie begann es zu lieben, am Abgrund zu wandeln. Zunächst bewegte sie sich dort mit traumwandlerischer Sicherheit. Doch unmerklich änderte sich das, und sie vermochte nicht mehr zu unterscheiden, wo der Boden unter ihren Füßen fest war und wo nicht.

Im freien Fall

Darmstadt und Hannover, im Jahr 1985/86

»He, Ayşe, lass uns die neue Achterbahn ausprobieren. Ein Wahnsinnskick!«

Shandy und ich schlendern übers Darmstädter Volksfest. Ein Sommertag, wie er schöner nicht sein könnte. Ich ziehe mit den Zähnen einen Fetzen Zuckerwatte vom Stiel und lasse ihn auf der Zunge zergehen.

»Meinst du wirklich? Zu viel freier Fall für mich. Du weißt doch, wie ängstlich ich bin. Außerdem kommt einem da das Essen wieder hoch.«

»Ach was, das ist einfach nur geil. Komm, ich lad dich ein. Sei kein Spielverderber!«

Grummelnd willige ich ein.

»Na gut, ich werd's überleben.«

Schon hat sie Karten besorgt. Die nächste Fahrt wird ausgerufen.

»Einsteigen, bitte!«

Die Wagen rollen vor, wir setzen uns vorn in die erste Dreierreihe, Shandy rechts von mir, ich in der Mitte. Sicherung anlegen! Ich habe ein wenig Mühe mit dem Bügel, da tönt es vom Sitz links neben mir:

»Darf ich Ihnen helfen, junge Frau?«

Den hatte ich gar nicht im Blick. Und dann diese altmodische Anrede – ironisch gemeint, oder was? Irgendwie von oben herab. Ich drehe nur leicht den Kopf und luge aus den Augenwinkeln hinüber. Ein kurzer Blick reicht, um die plumpe Anmache vergessen zu machen. So gut gefällt mir dieser Typ.

»Ja gern, dieses verflixte Ding!«

Er schafft es, mir den Bügel anzulegen, ohne mich zu berühren. Obwohl ich dagegen eigentlich nichts gehabt hätte, versöhnt mich seine Zurückhaltung immerhin mit dem spröden Charme, den er bisher an den Tag gelegt hat.

»Und jetzt gut festhalten, es könnte steil werden.«

Wieder diese gönnerhafte, pseudoväterliche Art! Aber ich muss mich jetzt zusammenreißen, denn wir nehmen Fahrt auf. Es geht fast senkrecht nach oben. Am Gipfel angekommen, scheinen wir sekundenlang waagerecht in der Luft zu hängen … um dann wiederum fast senkrecht in die Tiefe zu rasen und auf halbem Wege einen Looping zu vollführen.

»Hiiilfe!!!«

Ich kreische vor Panik. Darauf hat der Passagier links neben mir wohl nur gewartet. Sofort legt er den Arm um mich.

»Keine Angst, ich bin ja bei dir.«

Über diese Beschützer-Nummer kann ich mir jetzt keine Gedanken machen. Denn erstens rollen wir auf den nächsten Abgrund zu, und zweitens benebelt eine sehr spezielle Duftmischung mein Gehirn. Im Unterbewusstsein registriere ich Zitrusdüfte, Patschuli … Und dann dieser Arm, der auf meiner Schulter liegt … Als harte Punklady werde ich hier wohl nicht mehr rauskommen …

»Hallo, ich bin Dragan. Und wie heißt du?«

»Ich bin Ayşe. War das eine Höllenfahrt. Das mach ich nie wieder!«

Shandy, Dragan und ich sind ausgestiegen und streben dem Ausgang zu.

»Ayşe … schöner Name«, säuselt mein neuer Begleiter. Und, offenbar um Völkerverständigung bemüht: »Du bist Türkin.«

Während ich ihn von der Seite anschiele und mich nixcool fühle, bleibt mein Blick an seinen vollen Lippen hängen.

»Ja, und du?«

Er schenkt mir ein charmantes Lausbubenlächeln, das strahlend weiße Zähne entblößt. Volle Leinwand, wie im Kino, und die Stimme in Dolby Surround:

»Ich bin Bosnier.«

Aha. Was für eine Info. Bei mir läuft das unter »Jugo«. Aber eine rasante Mischung, schießt es mir durch den Kopf. Oder durch den Bauch?

»Gibt's doch nicht. Ein blonder Jugo?«

Na, meine selbstladende Revolverschnauze (ein Lieblingsausdruck meines Vaters, wenn er mich zum Gespräch unter vier Augen lud) funktioniert Gott sei Dank noch.

Aber jetzt schaut er mir in die Augen, dass mir die Knie weich werden. Und gibt seiner Stimme gespielten Ernst. Aha, er ist also doch zu Zwischentönen fähig. Immerhin: ein Mann, der sich trotz seines blendenden Aussehens um Flirtkultur bemüht.

»Meine Familie wurde von Germanen unterwandert. Da gab es einmal eine große Liebe auf den ersten Blick.«

Soll das etwa witzig sein? Ich weiß nicht, ob ich lachen soll oder nicht. Die Entscheidung darüber ist in Sekundenschnelle Schnee von gestern. Mein Puls beginnt zu rasen, mir wird heiß. Was tun? Ich blicke hilfesuchend zu meiner Freundin hinüber.

Sie hat unser Gespräch mit einem vielsagenden Lächeln verfolgt und schlägt jetzt vor, an den Schießstand zu gehen. Dragan trifft erst mit dem Gewehr ins Schwarze und dann mit seinen Blicken mitten in mein Herz, als er mir die von ihm geschossene rote Rose an die Bluse steckt. O Gott, wie kitschig! Wo bleibt meine punkige Anti-Romantik? Richtig zärtlich sind seine Hände, ohne jede Aufdringlichkeit. Aber mit Worten geht er voll aufs Ganze.

»Ich find dich total süß. Darf ich dich wiedersehen?«

Ich werde jetzt alles dafür tun, dass er nicht glaubt, er hätte mich schon rumgekriegt. Ich werde zustimmen, aber mit gespielter Gelassenheit.

»Jaah, von mir aus«, hauche ich heiser und überhaupt nicht nach Plan, die Augen nicht von den seinen lassend.

Nach dem ersten Date gibt es kein Halten mehr.

»Dragan ist mein Traumtyp«, schwärme ich Shandy vor. »Und er sieht nicht nur toll aus, er ist auch der totale Romantiker.«

Dieser Junge! Verwandelte mich über Nacht in eine verliebte Närrin. Welche Frau schmilzt nicht dahin, wenn ihr Angebeteter Sätze von sich gibt wie:

»Du bist die Frau meines Lebens. Ich werde keine andere mehr so lieben können wie dich.«

Mein angehender Lover war gleich alt wie ich, wohnte ebenfalls bei seiner Familie und absolvierte eine Schreinerlehre. Das passte, oder? Jedem Date ging eine schlaflose

Nacht voraus. Die Piste interessierte mich nicht mehr, ich blieb zu Hause wie eine brave Schülerin vor der Klassenarbeit. Ich musste auch nicht lange überlegen, ob ich mit ihm auf sein Zimmer gehen sollte oder nicht. Ich tat es einfach – und betrat den Himmel auf Erden …

Nach der ersten Liebesnacht schwebten wir nur noch auf Wolke Sieben. Konnten einfach nicht mehr voneinander lassen. Waren wie von Sinnen, für uns schien die ganz große Liebe ausgebrochen. So Feuer und Flamme füreinander, dass wir nichts anderes mehr im Kopf hatten. So verrückt vor Liebe kann man nur mit 18 sein! Da gibt es kein Wenn und Aber, man liebt sich in der ganzen Totalität der Gefühle. Es gab nur noch eines: zusammen sein, Tag und Nacht – und selbstverständlich für immer. Nach wenigen Wochen bereits sprachen wir von einer gemeinsamen Zukunft mit Familie, Kindern, einem Haus mit Garten. Alles war so klar für uns. Eines ergab das andere, und wir zögerten nicht.

»Lass uns zusammenziehen«, schlug Dragan vor. »Du kannst bei mir wohnen.«

Da lief mir ein Schauer den Rücken herunter. Aber kein wohliger diesmal.

»Bist du wahnsinnig«, entfuhr es mir, »das würden meine Eltern nie erlauben. Außerdem wohnst du ja selber noch zu Hause.«

Keinesfalls würde es funktionieren. Nicht mit meinen Eltern. Zum einen hofften sie ja immer noch, dass alle ihre Kinder sich einen türkischen Ehepartner wählten. Dragans Familie war, wie viele Bosnier, zwar muslimischen Glaubens, aber das spielte bei ihnen offenbar keine große Rolle. Für meine Eltern dagegen war es aus religiösen Gründen undenkbar, dass eine ihrer Töchter vor der Eheschließung eine sexuelle Beziehung begänne. Erst heiraten, dann Sex – in dieser Hinsicht war man konsequent konservativ. (Mir wäre nicht im Traum die Idee gekommen, dass meine Eltern in jungen Jahren selbst alle Grenzen überschritten hatten – das sollte ich erst viel später erfahren.)

Um mit Dragan zusammen sein zu können, gab es nur eine einzige Möglichkeit: sich immer neue Ausreden einfallen zu lassen. Angeblich übernachtete ich jetzt oft bei einer Freundin. Oder ich besuchte Wochenendseminare der Gewerkschaft. Weil ich wusste, es würde meinem Vater imponieren, wenn ich mich für die Arbeiterklasse begeisterte.

Doch der Krug geht so lange zum Brunnen, bis er bricht. Ein Bekannter sah uns Arm in Arm durch die Straßen gehen und steckte es meinen Eltern. Da war zu Hause der Teufel los.

»Du triffst dich heimlich mit einem Mann! Schämst du dich denn nicht? Du beschmutzt die Ehre unserer Familie! Wie stehen wir denn da, wenn du dich in der Öffentlichkeit mit einem Kerl herumtreibst!«

Meine Mutter war außer sich, und mein Vater sah rot. So umgänglich er sonst war – wenn es um die Familienehre ging, verstand er keinen Spaß.

»Du bringst uns nichts als Schande ins Haus, du bist schon die Schande in Person! Was denkst du dir dabei, deine Familie dermaßen in Verruf zu bringen? Ich werde dich einsperren, wenn du dich noch ein einziges Mal mit diesem Typen triffst.«

Jetzt wurden andere Saiten aufgezogen. Tag für Tag hagelte es Drohungen und Beschimpfungen. Ich habe den

Verdacht, das eigentliche Problem für meine Eltern war, dass Dragan kein Türke war. Sonst hätten sie ihm Druck gemacht, dass er mich heiratete, und zwar auf der Stelle.

Ich befand mich in einer Zwickmühle. Dem deutschen Gesetz nach war ich volljährig und konnte tun, wie mir beliebte. Aber ich hatte die Moralvorstellungen meiner Eltern so verinnerlicht, dass ich mich dennoch schuldig fühlte. Dabei liebte ich Dragan mit allen Fasern meines Herzens. Ich wollte *ihn*, nur ihn, und je mehr man uns auseinanderbringen wollte, desto verzweifelter klammerten wir uns aneinander. Eines Morgens, nach einer leidenschaftlichen Nacht, sah ich keine andere Möglichkeit mehr:

»Ich werde meine Familie verlassen!«

Als wäre in mir ein Schalter umgelegt worden, begann ich selbstbestimmt zu handeln. Von einem Tag auf den anderen war ich fest entschlossen, mein Leben selbst in die Hand zu nehmen.

»Ich muss weg von hier, in eine andere Stadt. Das ist die einzige Möglichkeit, dem Druck meiner Eltern zu entgehen.«

Mein Liebster aber erschrak zutiefst über meine Entschlossenheit.

»Wo willst du denn hin, du gehörst doch zu mir.«

Er wollte nach wie vor, dass ich zu ihm zog. Aber selbst wenn seine Eltern mitgespielt hätten – für die meinen wäre das niemals infrage gekommen.

»Das geht doch nicht. Meine Eltern würden mich sofort bei dir finden und zu Hause einsperren. Aber ich habe schon eine Idee.«

Ein paar Wochen zuvor hatte ich durch eine Kollegin ein

Mädchen aus Hannover kennengelernt. Susi und ich waren uns sofort sympathisch. Gleich am ersten Abend hatte sie mich spontan eingeladen.

»Komm mich doch mal besuchen. Ich habe eine eigene Wohnung. Du könntest bei mir übernachten!«

Jetzt war die Gelegenheit gekommen. Als ich ihr am Telefon meine Situation erklärte, war sie sofort bereit, mir zu helfen.

»Klar kannst du zu mir kommen. Pack deine Sachen und fahr los.«

Innerlich jubelnd legte ich den Hörer auf. Jetzt konnte ich meine Flucht vorbereiten. Außer Dragan durfte niemand etwas von meinem Plan erfahren. Nicht einmal Hatice. Viel später, als wir wieder zueinander gefunden hatten, offenbarte sie mir:

»Dass du mich allein zurückgelassen hast, habe ich damals überhaupt nicht verstanden. Wir wollten uns doch eine gemeinsame Zukunft aufbauen.«

Recht hatte sie damit. Aber ich sah es überhaupt nicht so, dass ich unsere gemeinsamen Zukunftspläne aufkündigen wollte. So weit dachte ich gar nicht! Ich hatte mich schlicht und ergreifend bis über beide Ohren verliebt und war es endgültig leid, dass meine Eltern mir immer noch vorschrieben, wie ich zu leben hätte. Und auf gar keinen Fall wollte ich Hatice in meine Probleme hineinziehen. Wo sie doch kurz vor ihrer Gesellenprüfung stand. Also durfte auch sie nichts über meinen Verbleib wissen, schon damit unsere Eltern keinen Druck auf sie ausüben konnten.

An einem Vormittag, als alle bei der Arbeit waren, fuhr ich mit ein paar Plastiktüten voll Habseligkeiten zum Bahnhof und setzte mich klopfenden Herzens in den Zug nach Hannover. Das Geld für die Fahrkarte hatte ich mir zusammengespart, indem ich ein paar Wochen lang konsequent mein Trinkgeld beiseitegelegt hatte.

Ich schaue auf die Uhr. Halb eins, Mittagessen. Daheim versammeln sich jetzt alle um den Tisch. Vater wird fragen, wo ich bin. Alle werden sich ratlos anschauen. Heute Abend, nach der Arbeit, wird Vater mich zu suchen beginnen – als Erstes natürlich bei Dragan. Aber der wird dichthalten – er hat es mir bei seinem Leben geschworen! Natürlich wird ihm niemand glauben, und wenn er noch so treuherzig versichert, er wisse nicht, wo ich bin.

In solchen Situationen stellt man sich die unmöglichsten Sachen vor: dass sie Dragans Telefon abhören und ihm die Polizei auf den Hals schicken. Ich muss mir immer wieder sagen: Ayşe, du bist volljährig. Niemand kann dir was. Du bist ein freier Mensch. Äußerlich frei, ja, das war ich jetzt. Aber innerlich? Es war ein Befreiungsschlag für mich, eine Atempause – mehr nicht. Das spürte ich jetzt schon.

Zurück aufs Schlafsofa! Susi hat es mir in ihrem Wohnzimmer liebevoll hergerichtet und ein Essen für mich vorbereitet. Am ersten Abend genieße ich einfach nur still meinen Triumph. Ich habe es meinen Eltern gezeigt. Ich werde mich niemals unterkriegen lassen!

Sollen sie sich ruhig mal Sorgen um mich machen.

Aber nach ein, zwei Tagen beginnt ein vages Unwohlsein an mir zu nagen. Ich habe Angst! Nachts bekomme ich kein Auge zu, wandere stundenlang im Zimmer auf und ab.

»Sie werden mich finden«, jammere ich Susi die Ohren voll, »sie telefonieren bestimmt alle meine Freunde ab.

Und deren Freunde und alle Bekannten. Wie ich meinen Vater kenne, wird er sich nicht scheuen, zu den Leuten nach Hause zu gehen und nachzuschauen, ob ich mich bei ihnen versteckt habe. Irgendwann wird er auch hier auftauchen.«

Susi sieht das recht gelassen, und sie hat ja recht. Außer meinem Freund weiß niemand, dass wir uns überhaupt kennen. Geschweige denn, wo Susi lebt. Ich aber finde keine innere Ruhe und Sicherheit mehr. Ich habe jetzt richtig, richtig Angst vor meinem Vater. Ich weiß: Wenn es um das geht, was er »die Ehre meiner Familie« nennt, dann versteht er keinen Spaß. Nachts bekomme ich Albträume. Eine Verfolgungsjagd nach der anderen spielt sich in meinem Hirn ab.

Bald halte ich es nicht mehr aus.

»Susi, bitte versteh mich. Ich fühle mich bei dir nicht sicher. Ich muss mir einen Platz suchen, zu dem mein Vater keinen Zutritt hat.«

Susi weiß Rat. Schon am nächsten Tag kommt sie mit Neuigkeiten von der Arbeit nach Hause.

»Ich habe mich schlau gemacht, zu dieser Adresse hier solltest du mal hingehen.«

Frauenhaus Hannover.

Einige Stunden später stehe ich vor der Tür. Schon in Darmstadt hatte ich mich im Frauenhaus beraten lassen. Sie waren sehr kooperativ, rieten mir, möglichst die Stadt zu verlassen. Sicher wird man mir auch hier helfen können.

Beherzt drücke ich die Klingel. Es dauert nicht lange, da erscheint eine Frau in der Tür.

»Was kann ich für Sie tun?«

Sie muss die Angst in meinen Augen gesehen haben, denn sie bittet mich sofort herein.

»Was ist denn passiert, um Himmels willen? Setzen Sie sich doch erst mal, ich bringe Ihnen gleich etwas zu trinken.«

Ihre Stimme klingt überraschend warm. Von so viel Liebenswürdigkeit entwaffnet, öffnen sich bei mir sofort alle Schleusen. Tränen kullern mir über die Wangen.

»Ich bin Türkin. Von zu Hause abgehauen«, berichte ich in abgehackten, von Schluchzern unterbrochenen Sätzen. »Meine Eltern suchen mich bestimmt schon überall. Kann ich bei Ihnen unterkommen?«

Die Frau hört mir ruhig zu. Ihrem verständnisvollen Nicken und ihren Rückfragen entnehme ich, dass türkische Familiendramen hier alles andere als ungewöhnlich sind. Es stellt sich heraus, dass sie die Leiterin des Hauses ist und alle nötigen Entscheidungen sofort und eigenständig treffen kann.

»Sie sind uns herzlich willkommen«, lauten schließlich ihre erlösenden Worte, »und Sie haben Glück, Ayşe. Zufällig ist heute ein Einzelzimmer frei geworden.«

Ich kann es kaum glauben.

»Ein eigenes Zimmer! Für mich ganz allein? Das hatte ich noch nie!«

Sie freut sich mit mir.

»Sehen Sie! Schon der erste Lichtblick. Sogar eine kleine Küche ist dabei.«

Als ich mittags meine Zahnbürste aus der Plastiktüte auf die Waschbeckenablage stelle, fühle ich mich nach dem

Chaos der letzten Wochen zum ersten Mal wieder sicher. Hier ist ein guter Platz für mich! In der Nacht kann ich nach langer Zeit endlich wieder einmal durchschlafen.

Guter Dinge rufe ich am nächsten Morgen meinen Liebsten an, um ihn zu beruhigen.

»Mach dir keine Sorgen, ich bin hier wirklich gut aufgehoben.«

Er klingt erleichtert. Auch er hat eine gute Nachricht.

»Meine Familie lädt dich in unser Ferienhaus an der Adria ein. Es ist schon alles besprochen. Du musst unbedingt nachkommen. Wir fahren morgen los und warten dort auf dich.«

Ferien mit Dragan! Ich bin ganz aus dem Häuschen.

»Das ist ja super, mein Schatz. Ich komme!«

Doch kaum habe ich aufgelegt, fällt mir siedendheiß etwas ein …

Oh nein! Allah, hilf mir! Ich habe ja keinen Pass! Ich komme doch gar nicht über die Grenze!

Wie konnte ich vergessen, dass ich das Dokument ja nicht an mich nehmen konnte, bevor ich mich aus dem Staub machte! In einer ordentlichen türkischen Familie bewahrt das Familienoberhaupt die Pässe all seiner Lieben auf. Möglichst in einer Geheimschublade. Ich hatte keine Chance gehabt, dort heranzukommen. Einen ganzen Tag und eine Nacht heule ich jetzt in meine Kissen. Aber dann erwacht mein innerer Rebell.

Das wollen wir doch mal sehen, ob mein Vater mir meine Rechte nehmen kann.

Vor dem Gesetz bin ich eine erwachsene Frau. Ich brauche nur zur Polizei zu gehen, um meinen Vater zu zwingen, das Dokument herauszugeben. Das tue ich denn auch. Für den diensthabenden Beamten auf der nächsten Wache ist alles ganz klar.

»Es ist richtig, dass Sie gekommen sind. Sie haben ein Anrecht auf Ihren Pass. Wir werden dafür sorgen, dass Sie ihn bekommen.«

Die Hüter der Ordnung sind auf meiner Seite! Das macht mich stolz und stärkt mir den Rücken. Ich bin im Recht!

Doch als ich tagelang nichts mehr von der Polizei höre, wird mir zunehmend mulmig zumute. Keiner kann aus seiner Haut heraus, schon gar nicht eine türkische Tochter, wenn es um eine ernste Auseinandersetzung mit dem Vater geht. Doch jetzt ist es weniger die Angst vor ihm. Ich bekomme Gewissensbisse!

»Ich will doch nur zu Dragan«, verteidige ich mich vor meiner Freundin Susi, die mir doch gar keinen Vorwurf gemacht hat. »Und dazu brauche ich nun mal meinen Pass.«

Eine knappe Woche später kommt dann doch ein Polizist ins Frauenhaus und drückt mir meinen Reisepass in die Hand.

»Hier, Fräulein. War nicht ganz einfach, das Ding von Ihrem Vater zu bekommen.«

Mehr sagt er nicht … Einen Moment lang ist mir ganz komisch im Bauch. Er lässt mich den Erhalt des Dokuments mit Unterschrift bestätigen, wünscht mir noch alles Gute, tippt kurz an seine Mütze und ist wieder weg.

Ich halte den Pass in der Hand wie eine heiße Kartoffel. Aber ganz tief in mir, da fühle ich so etwas wie … Sieg.

Doch auch innere Triumphe haben ihr Verfallsdatum. Und wenn man über jemanden obsiegt hat, den man doch eigentlich liebt, kann sich ihre innere Bewertung sogar ins Gegenteil verkehren.

Erst viel später erfuhr ich, was der Polizist, der mir meinen Pass brachte, mit seiner Andeutung gemeint hatte. Da bekam ich dann erst recht ein schlechtes Gewissen gegenüber meinem Baba. Gegen seine verstockte Ehrpusseligkeit aufzubegehren, war das Eine. Etwas ganz anderes, dass ich ihm alles, was er mir im Namen seiner sogenannten Ehre antat, irgendwann auch wieder verzeihen musste. Ja, es tat mir im Nachhinein sogar leid, dass ich meine selbstverständlichen Rechte wahrgenommen hatte.

Kurz nachdem ich in Hannover auf dem Revier war, erhielt mein Vater Besuch von der Darmstädter Polizei. Zwei uniformierte Beamte forderten die Herausgabe meines Passes.

»Nie im Leben!«

So weigert sich ein stolzer Turhan, wenn er etwas »gegen seine Ehre« tun soll.

»Gut, wie Sie wollen. Dann müssen Sie aufs Revier mitkommen.«

Dort brauchten sie dann einen ganzen Tag, um ihn zu überzeugen, dass es besser für ihn wäre, den Pass herauszugeben. Ohne die Hilfe meiner Mutter wäre es ihnen wohl sogar erst noch viel später gelungen. Erzwingungshaft für meinen Vater! Es lag außerhalb meiner Vorstellungskraft, dass so etwas hätte passieren können. Sonst hätte ich es mir schwer überlegt, den Stein überhaupt erst ins Rollen zu bringen.

Mit etwas Geld vom Frauenhaus bestieg ich den Zug nach Jugoslawien. Je länger ich so dahinfuhr, umso schöner wurde das Wetter. Es tat so wohl, die südliche Sonne wieder zu spüren. Von Stunde zu Stunde fühlte ich mich leichter und freier. Dragans Familie bereitete mir einen überaus herzlichen Empfang. Sie wussten, was ich durchgemacht hatte, und waren äußerst liebevoll um mich bemüht. Man las mir jeden Wunsch von den Augen ab. Das waren zwei wundervolle Wochen. Mein Liebling und seine rührend um unser Wohl besorgte Familie, die mich aufnahm wie ihr eigenes Kind! Dazu Sonne und Meer – was konnte es Schöneres geben?

Und doch schlich sich mitten im Urlaubsglück etwas zwischen uns, das mich beunruhigte: Dragans Eifersucht! Dass wir in Deutschland nun an verschiedenen Orten lebten, war ihm ganz und gar nicht recht.

»Komm wieder zurück nach Darmstadt«, bettelte er immer wieder.

»Wie soll ich das denn machen?«, wand ich mich.

Dieses Thema breitete mir Unbehagen. Verständlicherweise, wie ich fand.

»Mein Vater wird mich sofort bei dir aufspüren. Und dann ist was los!«

Ja, ich traute ihm in dieser Zeit alles zu. Und vor allem schob ich ihm die ganze Verantwortung für meine Situation in die Schuhe. Ich entmachtete mich selbst, indem ich meinem Vater konsequent auswich. Dass Dragan naturgemäß alles gelassener sehen würde, war eigentlich auch sonnenklar – nur hatte ich dafür absolut kein Verständnis. Ich bekam das Gefühl, er sei vor Liebe ganz blind. Aber auch *meine* Gefühle waren stark. Ich wollte meine Angst überwinden und ihm entgegenkommen.

»Ich bin bereit, vorübergehend nach Darmstadt zu kommen. Wir treffen uns an den Wochenenden, wenn wir beide frei haben. Mal kommst du zu mir, mal ich zu dir.«

Ja, ich hatte inzwischen einen Job gefunden! Den wollte ich auf keinen Fall verlieren. Und war es nicht eine gute Lösung, die ich ihm anbot, angesichts des heißen Pflasters Darmstadt? Doch Dragan schien nicht geneigt, Kompromisse überhaupt nur in Erwägung zu ziehen.

»Einmal die Woche mit dir zusammen zu sein, das ist mir zu wenig«, maulte er immer wieder.

»Wenn man sich wirklich liebt, kann man auch eine vorübergehende Trennung verkraften. Und wir sähen uns dann doch auch regelmäßig«, versuchte ich ihn zu besänftigen.

Wir fanden einfach keine gemeinsame Basis. Man kennt das: Sobald die Organisierung des Beziehungslebens zum scheinbar unlösbaren Problem wird, steht meistens noch etwas anderes dahinter. Es war so, dass ich Gefallen daran zu finden begann, frei und unabhängig zu sein. Ich fühlte mich sehr, sehr stark zu Dragan hingezogen, aber warum für die Nähe zu ihm gleich alles aufgeben, was ich mir mühsam erkämpft hatte? Ja, mir passte mein neues, kleines Leben. Ich wollte wieder in mein Zimmer im Frauenhaus zurück. Ich würde weiter Sportartikel im Kaufhaus verkaufen. Davon konnte ich die 270 Mark Miete für Unterkunft und Essen bezahlen. Wenn ich abends noch bei McDonald's jobbte, könnte ich bald ganz auf eigenen Beinen stehen!

Ich hoffte, dass Dragan mich darin unterstützen würde, ein selbstständiger Mensch zu werden. Aber ich hatte mich getäuscht. Er wollte nur eins: mich besitzen, mit Haut und Haaren. Immerhin sahen wir uns fast jedes Wochenende. Wenn er nach Hannover kam, versteckte ich ihn bei mir im Zimmer. Ein Mann im Frauenhaus! Er wartete dann dort, bis ich bei McDonald's Feierabend hatte, und dann taten wir das, was Jungverliebte eben so tun.

Ich gewann immer mehr Gefallen an meiner relativen Unabhängigkeit. Einerseits tat es mir gut, einen emotionalen Anker in unserer Beziehung zu haben, andererseits genoss ich es aber auch, endlich meine Freiheiten zu besitzen, ohne dass mir ständig jemand über die Schulter sah. Dragan hingegen wurde nur noch unzufriedener. Und immer wieder diese Eifersucht! Es war das erste Mal, dass ich es erleben musste, wie ein Mann Probleme damit haben kann, wenn die Frau an seiner Seite sich nicht ausschließlich auf ihn fixiert, sondern wenn es ihr wichtig ist, auch ihr eigenes Leben zu führen.

»Wieso gehst du unter der Woche abends weg?«, nörgelte er.

Ich fand das aufdringlich. Ich ging zwar gern mit meinen neuen Kolleginnen aus, aber andere Männer hatte ich nun wirklich nicht im Sinn. Dazu hatte ich ihn viel zu lieb, und warum sollte ich unseren tollen Sex für einen One-Night-Stand eintauschen wollen? Das Problem lag für ihn jedoch eher auf der emotionalen Ebene. Unterschwellig habe ich ihm wohl zu erkennen gegeben, dass ich auch ohne ihn auskommen könnte.

Langsam, aber sicher schwand unsere Verliebtheit. Ja, wir fühlten uns zunehmend unwohl miteinander. Er bekam mich nicht so ganz und so bedingungslos, wie er wollte, und mir wurde es langsam zu viel, wie er versuchte, mich zu kontrollieren.

»Ich sehe überhaupt nicht ein, dass ich mich schon wieder einengen lassen soll, nachdem ich mir gerade erst meine Freiheit erkämpft habe.«

So klagte ich Susi mein Leid. Wir waren mittlerweile richtige Freundinnen geworden.

»Hast du dich schon einmal gefragt, ob du deswegen nicht auch ein wenig überreagierst?«, fragte sie zurück.

Sie wollte mir die Augen dafür öffnen, dass es besser sei, nicht zu viel auf einmal zu wollen. Aber sie hatte gut reden. Sie war ganz anders aufgewachsen als ich. Wenn es etwas war, das mich in dieser Zeit aus dem Unterbewusstsein heraus steuerte, dann war es der Durst nach Freiheit!

»Immer hat mich jemand bevormundet. Warum soll ich mir das jetzt schon wieder antun?«

»Aber sei vorsichtig.«

Der gute Rat einer guten Freundin, und ich hätte ihn wohl etwas ernster nehmen sollen.

Aber nein, ich sah langsam keinen Grund mehr, überhaupt nach Darmstadt zurückzukehren. Im Gegenteil. Ich würde hier bleiben. In Hannover. Und ich war geneigt, mir nicht nur eine neue Wohnung zu suchen.

»Bist du zufällig Türkin?«

Nur ein Türke spricht dich so an. Für einen Deutschen wäre die Frage schon der Totalschaden für einen Flirt, bevor dieser überhaupt begonnen hätte.

»Ja, warum?«

Was ich da antworte, ist allerdings auch nicht sonderlich originell. Irgendwie bin ich irritiert, obwohl die Art, wie wir uns einander vorstellen, nicht gerade vielversprechend ist. Er hat garantiert gewusst, dass ich Türkin bin. Türkische Männer erkennen türkische Frauen und umgekehrt, und sie interessieren sich füreinander. So ist das nun mal. Dieser Mann hier sieht nicht auffallend gut aus, dafür aber interessant – und er *ist* ein richtiger Mann. Kein Junge, der erst ein Mann *werden* will.

Bekir hatte einen originellen Humor und einen souveränen Charme, der verriet, dass er seine grundlegenden Erfahrungen mit Frauen längst gemacht hatte. Er war wohl das, was ich unbewusst suchte. Wir haben vom ersten Moment an viel miteinander gelacht. Alles war relaxt und unkompliziert. Interessante Gespräche. Nie oberflächlich, aber auch nie in der emotionalen Problemzone.

Zunächst trafen wir uns nur zum Mittagessen. Etwas ganz Neues für mich, und ich gestehe, dass es mir imponierte! Ein Mann, der mich in ein Restaurant einladen konnte. Auch noch ein ziemlich teures. Und so nahm es seinen Lauf: Nach den Mittagessen kamen die Abendessen, dann ein Candle-Light-Dinner – und ich hatte das deutliche Gefühl, dass Bekir sich in mich verliebte. Für mich war es eine interessante neue Erfahrung. Aber es ging noch um etwas anderes.

Ich bin ein großes Mädchen. Ich habe es nicht mehr nötig, mich für einen starken Arm, der mich beschützt, selbst aufzugeben!

Wer weiß, was aus Bekir und mir geworden wäre, schon damals in Hannover? Ich fühlte mich reif für andere Erfahrungen, als mein junger Lover sie mir geben konnte. Die Liaison mit diesem, wie mir schien, reiferen Mann begann nicht als romantisches Furioso, sondern wie eine kühle Brise, die dich zurücklehnen und offenen Sinnes ein weiteres Kapitel in deinem eigenen Leben aufschlagen lässt. Neugierig und bereit für etwas Neues, aber auch gelassen und ohne Hast.

Doch alles kam ganz anders. Bevor es wirklich so richtig beginnen konnte, war es schon wieder zu Ende. Vorläufig jedenfalls, aber das konnte keiner von uns beiden ahnen.

Noch hatte ich nicht einmal einen blassen Schimmer davon, dass meine Hoffnungen, meine Pläne auch für die nahe Zukunft schon sehr bald wieder komplett über den Haufen geworfen würden – von einer immer noch übermächtigen Gewalt, die mich um keinen Preis aus ihrem Griff entlassen wollte.

In Darmstadt, da braute sich was zusammen.

Zurück in die Zukunft

»Schön, dass du gekommen bist. Es beweist, dass du ein erwachsener Mann bist.«

Da schlägt er aber einen freundlich-vertraulichen Ton an, mein Vater. Vier Monate lang hat er auf dieses Treffen hingearbeitet. Hat immer Kontakt zu Dragan gehalten und hartnäckig versucht, ihn auszuhorchen. Dragan aber ist standhaft geblieben. Hat bisher kein Sterbenswörtchen verraten. Immer noch gibt es keine Nachricht von mir. Keiner weiß, wo ich bin und was ich mache. Selbst Hatice nicht. Aber alle wissen, dass Dragan alles weiß …

Heute endlich ist er der Einladung zum Tee gefolgt. Man sitzt im Wohnzimmer der Familie. *Baş başa – von Kopf zu Kopf*, ein vertrauliches Gespräch unter Männern hat der Patriarch dem Jungen angeboten. Doch wie soll dieses Jüngelchen dem alten Fuchs Paroli bieten können? *Ağzı daha süt kokuyor – sein Mund riecht ja noch nach Milch.* Was beide nicht ahnen: Hatice lauscht hinter der Tür.

Der Alte versucht dem Jungen ein schlechtes Gewissen zu machen, und er verbindet seinen ersten Vorstoß mit ein paar listigen Schmeicheleien.

»Ich weiß, dass du dich mit ihr triffst. Und ich bin dir auch nicht böse, dass du es für dich behältst. Es ehrt dich sogar, dass du schweigen kannst. Ein Mann muss schweigen können.«

Pause. Dragan bleibt misstrauisch. Ganz so leicht ist er nicht weichzuklopfen. Mein Vater wechselt zu unverfänglicheren Themen, die erwachsene Männer interessieren. Es gefällt dem jungen Burschen, dass ihn ein gestandener Mann ernst zu nehmen scheint. Er öffnet sich mehr und mehr.

Turhan ist kein besonders gebildeter Mann, aber er ist schlau. Und er hat ein Näschen für den schwachen Punkt des Jüngeren. Zweite Attacke.

»Ihr liebt euch, oder?«

»Klar liebe ich sie«, beteuert Dragan im Brustton der Überzeugung, »mehr denn je sogar.«

»Und sie – sie liebt dich auch, oder?«

Dragan zögert mit der Antwort. Hier liegt sein wunder Punkt. Ob er jetzt gemerkt hat, dass er in eine Falle gelockt worden ist? Vielleicht ist er ein wenig rot geworden, aber das konnte Hatice natürlich nicht beobachten. Mein Vater nutzt seine Unsicherheit und setzt nach.

»Es geht ihr doch aber wenigstens gut, wo sie ist, oder?«

Und wieder zögert Dragan. Soll er jetzt antworten oder nicht? Vergangenes Wochenende hatte er einen Eifersuchtsanfall, weil ich mit meinen Kolleginnen auf einer Fete in der Bhagwan-Disco an der Lister Meile gewesen bin. Da platzt es aus ihm heraus:

»Sehr gut geht es ihr. Ein bisschen *zu gut*, für meinen Geschmack.«

Vater wittert seine Chance sofort. Hakt ein, indem er sich gönnerhaft auf die Seite des jungen Mannes schlägt.

»Ja ja, die Frauen, mein Junge. Man muss sie immer im Blick haben, sonst vergessen sie, wo sie hingehören. Du machst dir wohl Sorgen euretwegen?«

Dragan ist jetzt Wachs in Turhans Händen. Das Lamm beginnt Vertrauen zu fassen zu dem Wolf im Schafspelz!

»Ehrlich gesagt, würde ich lieber heute als morgen mit ihr zusammenziehen. Ich habe Angst, dass sie es sich sonst bald anders überlegt.«

Entweder es war die Strategie meines Vaters, Dragan dahin zu bringen, wo er ihn jetzt hatte, um dann seinen entscheidenden Treffer zu setzen. Oder er hat mit spontaner Raffinesse reagiert. Es liefe in jedem Fall auf dasselbe hinaus. Ja, er war sogar bereit, »eine Lüge mit Schwanz zu sagen«, wie es bei uns heißt, wenn jemand das Blaue vom Himmel herunterschwindelt.

»Wenn du mir sagst, wo sie ist, dann sorge ich dafür, dass ihr bald heiraten könnt.«

»Echt! Meinen Sie das ehrlich?«

Der Wolf streut eine große Portion Sand in zwei hübsche, naive Jungenaugen …

»Wir werden sie gemeinsam zur Vernunft bringen, mein Junge!«

◈

»Dieser Feigling! Hätte er doch nur geschwiegen, wie er es mir geschworen hatte!«

Das war meine erste Reaktion, als meine Schwester mir später von dem Gespräch berichtete.

»Aber Vater hat ihm so geschickt auf den Zahn gefühlt – beinahe filmreif war das! Du weißt doch, wie schlau er sein kann.«

Meine Schwester muss auch immer alle verteidigen, die mich in die Bredouille bringen! Und noch bevor ich ihnen selbst verzeihen kann … Aber wieder einmal hat sie recht: Mein Vater war Dragan haushoch überlegen, und die Loyalität meines Freundes hatte ich selbst vorher schon gehörig auf die Probe gestellt.

Und dann der Rat meiner guten Freundin Susi – ich hätte ihn wirklich sorgfältiger befolgen sollen. Sonst wäre es vielleicht nicht so schlimm gekommen, wie es jetzt kommen musste.

»Was glaubst du denn, wie ich gelitten habe, dass ich dich nicht vorwarnen konnte! Nicht einmal eine Telefonnummer hatte ich von dir …«

Ja, meine Schwester, auch dir hätte ich wohl doch mehr vertrauen sollen.

Gerade reiche ich einer Kundin eine Jogginghose in die Umkleidekabine. Da sehe ich drei Männer auf mich zumarschieren: Vater, Bruder und Freund. Mir stockt der Atem. Es ist sonnenklar, was das heißt. Sie kommen, um mich zu holen! Vom Fleck weg. Direkt vom Arbeitsplatz.

Dizlerimin bağı çözüldü – meine Kreuzbänder scheinen durchschnitten.

Ich schlottere vor Angst. Mit weit aufgerissenen Augen starre ich sie nur an. Zunächst kein Gruß, kein einziger Satz. Nur stumme Blicke.

Dragan schaut verlegen zu Boden. Er hat mich verraten. Er macht gemeinsame Sache mit meinem Vater. Für mich ist es in diesem Moment aus zwischen uns.

Was soll ich tun? Abhauen? Kämpfen? Zwecklos! Unmöglich!

Von einer Sekunde auf die andere fühle ich mich nur

noch müde, so bleiern müde. Wie gelähmt. Und als ob ich neben mir stünde, sehe ich mich tun, was eine folgsame türkische Tochter zu tun hat: Ich begrüße meinen Vater.

»Hallo, Vater.«

Dann, mit Blick auf meinen Bruder:

»Hallo, Mehmet.«

Mein Vater zeigt sein bestes Haifischlächeln. Nur kein Aufsehen jetzt. Er will seinen Coup geräuschlos durchziehen. Ich weiß es, bin aber wie unter Schock.

»*Merhaba kızım – hallo, meine Tochter!* Schön, dass wir dich gefunden haben. Du musst keine Angst haben, es wird alles gut. Komm jetzt einfach mit uns mit.«

In diesem Augenblick gehen alle Lichter bei mir aus. Wie ausgepustet, von einer Sekunde auf die andere. Ich kapituliere. Plötzlich bin ich nur noch die demütige Tochter eines türkischen Vaters, mit nichts als einem Zentner Angst im Genick.

Jetzt nur keinen Widerstand leisten. Blind vor Angst traue ich ihm jetzt wirklich alles zu. Und mache es ihm noch leicht. Kleinlaut verlasse ich meinen Arbeitsplatz, ohne ein Wort der Erklärung zu meinen Kollegen, ohne im Personalbüro Bescheid zu geben, geschweige denn im Frauenhaus anzurufen. Eskortiert von drei Männern. Kein Gedanke daran, irgendetwas mitzunehmen außer meiner Handtasche.

Kurda kuzu emanet etmek – das Lamm begibt sich in die Obhut des Wolfes.

Zu viert besteigen wir den alten Mercedesbus. Bleiernes Schweigen. Kein einziges Wort auf der mehrstündigen Fahrt von Hannover nach Darmstadt. Mein Vater am Steuer, vorn neben ihm mein Bruder, hinten ich und Dragan.

Ihn würdige ich keines Blickes. Von einem Moment auf den anderen sind wir uns vollkommen fremd geworden.

Und jetzt? Was haben sie nur vor mit mir? Wilde Fantasien gehen mir durch den Kopf. Wollen sie mich umbringen? Zusammenschlagen und aus dem Auto werfen? Oder einsperren in ein finsteres Verlies, das sie für mich vorbereitet haben? Als sicher erscheint nur eines: Fünf Monate Freiheit sind jählings vorbei.

Wir sind angekommen. Mutter, wie immer in der Küche, sitzt mit verschränkten Armen da. Kein Wort der Begrüßung, nichts als stumme Blicke. Dragan ist mit reingekommen, er rechnet sich jetzt wohl etwas aus. Aber da hat er sich verkalkuliert. Er war nur Mittel zum Zweck. Vater erklärt ihm kurz und bündig:

»Lass uns jetzt bitte allein. Du hörst von uns.«

Mein Exlover wirft mir noch einen schiefen Blick zu. Ich wende mich ab. Er verlässt die Wohnung. Wir haben uns nie wiedergesehen.

Da bin ich nun, wieder im Zimmer der Schwestern. Wieder zwischen Baum und Borke. Weiß nicht, wie mir geschieht und was mich erwartet. Wortlos umarme ich Hatice und Cavidan. Ich frage mich, auf welcher Seite sie stehen. Immerhin, sie nehmen Anteil und sprechen warmherzig mit mir. Ich verkrieche mich schnell ins Bett.

Unterdessen wird im Wohnzimmer über mein Schicksal verhandelt. Naime, die Zweitälteste, mit der ich nie besonders engen Kontakt hatte, verwendet sich für mich. Sie bespricht mit dem Vater, wie es mit mir, der Sünderin, weitergehen soll. Sollte es doch ein weibliches Wesen in der

Familie geben, das dem Vater standhält? Das mich, das schwarze Schaf, noch aus der Schusslinie nehmen kann? Sie bietet Vater an, mich bei sich aufzunehmen.

»Damit es nicht noch weiter eskaliert zwischen dir und ihr. So habt ihr Zeit, eine gute Lösung zu finden.«

Und wirklich, zu meiner großen Überraschung ist Vater damit einverstanden. Ich darf noch am selben Abend ein paar Sachen zusammenpacken und mit zu meiner großen Schwester fahren.

Dort schlafe ich im Gästezimmer, passe tagsüber auf meinen Neffen auf und fühle mich wenigstens von einer einzigen Person in der Familie akzeptiert. Mit den Eltern und den anderen Geschwistern habe ich zunächst keinerlei Kontakt.

Zurück im Gefängnis. Ich weiß weder, wer ich bin, noch was ich will, noch was aus mir werden soll. Mein Lebenswille ist wie ausgelöscht. Morgens blicke ich apathisch in den Spiegel: ein Gesicht wie das blühende Leben – aber diese traurigen Augen! Wer ist die junge Frau, die mir mit stumpfem Blick entgegenschaut? Ich bin mir selbst fremd geworden. Funktioniere nur noch wie ein Roboter. Erledige mechanisch meine Pflichten im Haushalt. Räume Geschirr in die Spülmaschine, hänge die Wäsche auf, spiele mit dem Jungen und warte. Warte, warte, warte … Worauf? Ich weiß es nicht.

Iğne üstünde oturmak – auf einer Nadel sitzen und spüren, dass ein großes Gewitter aufzieht.

Etwas war mit mir passiert. *Ich spürte mich nicht mehr.* Es beunruhigte mich zutiefst. Und ich hatte keine Ahnung, wie mein Leben weitergehen könnte.

Naime ging ausgesprochen sanft und einfühlsam mit mir um, aber ich verschloss mich. Mit einem Thema allerdings gelang es ihr, mich sofort aus der Reserve zu locken.

»Willst du Dragan heiraten?«

Die Frage musste ja kommen!

»Diesen Verräter? Auf gar keinen Fall! Ich will ihn nie wiedersehen!«

Irgendwie verdrängte ich den Gedanken daran, dass Naime mit Vater über mich sprechen würde. Wie aber hätte es anders sein können? Ohne dass sie ihn über mich auf dem Laufenden hielt und ein wenig Seelenmassage bei mir betrieb, wäre er niemals damit einverstanden gewesen, dass sie mich zu sich nimmt. Es war eigentlich ganz gut, dass ich keinen Gedanken daran verschwendete. Denn sonst hätte ich auch mit ihr die Kommunikation abgebrochen. Aber sie hatte sehr wohl auch *mein* Interesse im Auge. Das bewies sie, als das Leben ganz unvermittelt wieder in Form eines jungen Mannes an mich herantrat. Eines ganz bestimmten jungen Mannes.

Erst fällt es mir nicht auf, weil ich ausschließlich mit mir selbst beschäftigt bin, aber irgendwann ist es einfach nicht mehr zu übersehen. Unser Nachbar kommt immer öfter vorbei und flirtet mit mir.

»Wollen wir nicht mal zusammen ausgehen, wir zwei beiden?«

Ich reagiere nicht. Ich habe zurzeit wirklich keine Augen für einen Mann. Der Schock sitzt tief.

Aber das scheint diesen jungen Herrn wenig zu stören. Ich versuche mich in die Gedanken des Menschen, der die Macht über mein Leben an sich gerissen hat, hineinzuversetzen. Welche Pläne würde er jetzt wohl für mich schmieden? Gefallene Mädchen müssen schleunigst verheiratet werden, um die Ehre der Familie wiederherzustellen, nicht wahr? Und dieser junge Mann hier rechnet sich womöglich schon gute Chancen aus, weil unsere Familien freundschaftlich miteinander verbunden sind.

Naimes Wohnung ist ausgesprochen hellhörig, und ich bekomme tatsächlich mit, wie er bereits dabei ist, sie zu bearbeiten.

Er legt sich mächtig ins Zeug, damit sie bei meinem Vater etwas tut, das man *Baş göz etmek – Kopf und Auge machen* nennt: auf Brautschau für ihn gehen. Aber Naimes Reaktion ist eindeutig:

»Das kannst du abschreiben, Ayşe hat viel zu viel mitgemacht. Sie ist noch nicht bereit für eine neue Beziehung.«

Ein Mensch, der mich versteht! Und der zu mir hält! Naime *Abla*, meine ältere Schwester! Ich konnte es kaum glauben.

Ein türkisches Mädchen sollte sich aber immer davor hüten, ihren Vater nicht mehr auf der Rechnung zu haben. Denn wie lautet die Regierungserklärung des Familienoberhaupts gegenüber seiner Tochter?

»Es ist meine oberste Pflicht, die Ehre meiner Sippe zu wahren, und Ehre geht in unserem Lande vor Liebe – das müsstest du doch wissen.«

Wenn mein Vater so etwas von sich gab, reagierte ich nicht selten mit offener Rebellion. Wenn er aber die Rolle des obersten Patriarchen mit Herz und Grandezza spielte, schmolz ich ebenso regelmäßig dahin. Ich habe lernen müssen, dass zwei Seelen in meiner Brust wohnen, und ich werde nie dabei auslernen, wie ich am besten damit umgehen soll. Es kommt mir selbst merkwürdig vor, aber ich bin nun mal so. Heute stehe ich dazu.

Ich habe meinen Vater geliebt.
Ich habe meinen Vater geachtet.
Ich habe meinen Vater gefürchtet.
Und ja, eine Zeit lang habe ich ihn gehasst.
Jetzt aber habe ich ihm verziehen.
Und liebe ihn mehr als zuvor.

Türkische Seifenoper mit Gretchenfrage

Susurluk, Westtürkei, im Jahr 1986

Naime legt den Telefonhörer auf. Sie scheint überrascht. Eine wichtige Mitteilung? Ihr Ton ist ernst.

»Ayşe, du musst mit in die Türkei, Oma ist krank. Vater lässt dich bitten, dass du ihm hilfst.«

Auf einmal fühle ich mich, als hätte ich einen Schlag in die Magengrube erhalten.

»Was ist denn? Was hat sie?«

»Ich weiß es nicht, er hat es nicht gesagt. Aber es dürfte schon etwas Ernstes sein, sonst müsste es nicht so schnell gehen. Du sollst dich noch heute Abend für die Abreise fertig machen. Morgen früh fliegt ihr.«

Bir şeyin kokusunu almak – ich nehme einen Geruch wahr.

Wenn bei uns die dritte Tochter um Hilfe gefragt wird, in einer Angelegenheit, bei der es angeblich um Leben oder Tod gehen könnte, dann ist etwas oberfaul.

»Warum ausgerechnet ich?«

»Ganz einfach. Du bist aktuell eben die Einzige, die abkömmlich ist.«

Blitzschnell spule ich gedanklich die Helferhierarchie ab. Die Brüder werden nicht herangezogen, um Oma zu pflegen, das ist schon mal klar. Aynur und Naime haben kleine Kinder zu versorgen. Hatice muss in ihren Friseursalon, Cavidan geht aufs Gymnasium. Stimmt. Da bleibe ich als Einzige übrig. Naime hat recht. Und wieso sollte ich ihr misstrauen? Sie hat doch bewiesen, dass sie zu mir hält.

Außerdem hänge ich im Moment sowieso in der Luft, und mein Alltag besteht nur aus Banalitäten. Fliege ich eben mit und helfe ein bisschen.

Ich packe meine Siebensachen. Da ist nicht viel, die paar Kleider, die ich besitze, liegen ja noch im Frauenhaus in Hannover. Eine Jeans, zwei T-Shirts, eine Jacke, Zahnbürste – fertig. Ich gehe zeitig ins Bett. Aber ich schlafe ganz schlecht. Das ungute Gefühl, das mich seit dem Anruf befallen hat, nagt weiter an mir. Kann ich meinem Vater ins Herz sehen? Weiß ich, was er vorhat? Oder bin ich übertrieben misstrauisch?

»Auf nach Istanbul!«

Frühmorgens steht er in der Tür und wedelt mit zwei Flugtickets. So locker habe ich meinen Vater seit Jahren nicht erlebt. Richtig aufgekratzt ist er. Aber das Gesicht ernst und angespannt. Er wirkt kalt.

Wie in Hannover. Der Wolf im Schafspelz.

Und wieder bin ich unfähig zur Gegenwehr. Fühle mich, als ob ich deportiert werden soll.

»Hast du deinen Pass dabei?«

Seine Stimme klingt plötzlich heiser.

»Ja, warum?«

»Gib ihn mir.«

Ich funktioniere bereits wie auf Autopilot.

»Hier.«

Er verzieht keine Miene und steckt das Dokument wortlos ein. Dann die nächste Parallele, fast ein Déjà-vu: Viele Stunden lang fällt kein einziges Wort zwischen uns. Nicht im Zubringerbus zum Flughafen, nicht in der Warteschlange der Abfertigungshalle, nicht im Flugzeug. Ein einziges massives, eisiges Schweigen.

Mit finsterem Gesicht schaut Vater während des Fluges nur auf die Rückenlehne seines Vordermannes. Hin und wieder entfährt seinem Mund ein Geräusch, irgendwo zwischen Seufzen und Grollen angesiedelt, das ich so noch nie bei ihm gehört habe. Wie elektrisch geladen ist die Atmosphäre zwischen uns. Es überträgt sich immer mehr auf mich. Angstgedanken wie seinerzeit auf der Fahrt von Hannover nach Darmstadt ergreifen von mir Besitz. Was ist dieser Mann *noch* bereit, mir im Namen seiner Ehre anzutun?

Im Bus von Istanbul nach Susurluk. Mein Gebieter liest Zeitung. Ich schaue mit klammen Gefühlen aus dem Fenster. Eine große Leere ist in mir.

Susurluk, am *Garaj*. Als ich vor drei Jahren von hier wegfuhr, hatte ich mir geschworen, diesen Flecken Erde nie wieder zu betreten. Aber mein selbstbestimmter Wille – Schnee von gestern! Wir steigen aus, und es kommt mir so vor, als sei ich erst gestern hier losgefahren. Es ist frühlingshaft warm, der Duft von Mimosen hängt in der Luft. Die knatternden Mofas, die lärmenden *Dolmuş*, die Männer im *Kahwe*. Alles wie immer, scheinbar hat sich nichts verändert.

Aber ich, ich bin nicht mehr dieselbe. Habe alles drangesetzt, mich zu befreien. Habe nach Meinung meiner Familie dadurch nur Schimpf und Schande über sie gebracht.

Wie blauäugig war ich, als ich um jeden Preis von hier weg wollte!

Unser Haus. Es steht immer noch so windschief da wie früher, vielleicht noch ein bisschen schiefer. Der Lehm am Untergeschoss hat Risse bekommen. Was mag Babanne wohl für eine Krankheit haben? Vielleicht Krebs? Wir schreiben das Jahr 1985, sie ist immerhin schon Mitte 80 …

Da geht die Tür auf, und sie steht vor uns. Babanne, siech und krank?

»Turp gibi – gesund wie ein Rettich!«, entfährt es mir bei ihrem Anblick, bevor ich sie begrüßen kann.

Putzmunter und ganz die Alte, so steht sie vor mir. Was hat das zu bedeuten? Plötzlich klopft mir das Herz bis zum Hals. Ich bin total verwirrt.

Babanne ignoriert meinen Ausruf, würdigt mich kaum eines Blickes. Eigentlich wie früher. Setzt ihre undurchdringlichste Miene auf und nimmt schließlich kühl meinen Gruß entgegen. Mit ihrem Lieblingssohn dagegen werden innigste Begrüßungsküsse ausgetauscht. Alles beim Alten in unserer schrecklich netten Familie!

In diesem Augenblick geht mir ein ganzer Kronleuchter auf. Natürlich haben die beiden sich hinter meinem Rücken abgesprochen. Und hier stehe ich, als ihr wehrloses Opfer. Die Frage ist nur noch: Wo ist die Schlachtbank, zu der ich geführt werden soll?

Im Haus scheint sich rein gar nichts verändert zu haben. Hier steht tatsächlich noch jede Tasse am selben Platz wie vor Jahren schon. Aber eine andere Stimmung ist eingezogen. Trostlosigkeit, Einsamkeit. Und eine Luft wie in einer Gruft. Ja, öffnet denn hier niemand mehr ein Fenster?

Die stolze
Zwillingsmutter

Stolzer Vater –
brave Töchter (noch)

Großmutter erfüllt sich einen Lebenstraum: als Pilgerin in Mekka

Großmutter und ich im Wirtschaftsbereich des »Erdhauses«

Aufwachsen in gleich drei Gemeinschaften: Familie, Religion und Vaterland

Ein Herz und eine Seele:
Mutter und Lieblingssohn

Kinderfreuden in Susurluk

Auf dem Darmstädter Familiensofa

Junge Mutter, junger Sohn

Junggebliebene Mutter mit Sohn

Versöhnung mit Papa ...

... und mit Mama

An Universium. 29.10.05
Ich Wünsche mir in Wünschen
ein Friesör geschäft. Er soll den Besten
Lage halen. um di 150 gm. seen. Srat
baar von Jedem. Wünsche mir da
viel erfolg und Gellunseadls
Geld Verdienen. Wünsche mir
das es immer in den Zeitungen
erscheint. bitte amfang
nächten Jahr Danke.

Etwas zurückgeben –
an beide Welten

Zwillingsdoppelpack – aktueller Stand

Es wird nicht viel gesprochen an diesem Abend. Warum auch? Für die beiden Komplizen dort drüben scheint eh alles klar, und ich werde schon sehen, was mit mir passiert. Wir gehen früh schlafen. Oben der Privilegierte in der schönen deutschen Damastbettwäsche, unten die Herrscherin und ich, die untertänige Sünderin. Sie auf ihrer ausladenden Schlafstatt mit dem gusseisern verzierten Kopfteil, ich auf meiner schmalen Polsterliege mit den Schubladen. Unter meinem alten Fenster.

O Allah, wie weit bin ich von der Erfüllung meiner Träume entfernt! Habe ich überhaupt noch welche? Habe ich mich *überhaupt noch?*

Ein ganzer Schwarm unkontrollierter Gedanken und Gefühle umschwirrt den Brennpunkt meines Inneren, die Angst.

Was wird mit mir geschehen? Was haben sie mit mir vor?

Die ganze Nacht liege ich wach und male mir die schrecklichsten Dinge aus.

Der Morgen danach. Ich stehe am Brunnen im Hof, um Wasser für die Küche zu schöpfen. Ganz selbstverständlich tue ich das. Mir fällt gar nicht auf, dass ich schon wieder in die Rolle der Dienerin geschlüpft bin. Aber was ist das? Ich traue meinen Augen nicht – da kommt doch tatsächlich eine vertraute Person zum Tor herein!

»Naile *Teyze*, Tante Naile, was machst du denn hier!«

Endlich ein Mensch, der so etwas wie ein Lichtblick ist. Jemand, der mir immer aufgeschlossen begegnet ist. Ein klitzekleiner Hoffnungsschimmer. Naile *Teyze*, sie war immer anders als der Rest: eine weltoffene, gebildete Geschäftsfrau aus Istanbul, die sich dem Herrschaftsanspruch der Männerwelt nie beugte. Was macht sie bloß hier? Kann ich ihr vertrauen?

»Ja, guten Morgen, Mädchen! Ich habe gehört, dass du kommst, und wollte mal vorbeischauen.«

Sie legt mir die Hand auf die Schulter. Mit freundlichem Lächeln. Ja, ich kann ihr vertrauen. Ich *muss*! Habe ich denn eine Wahl?

»Naile *Teyze*, wie gut, dass du hier bist. Endlich mal ein Mensch, mit dem ich reden kann.«

Die Tante schaut mich ehrlich besorgt an, wie es scheint.

»Was ist denn los? Was ist passiert?«

Jetzt bricht es aus mir heraus. Meine Stimme überschlägt sich fast.

»Ich bin gestern mit Vater hier angekommen, angeblich um die Oma zu pflegen. Aber sie ist ja gar nicht krank. Was wird hier gespielt? Weißt du es vielleicht? Ich habe einfach nur Angst!«

Sie schlägt die Hand vor den Mund. Ihr Blick ist starr.

»Um Gottes willen, will er es jetzt wirklich tun?«

Ihre Stimme ist fast ein Flüstern. Mein Gott, was ist denn los?

»Was ist denn, *Teyze*! Sag doch!«, flehe ich sie an.

Sie zieht mich von der Türöffnung fort. Vater und Babanne in der Küche sollen nicht mithören.

»Du musst hier weg!«

Sie drückt meinen Arm so fest, dass es schmerzt.

»So schnell wie möglich! Wenn du kannst, lauf davon!«

»Wieso denn? Ich weiß doch gar nicht, was los ist!«

»Dein Vater will dich mit einem Mann aus Susurluk verheiraten. Damit seine Schande getilgt wird.«

Ich war wohl noch nie so perplex wie in diesem Augenblick. Wie hatte ich nur so blauäugig sein können!

Es war die Erkenntnis meiner eigenen Blindheit, die mich blitzartig wieder zu einem normalen Menschen machte. Es mag sonderbar klingen, aber von einem Moment auf den anderen interessierte mich der unerhörte Anschlag auf meine Selbstbestimmung überhaupt nicht mehr. Null. Sondern nur noch der Ärger über mich selbst. Ich empfand eine geradezu bodenlose Wut. *Auf mich selbst!*

Wie konnte ich mich nur so wehr- und willenlos machen, wie ein Schaf, das seinen Schlächter nicht erkennt?! Das nicht das Messer sieht, wenn ihm der Strick, an dem man es zur Schlachtbank führen will, mit süßen Worten um den Hals gelegt wird. *In diesem Moment fand ich mich selbst wieder.* Und ich lernte, wie sich Adrenalin anfühlt. Es schoss in meine Wirbelsäule und in meinen Bauch ein wie aus einem inneren Springbrunnen.

»Verheiraten! Ach so! Mit wem denn?«

»Mit irgendeinem Mann, ich weiß es nicht.«

»Na, ist ja auch völlig egal. Hauptsache, eine Familie von Ehre, oder?«

Na bitte, ich kann schon wieder austeilen. Naile schaut schräg zum Boden. Ist es ihr peinlich? Steckt sie mit drin? Kann nicht sein, sonst würden wir jetzt nicht hier stehen.

»Tante, ich bin ja so froh, dass jetzt endlich mal jemand Klartext mit mir spricht ...«

»Ach, Ayşe. Du hast ihm doch nichts als Ärger gemacht. Nach allem, was ich weiß, hat keine von euch so gegen die Familienehre verstoßen wie du ...«

Für diesen Aspekt nun habe ich ausgerechnet jetzt *überhaupt* keinen Sinn! Kalte Wut steigt in mir auf. Ja, kalte Wut – und nicht mehr hasenfüßige Angst. Und Tantchen muss jetzt Farbe bekennen. Oder bleiben, wo der Pfeffer wächst! Ich lege ihr beide Hände auf die Schultern, drücke so fest ich kann, und schaue ihr so tief und entschlossen in die Augen, wie es nur irgend geht. Nebenbei gesagt, eine Geste, mit der ich gleich mehrere Hierarchiestufen zwischen uns mit einem einzigen großen Satz überspringe. Aber jetzt gilt's – alles oder nichts!

»*Güzel halacım, meine schöne Tante!* Jetzt brauche ich eines: Informationen! Wann soll die Sache steigen?«

Sie macht einen ziemlich zerknirschten Eindruck. Und wird ganz weich.

»Wenn mich nicht alles täuscht, hat er die standesamtliche Trauung schon vorbereitet. Sogar die Papiere hat er dabei.«

Ich lasse sie los. Muss erst einmal durchatmen. Sie spricht weiter, will sich offenbar rechtfertigen.

»Ich habe es befürchtet, denn sie haben in den letzten Wochen viel davon gesprochen. Deine Familie in Darmstadt, aber auch wir hier unten.«

Da ist es also heraus: ein Familienkomplott.

»Haben es tatsächlich *alle* gewusst?«

»Alle – bis auf Hatice. Bei ihr war man sich nicht sicher, ob sie dich nicht heimlich informieren würde.«

Aber das spielt jetzt alles keine Rolle mehr. Im Übrigen sind in einer Familie wie der unseren nur alle wie Figuren, die auf dem Schachbrett hin und her geschoben werden. Der Spieler, das ist der Patriarch.

Ja, ich sehe die Verhältnisse glasklar und schonungslos. Sitzen wir nicht alle in einem einzigen riesenhaften Spinnennetz, einem klebrigen Kokon aus gegenseitiger Entmündigung und Erniedrigung – genannt »Ehre«, »Tradition«, »Gehorsam« und wie der Namen alle sind …?

Viele Menschen, die sich schon einmal in höchster Not befanden, haben erlebt, was ich nun erlebte: dass man dann über sich hinauswächst. Dass man Kräfte und Fähigkeiten entwickelt, die man nie in sich vermutet hätte. Oder die man schon verloren glaubte. So wie ich, die stolze Ayşe, die unter massivem psychischen Druck zum verängstigten Opferlamm geworden war. Fast genieße ich das Adrenalin in meinen Adern, und mein Blick ist unbestechlich.

Schluss damit! Bulanık suda balık avlamak – du hast im Trüben gefischt, Vater! Aber nun werde ich deine Fische ins Wasser zurückbefördern, bevor du sie in der Pfanne braten kannst!

Ich bin zum Äußersten entschlossen und absolut klar im Kopf, obwohl mir das Blut in den Schläfen pocht. Kampf oder Flucht? Keine Frage: Diesmal werde ich kämpfen!

Aber … was soll ich tun?

Abhauen? Zwecklos. Sie werden mir auf den Fersen bleiben. Es würde ein endloser Nervenkrieg. Nein, ich muss sie abschütteln. Ein für alle Mal. Die ganze Meute.

Und da gibt es nur eine einzige Möglichkeit. Ein tollkühner Plan. Aber was habe ich zu verlieren? Und wenn es klappt: Dann bin ich noch einmal davongekommen.

Ich brauche … einen Mann! Einen, der mich vom Fleck weg heiratet.

Wo ist das nächste Telefon? Die Leute vom *Kahwe* gegenüber hatten doch immer eins. Schon bin ich drüben und reiße die Tür auf. Und es gelingt mir tatsächlich, ein nettes Lächeln aufzusetzen.

»Hallo! Wie schön, euch wiederzusehen. Ich habe leider nicht viel Zeit, aber ich müsste schnell mal telefonieren. Darf ich?«

Etwas irritiert sind sie schon. Aber in Susurluk würde niemand einer Nachbarin eine Bitte abschlagen.

»Klar, du weißt ja, wo es steht.«

Ahmet, der *Kahwefendi*, deutet zum Nebenzimmer.

»Und wenn es nicht allzu lange dauert, brauchst du natürlich nichts zu bezahlen.«

Lange darf es sowieso nicht dauern. Ich spüre, dass mein Adrenalin nicht auf ewig fließen wird, und ich muss jetzt total überzeugend sein.

Die Nummer wähle ich aus dem Kopf. Es knackt ein paarmal in der Leitung … ich bin durch nach Deutschland. Und jetzt klingelt es bei ihm.

Allah, mach, dass er zu Hause ist!!!

»Bekir alo … – Bekir hier.«

Ich höre seine Stimme und fühle mich sofort wie ein Luftballon, aus dem jemand die Luft rausgelassen hat. Wie konnte ich mir nur einbilden, dieser Mann, mit dem mich nicht mehr verbindet als eine kurze Affäre, würde mich hier herausholen? Dass er sich Knall auf Fall ins Flugzeug setzen und zusammen mit seinem Vater hier aufkreuzen würde, um offiziell um meine Hand anhalten zu lassen? Nur so könnte es überhaupt funktionieren. Das wäre Tradition und Ehre im Doppelpack. Denn nur für noch mehr Tradition und Ehre, als er schon im Sack hatte, würde Turhan sich in letzter Minute noch umstimmen lassen.

»*Alo, kim orde? – Hallo, wer ist da?*«

Ich muss jetzt etwas sagen, verdammt. Aber was? In meinem Kopf ist nur noch eine große Leere.

»Bekir, hallo. Hier ist …«

»… Ayşe?«

Er hat meine Stimme sofort erkannt, obwohl die Verbindung schlecht ist und vorn im *Kahwe* der übliche Lärm herrscht.

»Ayşe, wo steckst du denn? Ich kann dich kaum verstehen. Bist du in der Türkei?«

Am besten, ich schildere ihm meine Lage frank und frei.

»Ja, ich bin in der Türkei, in meinem Heimatdorf. Aber nicht freiwillig. Weißt du, mein Vater …«

Ich komme nicht weiter, weil er mir ins Wort fällt. »… Du meinst, er hat dich entführt?« Das stimmt zwar nicht hundertprozentig, aber es ist eine willkommene Steilvorlage für mich.

»Äh, ja, ich wurde von einer Minute auf die andere rausgerissen aus meinem Leben. Und jetzt will er mich hier mit einem Mann verheiraten, den ich gar nicht kenne. Von heute auf morgen, einfach so.«

Und ich schicke einen weiteren Satz hinterher, um meine Karten bei ihm noch etwas zu verbessern. Es ist alles, wozu ich jetzt in der Lage bin, um ihn zu gewinnen, und es ist nicht mal gelogen.

»Sonst hätte ich mich doch ganz bestimmt wieder bei dir gemeldet.«

»Hättest du das wirklich getan?«

»Ja, das hätte ich. Ganz bestimmt.«

Ich hatte tatsächlich vorgehabt, es mit diesem Mann zu versuchen. Wenn ich jetzt, in dieser mehr als misslichen Lage, vor allem an mich selbst dachte, so stimmte es doch gleichwohl.

»Aber Ayşe, das ist ja furchtbar, was man mit dir macht.«

Als wenn ich durch seine mitfühlenden Worte erstmals so richtig mitbekommen hätte, in welcher Gefahr ich schwebe, brechen jetzt alle Dämme bei mir. Ich heule einfach los, und es ist mir ganz egal, ob die Leute vorn in der Gaststube es mitbekommen.

Wir schweigen uns erst einmal eine Weile durchs Telefon an. Er ist es, der wieder das Wort ergreift.

»Ayşe, Ayşe, was sollen wir machen? Wie kann ich dir helfen?«

Hat er soeben *wir* gesagt? Was *wir* machen sollen? Ich bin kurz davor, ihn ganz direkt zu fragen, ob er mir aus der Patsche helfen würde, indem er, nun ja, indem er herkommt und mich vom Fleck weg heiratet. Aber kann ich das einfach so machen? *Darf* ich es? Nein, ich bringe es nicht fertig …

Wieder diese Stille. Nichts zu hören zwischen Susurluk und Hannover außer meinem Schniefen und seinem schweren Atem. Aber es arbeitet in uns beiden, keine Frage …

Und dann kann ich nicht mehr. Aus und vorbei. Ich bin einfach nur noch fertig. Lege auf und fühle mich wie am Boden zerstört.

In diesem Moment glaube ich nicht mehr mit einer einzigen Faser meines Seins daran, dass mein tollkühner Plan aufgehen würde. Ein schöner Plan, gewiss – aber eben völlig unrealistisch. Bekir stammt aus einer angesehenen Familie in Ankara. So viel weiß ich. Er hatte sich mir als Versicherungsvertreter und Immobilienmakler vorgestellt. Sein Auftreten ließ keinen Zweifel daran, dass er in den Augen meines Vaters eigentlich eine gute Partie sein müsste. Aber eine Blitzheirat? Ein vermessener Gedanke, zumal in einer so verfahrenen Situation.

Immerhin: Kaum bin ich wieder im Schoße meiner Familie, ändert sich meine innere Verfassung erneut. Die Gegenwart jener zwei Menschen, die sich dazu verschworen hatten, mir mit aller Gewalt ein Leben nach ihren Vorstellungen aufzuzwingen, muss der Grund dafür sein. Es putscht mich nochmals regelrecht auf.

Nein, ich werde nicht aufgeben. Niemals! Schließlich geht es um meine Zukunft, um mein Leben.

Was ich jetzt am dringendsten brauche, ist Zeit. Das heißt, unter allen Umständen einen Aufschub im Programm meines Vaters zu erwirken. Immerhin dafür würde mir mein Anruf in Deutschland nützlich sein.

Vom Hof aus kann ich meine Tante in der Küche sehen.

»Psst, *Teyze*!«

Ich gebe ihr ein Zeichen. Und sie spielt mit, zusammen verschwinden wir in der Laube. Ich werde jetzt alles auf eine Karte setzen. Niemals werde ich mit einem wildfremden Mann in Susurluk leben! Das steht für mich fest. Ich weiß zwar noch nicht, wie ich meinen Kopf aus der Schlinge ziehen kann. Eines aber weiß ich: Ich brauche jetzt Zeit. Zeit zum Nachdenken, um einen Plan zu schmieden. Jetzt werde ich das Blaue vom Himmel herunterschwindeln. Wieder schaue ich ihr ganz entschlossen in die Augen.

»Tante, ob du's glaubst oder nicht, es gibt einen anderen Mann, der mich heiraten wird.«

Sie ist so fassungslos, dass ich das Gefühl habe, gleich kippt sie mir nach hinten weg. Zum Glück stehen wir an unserer Sitzecke, und sie kann sich auf den Diwan fallen lassen. Wehrlos, wie sie ist, muss sie sich alles anhören, was ich sage.

»Ich habe gerade mit Deutschland telefoniert. Er lebt in Hannover. Stammt aus einer guten Familie in Ankara. Am Sonntag kommen sie und halten um meine Hand an.«

Ich muss jetzt ganz stark sein! Nur nicht den Eindruck aufkommen lassen, dass es sich um ein Täuschungsmanöver handelt. *Kim en Kurnaz yalancıysa ona Komşunun Eseği bile ianır – wer am dreistesten lügt, dem glaubt sogar der Esel des Nachbarn.*

Aber Tantchen kommt gar nicht auf die Idee, mich für eine Schwindlerin zu halten. Vielmehr ist sie merklich erleichtert über die unvorhergesehene Möglichkeit zur Lösung unseres Familienproblems.

»Und er kommt hierher? Mit seiner Familie?«

Ich nicke. Und blicke ihr wieder unverwandt ins Gesicht.

»Klar doch!«

Tante Naile wäre nicht Tante Naile, wenn sie nun nicht sofort aktiv würde. Schließlich ist sie eine mit allen Wassern gewaschene Geschäftsfrau, die weiß, wie sie mit heiklen Situationen umgehen muss. Und mit dem Lager der Traditionalisten in unserer Familie wollte sie schon immer einmal abrechnen! Ich ahne wohl, wie es jetzt hinter ihrer Stirn arbeitet.

»Dann kann er ja noch ein paar Tage warten«, bemerkt sie lässig, »ich werde es ihm gleich mitteilen.«

Spricht's und schreitet zur Tat. Natürlich horche ich heimlich mit, an die Wand neben den Türvorhang gedrückt. Nie hätte ich vermutet, dass ich mich gleich zweimal hintereinander über die Durchlässigkeit dieser albernen Buntplastikstreifen freuen würde.

»Stell dir vor, Turhan …«

Nailes Stimme hat jetzt jenen typischen Klang, dem normalerweise niemand in der Familie widerstehen kann. Weiblich-weich, aber voller Entschlossenheit, keinen Widerspruch duldend.

»… deine Ayşe kennt doch tatsächlich einen Mann, der sie auf der Stelle heiraten würde. Ein Türke! Gute Familie noch dazu. Willst du ihn dir nicht wenigstens einmal anschauen, bevor du weitere Schritte unternimmst?«

Jetzt ist es an meinem Vater, fassungslos zu sein. Aber natürlich glaubt er seiner Schwester kein Wort.

»Sakalıma anlat – das kannst du meinem Kinnbart erzählen!«

Aber nach einer Weile wird er doch neugierig.

»Wo will sie *den* denn so schnell aufgetrieben haben?«

Tantchen hat ihre Trümpfe gut sortiert. Jetzt zieht sie den nächsten aus dem Ärmel.

»Sie kennt ihn aus Hannover. Da hast du sie doch selbst weggeholt. Sonst wären sie vielleicht schon längst verheiratet.«

Nun ist es an mir, zu staunen. Eine raffiniertere Komplizin hätte ich mir gar nicht wünschen können. Aber so leicht ist Vater denn doch nicht zu kriegen.

»Wieso! Sie war doch mit diesem Jugo zusammen.«

Auweia, jede Sekunde kann das Komplott auffliegen. Armes Tantchen, fällt dir jetzt noch was ein? *Arkadasınla beraber çaldiğin Elmayıı Onunlan birlikte yemen gerekli – klaust du mit deinem Freund Äpfel, musst du sie auch mit ihm zusammen aufessen!* Aber Naile ist eine schnelle Denkerin – und alles andere als auf den Mund gefallen.

»Bruder, du glaubst doch wohl selbst nicht, dass deine Tochter jemanden heiraten würde, der noch so grün ist hinter den Ohren wie dieser Dragan! Den hat sie doch nur aus einem einzigen Grund genommen: aus Opposition dir gegenüber. Aber dieser Bekir in Hannover, das ist ein gestandener Mann. Und sie meinen es beide ernst.«

Schweigen im Raum. Ich kann fast körperlich spüren, wie es in meinem Vater arbeitet. Entgegen seiner sonstigen Art ist er sehr wortkarg.

»Okay«, brummt er nach einer Weile, »soll mir recht sein. Wir können ihn uns ja mal ansehen.«

Mir fällt ein Stein vom Herzen … Hoffnung! Wenigstens etwas Zeit gewonnen …

Die folgenden Tage waren die spannungsgeladensten meines ganzen bisherigen Lebens. Rein äußerlich geschah nichts, aber in meinem Inneren tobte ein verzweifelter Kampf. Ich zermarterte mir das Hirn auf der Suche nach einem Ausweg. Aber da gab es nicht viel, was ich machen konnte.

Möglichkeit 1: Ich fliehe. Aber wohin? Und wie? Ich hatte kein Geld in der Tasche. Nicht mal meinen Pass hatte ich. Eine mittellose junge Frau, die sich nicht ausweisen konnte, auf der Flucht vor ihrem Vater: Wie weit würde ich da wohl kommen, in diesem Land?

Möglichkeit 2: Ich gehe zur Polizei. Immerhin sind doch in der Türkei Zwangsehen verboten! Aber was würde dabei schon herauskommen? Mein Vater würde alles abstreiten, und ich stünde dumm da. Was gäbe es auch zu beweisen? Nichts, gar nichts. Und anschließend würde das ganze Spiel einfach so weitergehen wie bisher. Ein einziger, nicht enden wollender Nervenkrieg.

Möglichkeit 3: Bekir. Ja, Bekir. Je länger ich über meine Lage nachdachte, desto mehr träumte ich mich in die Vorstellung hinein, dass er mein Retter werden würde. Quasi aus dem Nichts auftaucht und mich hier herausholt.

Bekir, wo stehst du? Du hast nichts gesagt. Es war ich, die aufgelegt hat.

Was für ein Fehler, die Nerven zu verlieren und das Gespräch mit ihm abzubrechen! Kann ich nicht *doch* irgendetwas tun?

Ich bin so verzweifelt, mir ist jetzt jedes Mittel recht. Ich setze ein, was ich nur habe. Auch die Waffen einer Frau.

Jawohl, ich sollte meine Tante bitten, nochmals bei ihm anzurufen. Und ich weiß auch, unter welchem Vorwand: um ihm die genaue Adresse in Susurluk mitzuteilen. Die braucht er zwar nicht wirklich, denn jeder hier könnte ihm sagen, wo das Haus unserer Familie steht. Aber es kann nicht schaden, noch einmal bei ihm nachzuhaken. Und wer wäre dafür geeigneter als Naile mit ihrer seriösen Stimme?

»Bitte, bitte, liebste Tante«, flöte ich sie an, »würdest du *bitte* noch mal bei meinem Wunschbräutigam anrufen? Durch dich bekäme mein Werben einen offiziellen Anstrich, verstehst du?«

Natürlich versteht sie. Und sie steckt schon viel zu tief mit drin, um jetzt Nein zu sagen. Man stelle sich vor: Nicht der Vater wirbt für den Sohn beim Vater der Braut, sondern die Tante für die Nichte beim Bräutigam, damit dieser seinen Vater bittet, beim Brautvater anzufragen, ob dieser die Verbindung billigt! So weit hatte ich es schon geschafft, die Sitten und Gebräuche aufzumischen – allerdings ohne mich selbst vom Joch meiner Familie befreien zu können.

Mit meinem süßesten Lächeln versuche ich Naile in dieses verrückte Rollenspiel einzubinden. Ich gestehe: ohne Bedenken, ohne schlechtes Gewissen, jedenfalls in diesem Moment. Ein akuter Notstand!

»Sag Bekir, dass ich sehr verliebt in ihn bin und dass mein künftiges Leben allein von seiner Entscheidung abhängt. Und richte ihm allerliebste Grüße von mir aus.«

Ich glaube nicht, dass sie mir das wirklich abnahm. Und hoffe, dass sie es ihm *so* nicht gesagt hat. Immerhin: Das Band zwischen uns war so stark, dass sie weiterhin meinen rettenden Engel spielte. Meine wunderbare Tante will tatsächlich zum Nachbarn gehen und telefonieren! Zuvor zupfe ich sie noch am Ärmel:

»*Güzel halacım, meine schöne Tante*«, flüstere ich ihr verschwörerisch ins Ohr, »wenn alles klappt, mache ich dir auch eine tolle Frisur!«

Sie lächelt vieldeutig und geht.

Während sie drüben ist, liegen bei mir die Nerven blank. Wieder spreche ich in Gedanken mit Bekir.

Gib dir einen Ruck, bitte! Ich verspreche dir hiermit hoch und heilig: Wenn du jetzt Ja sagst, bekommst du die beste Ehefrau auf Erden.

Ich meinte es ernst! Und nicht nur in diesem Moment. Beim Leben unseres gemeinsamen Kindes: Ich schwöre, dass ich es auch wirklich nach besten Kräften versucht habe.

Was kann ich von Bekir erwarten? Wird er mir helfen? Und jetzt kommen die Bedenken.

Bekir, was mache ich eigentlich mit dir? Was tue ich dir an, wenn du mitspielst? Könnte ich dir überhaupt eine gute Frau sein?

Da war sie nun, die *Gretchenfrage.* Oder meine ganz persönliche Version davon. 1984, in der neunten Klasse Hauptschule in Darmstadt, da hat mich Goethes Drama einfach nur genervt. Aber jetzt, 1986, im Heiratsgefängnis von Susurluk, da fühlte ich mich plötzlich wie Gretchen und Faust zugleich, als Opfer und Täter in einer Person.

»Faust, wie hältst du's mit der Religion?«

So fragte das Gretchen, wenn ich mich recht erinnere, und meinte doch wohl nur:

»Bitte, bitte, lieber Faust, friss mich! Aber vergiss auf gar keinen Fall, die Serviette zu benutzen!«

Das bringt mich zu unserem Propheten Muhammad. Völlig überraschend kam er einmal seiner – ausgerechnet jetzt nur leicht geschürzten – Traumfrau sehr nahe. Die Schöne war verheiratet … Da soll der große Mann in seiner Not ausgerufen haben:

»Gelobt sei Gott, der die Herzen der Männer wandelt!«

Es nutzte ihm nichts. Im selben Moment war er geliefert.

Nun, für mich ging es nicht um einen romantischen Traum, sondern um die allerletzte Chance für ein selbstbestimmtes Leben. Und das Schicksal nahm seinen Lauf, mit aller Unvermeidlichkeit, wie in einem echten Drama. Oder vielleicht sollte ich sagen: nach dem Drehbuch zu einer türkischen Seifenoper auf dem Dorf. Nur, dass es für alle Beteiligten harte, nackte Realität war.

Kein Problem für Allah!

Tante Naile bleibt noch ein paar Tage. Offiziell, weil sie sich spontan dazu entschieden hat, meiner Brautschau – ganz gleich welcher! – beizuwohnen. Inoffiziell, um mir zu helfen. Zwei Komplizenpaare belauern sich gegenseitig. Baba und Babanne haben mit mir seit unserer Ankunft kein einziges Wort gesprochen. Aber ich habe eine Verbündete. Nach außen hin spielt sie die neutrale Vermittlerin, aber in unbeobachteten Momenten steckt sie mir wertvolle Informationen zu.

»Dein Vater hat sich noch einmal mit der Familie des Mannes, den er für dich ausgesucht hat, in Verbindung gesetzt. Eigentlich war eure Hochzeit schon beschlossene Sache. Aber jetzt hat er sie wissen lassen, dass er die endgültige Zusage noch ein paar Tage verschieben möchte.«

Keine wirkliche Neuigkeit, aber ein untrügliches Zeichen, dass es immer enger für mich wird. Ein Gefühl wie im Kino, wenn der Film zu Ende ist und auf einmal alle Lichter angehen, sodass man unwillkürlich blinzeln muss: Das also ist die Realität! Da gibt es *wirklich* einen Mann, der vielleicht in diesem Moment ein Foto von mir in Händen hält und sich auf unsere Trauung vorbereitet. Dessen Blut womöglich bei dem Gedanken in Wallung gerät, mit mir eine dieser Ehen zu führen, die ich immer verabscheut habe! Mit sieben oder acht Kindern, als verschleierte Frau in einem Kaff der Kaftanträger. Ich, Ayşe, die Freiheitsliebende! Niemals! Erneut steigt eine Welle aus Wut und Empörung in mir hoch. In eine solche Ehe lasse ich mich nicht zwingen! Lieber sollen sie mich in Schimpf und Schande davonjagen!

Die Zeit verging wie zäher Schneckenschleim. Und mit jeder Stunde, die verrann, schwand meine Hoffnung ein Stückchen mehr. Wie brannte ich darauf, zu erfahren, was die Tante mit Bekir besprochen hatte. Sie aber hielt sich komplett bedeckt. Nichts war aus ihr herauszubekommen. Wahrscheinlich wusste sie selbst nicht, was geschehen würde.

Der folgende Sonntag. Mein Schicksalstag. Ich reibe mir die Augen, um sicher zu sein, dass ich nicht träume: Bekir steht vor mir. In unserem Hof. Mit seiner gesamten Familie im Gefolge. Der Himmel öffnet sich! Heute würde ich sagen: Wieder so ein Fall, in dem die Wunscherfüllungszentrale des Universums funktionierte – und diesmal ganz ohne Zettel.

Bekir, mein Held und Retter! Ist mir nichts dir nichts nach Ankara geflogen. Hat seine Familie mobilisiert. Hat ihnen mitgeteilt, er habe ein Mädchen gefunden, das er unbedingt heiraten will. Jetzt oder nie. Dass es nur diese eine Chance gebe, sonst würde sie verheiratet. Und sein Wunsch fiel auf fruchtbaren Boden. Seine Leute hatten ja schon fast alle Hoffnung aufgegeben, ihn einmal als Familienvorstand zu sehen. Aber jetzt! Überglücklich, dass es endlich so weit war, entschlossen sich auch noch zwei Tanten ganz spontan, ihn und die Eltern auf der Brautschau zu eskortieren.

Alles an dieser Situation ist ritualisiert. Bekir begrüßt mich mit Handschlag. Seine Hand ist feucht. Für einen Sekundenbruchteil tut sich ein emotionaler Abgrund in mir auf. Kenne ich diesen Mann überhaupt? Er ist mir so fremd, als hätte ich ihn nie zuvor gesehen. Doch er bringt es fertig, mich zu retten!

Wozu das ebenso pompöse wie banale Begrüßungspalaver unter zwei türkischen Familienvorständen doch gut sein kann! Zum Beispiel dafür, dass die Person, um deren Schicksal es hier geht (die dabei allerdings voll und ganz im Hintergrund zu bleiben hat), ihre Fassung wiedergewinnen kann. Genug Zeit bietet sich ja währenddessen.

Das Begrüßungszeremoniell beginnt mit einem schlichten:

»Verehrter Herr Soundso, wie geht es Ihnen?«

Die Antwort, egal ob der Angesprochene putzmunter oder todkrank ist, lautet unweigerlich:

»Oh, vielen Dank. Gut. Sehr gut, um ehrlich zu sein. Und wie geht es selbst, verehrter Herr Wie-auch-immer-der-Name?«

»Na, auch gut, ja wirklich!«

Bekräftigendes Kopfnicken auf beiden Seiten. Die zweite Fragerunde wird eingeläutet.

»Und, wie ist das Befinden der charmanten Gattin?«

Die Antwort liegt auf der Hand. Die Gegenfrage ebenfalls. Es folgen weitere Fragerunden: nach dem Wohlergehen der Kinder, der Eltern, von Oma und Opa ... Einschließlich der entsprechenden Antworten, natürlich.

Endlich bittet der Gastgeber die Besucher, einzutreten und Platz zu nehmen. Da Babannes Haus über keine gute

Stube verfügt, lässt man sich in der Sitzecke in der Laube nieder. Nicht, dass dies jemanden stören würde, im Gegenteil. Je wichtiger der Anlass, desto intimer darf auch die gewählte Umgebung sein. So bleibt für jeden, auch für den Ärmsten, die Möglichkeit, das Gesicht zu wahren.

Denn hierbei geht es, jedenfalls im Sinne der Tradition, keinesfalls um äußerliches Repräsentieren. Vielmehr darum, sich gegenseitig die Ehre zu erweisen. Und das hat etwas mit Würde zu tun, einer Würde, die vom Stolz auf die eigene Familie, von deren gutem Ruf und von einer traumwandlerisch sicheren Beherrschung der gesellschaftlichen Etikette lebt. Das war schon in den Zelten der Beduinen zu Muhammads Zeiten so, nicht anders als beim Empfang der Gäste im »Erdhaus« unserer Familie in Susurluk.

Selbst ich, die gefallene Tochter, weiß hundertprozentig, was ich jetzt zu tun habe: Tee aus dem Samowar in Gläser gießen und auf einem Tablett servieren. Aufmerksam und hilfsbereit, ansonsten still und stumm sein. Nur sprechen, wenn ich gefragt werde. Die ergebene Dienerin spielen.

Mittlerweile ist man beim gelösten Smalltalk. Das ist immer so bei uns, ob im Business oder bei der Heiratsverhandlung: Zunächst macht man einen riesengroßen Bogen um das eigentliche Thema. Es scheint nichts Wichtigeres zu geben als die Anreise, das Wetter, die politische Lage. Die Frauen unterhalten sich mit den Frauen, die Männer mit den Männern. Wenn endlich dem Belanglosen und Nebensächlichen nichts mehr abzugewinnen ist, schleicht man sich in persönlichere Themen ein – allerdings zunächst ausschließlich in solche, die mit dem Zweck der Zusammenkunft nichts oder nur wenig zu tun haben: die Anzahl und das Alter der Kinder, deren schulische Laufbahn, der berufliche Alltag des Familienvorstands und des erwachsenen Nachwuchses.

Bekirs Vater hat mit seiner Familie lange in Hannover gelebt und ist inzwischen wieder in seine Heimatstadt zurückgekehrt, da gibt es genügend Gesprächsstoff für die Väter von Braut und Bräutigam. Alles, was die eigene Familie betrifft, wird im besten Licht geschildert, hier und da ein wenig übertrieben, gern auch ein Witzchen gemacht. Alles hoch ritualisiert! Wie bei einem Gesellschaftstanz, wenn jeder den nächsten Schritt seines Gegenübers genau kennt. Und natürlich lässt der Gastgeber auffahren, was Küche und Keller hergeben. Ich bin heilfroh, dass ich dadurch etwas zu tun habe!

Vater macht mit den Männern Konversation. Babanne führt das Wort unter den Frauen. Und ich werde von Tante Naile auf Trab gehalten. In Windeseile haben wir den Lebensmittelladen um die Ecke fast leer gekauft, um *Mezze* in jeder Form und Machart zu servieren: gefüllte Weinblätter, Lammfleischpasteten, scharfe Hackfleischbällchen in Tomatensauce, *Bulgur-Pilaw*, Kräuter-Oliven, Gemüse-*Börek*, Knoblauchwurst, Safranpudding, Pistazien-*Baklava* und noch vieles mehr. Am Essen darf bei solchen Anlässen *nie* gespart werden!

Etwa zwei Stunden später, die Stimmung ist nun merklich entspannter, tritt das Ritual in die entscheidende Phase. Man merkt es daran, dass die Gespräche stocken und schließlich ganz versiegen. Das ist der Moment, in dem die offiziellen Verhandlungen zwischen den Oberhäuptern der beiden Familien beginnen können. Bekirs Vater, ein kleiner Mann in den besten Jahren, immer noch gut aussehend, hebt nach dem obligatorischen Räuspern an:

»Verehrter Herr, wir sind heute zu Ihnen gekommen, um Sie um die Hand Ihrer Tochter zu bitten. Ich bitte Sie um die Erlaubnis, Ihre Tochter mit nach Ankara nehmen zu dürfen. Sollten Sie die Güte haben, einzuwilligen, wird dort die Hochzeit in angemessenem Rahmen stattfinden. Wir möchten Sie herzlich bitten, als Stellvertreter der Brautfamilie dabei zu sein, wenn es Ihnen irgend möglich ist.«

Donnerwetter, das war gekonnt. Der Brautvater ist sichtlich beeindruckt. Seine Tochter hat zwar seinen Plan gekippt, dafür aber ganz offensichtlich sogar eine noch bessere Partie gemacht! Dies ist doch eine Familie, die sich wahrlich sehen lassen kann! Ich meine sogar, einen Hauch von Rührung herauszuhören, als er sich nun ebenfalls umständlich räuspert, um mit seiner besten Stimme zu antworten:

»Ich freue mich, lieber Herr, dass Sie uns die Ehre und meiner Tochter die Gelegenheit geben, in eine Familie wie die Ihre hineinzuheiraten.«

Pause. Ich halte den Atem an. Das war zwar vielversprechend, aber immer noch keine klare Zustimmung. Er macht es wirklich spannend! Holt mehrmals tief Luft, ohne jemanden im Raum anzuschauen, bevor er weiterspricht. Seine Stimme wird jetzt ganz leise.

»Hiermit gebe ich Ihnen mein Einverständnis zur Hochzeit.«

Mein Herz macht einen Hüpfer. Mir ist, als würde der massive Ring, der um meine Brust gelegen hat, mit einem

Mal gesprengt. Doch Vater ist noch nicht am Ende. Seine Stimme wird wieder lauter.

»Allerdings ...«

Himmel, was hat er denn jetzt noch vor! Ich dachte schon, es sei alles gelaufen.

»... bitte ich um Verständnis, dass dies nur unter einer Bedingung geschehen kann. Ich muss darauf bestehen, dass das Brautpaar hier an Ort und Stelle von einem *Hotscha* verheiratet wird, bevor Ayşe mit Ihnen nach Ankara reist. Nur wenn Allah seinen Segen gegeben hat, darf Ayşe mit zu ihrer neuen Familie gehen.«

Gott sei Dank, das war's dann wohl.

»Gern wird es geschehen, wie Sie es wünschen«, bestätigt Bekirs Vater den Deal. »Wie gedenken Sie das zu bewerkstelligen?«

»Unsere Moschee ist ganz in der Nähe«, informiert ihn mein Vater, »ich werde den Geistlichen bitten, unverzüglich vorbeizukommen, um das Paar zu trauen.«

Spricht's und verschwindet, um den heiligen Mann zu holen.

Die entscheidende Phase des Rituals. Es kommt Bewegung in die Gästeschar. Mit selbstverständlicher Effizienz wird eine Blitztrauung vorbereitet. Eine Hochzeit im Schlafzimmer? Kein Problem für Allah! Kein Problem für Muslime! Babannes Gebetsteppiche werden ausgerollt, Bodenkissen für die Gäste ausgelegt, und ich muss sagen, wenn es in Susurluk außer der Moschee einen spirituellen Raum gibt, dann ist es dieses Sanktuarium meiner Großmutter.

Eine Stunde später sind Bekir und ich vor Allah ein Ehepaar. Der *Hotscha*, wie könnte es anders sein, lässt es sich bei

Essen und Trinken schon gutgehen, da richtet mein Vater erstmals seit Wochen das Wort an mich.

»Hier, meine Tochter! Nimm deinen Pass und geh mit Gott.«

Wow! Jetzt habe ich es doch noch geschafft. Ohne weiteren Kommentar, ohne erkennbare innere Bewegung drückt er mir das Dokument in die Hand, dessentwegen er einst von der Polizei abgeholt wurde. Aber das ist Schnee von gestern. Für heute betrachtet mein Vater seine Mission als erfüllt: Das schwarze Schaf der Familie ist unter die Haube gekommen, egal unter welche. Hauptsache, die Ehre der Familie ist wiederhergestellt.

Ein Hochzeitstraum in Polyester

Ankara, im Jahr 1986

Das Heiratsgeschäft ist in trockenen Tüchern. Mein Schwiegervater bläst zum Aufbruch – immerhin sind es etwa fünf Stunden Autofahrt bis Ankara, und es gibt viel zu tun die nächsten Tage. Wie sich die Bilder doch gleichen: Abfahrt in einem voll besetzten deutschen Kleinbus, wieder einmal. Nur diesmal mit einer für mich neuen Familie. Wir passieren gerade das Ortsschild von Susurluk, da schießt mir etwas durch den Kopf.

Ich bin gar nicht mehr dazu gekommen, Naile Teyze die Haare zu machen. Hoffentlich bringt das kein Unglück!

Merkwürdig. Warum muss ich jetzt an mögliches Unheil denken? Merkwürdig aber war der ganze heutige Tag. Es fühlt sich so unwirklich an, dass ich jetzt hier neben einem Mann im Auto sitze, der mein Gatte sein soll. Mit knapper Not dem einen Ehegefängnis entkommen – nur um in ein anderes gesperrt zu werden? Nein, so will und so werde ich nicht denken.

Ich fühle mich leer, wie ausgepumpt. Richtig gute Laune, so scheint es, will in unserer Fahrgemeinschaft auch sonst nicht aufkommen. Außer bei meinem zukünftigen Ehemann. Dem scheint es zunehmend zu gefallen, mir nahe zu sein. Kaum sind wir auf der Landstraße, legt er den Arm um mich und flüstert mir ins Ohr:

»Na, meine kleine Braut? Es wäre uns damals doch im Traum nicht eingefallen, dass wir eines Tages Mann und Frau würden.«

Ich fühle, dass mein Körper steif wird unter seiner Berührung. Versuche, mir nichts anmerken zu lassen. Verdränge den Gedanken daran, dass wir nun füreinander bestimmt sind.

Wieder so ein Moment im Leben, da mir meine Schwester fehlt.

Hatice, wenn du wüsstest, was mir geschehen ist. Ich habe es hingekriegt, dass ich keinen Mann heiraten muss, der mir aufgezwungen wurde. Und nun heirate ich einen, dem ich mich *aufgezwungen habe.*

Ich höre ihre Stimme in meinem Kopf antworten.

Immer noch besser für dich, als in Susurluk festzusitzen. Und du bist das Beste für ihn, was ihm passieren konnte! Mach jetzt selbst das Beste draus!

Pragmatisch wie immer, meine Schwester. Und habe ich nicht ein inneres Versprechen gegeben? Ja, so ist es. Jetzt heißt es wirklich, das Beste draus zu machen! Für mich und meinen Mann.

Eines jedenfalls war jetzt schon klar: Meine Hochzeit würde ganz anders werden, als ich es mir in meinen Mädchenträumen zurechtgelegt hatte. Ein rauschendes Fest hatte es sein sollen! Mit meiner ganzen Familie und allen Verwandten, aber auch mit allen meinen Freunden und Weggefährten. Mein Brautkleid, ein einziger Traum! Aus zahllosen Lagen von Chiffon, sodass sich bei jedem meiner

Schritte eine Wolke hauchzarter Gewebe heben würde. Wie eine Fee aus dem Märchenland wollte ich darin aussehen, oder wie eine Königin. Und die Frisur: o là, là! Nein, keine verspielten Locken, keine aufgemaschelte Löwenmähne. Vielmehr ein betont schlichter Chignon, einfach fraulich-klassisch. Ein bewusst gesetzter Kontrapunkt zum üppigen Kleid – obwohl, bei meiner Figur wäre auch eine Banane im Grace-Kelly-Stil denkbar. Am Ohr eine echte Blüte. Und der Schleier? Gar keiner natürlich – oder nur ein Hauch davon. Es sollte ein Fest in großem Rahmen werden. Bitte möglichst in einem Schloss – oder wenigstens in einem Luxushotel. Erlesene Speisen im Überfluss, die ganze Nacht durchtanzen, und irgendwann trägt mich mein Auserwählter zu unserem blumengeschmückten Hochzeitsbett.

Mädchenträume …

Im wirklichen Leben erschlugen mich schon die Vorbereitungen, ich wurde eingesaugt in einen Strudel hektischer Improvisationskunst und überfließender Liebenswürdigkeit. Meine neue Familie empfing mich spontan als ihr neues, geliebtes Kind. In den wenigen Tagen bis zu den eigentlichen Feierlichkeiten sah ich meinen Bräutigam kaum, dafür war ich ständig von einer Traube schnatternder, lachender, quirliger Frauen aller Altersstufen umgeben. Das tat mir gut.

Tags darauf stand für mich eine echte Premiere auf dem Programm. Ob es außer meiner Schwester und mir wohl noch ein weibliches Wesen gibt, das in der Türkei aufgewachsen, aber bis zum 20. Lebensjahr nicht ein einziges Mal auf einem richtigen Basar gewesen ist? Doch nun ging es ins berühmte Ulus-Quartier von Ankara, wo Abertausende temperamentvoller Verkäufer an ihren Ständen und Verkaufsbuden ums Bare der Einheimischen und Touristen buhlen. Eingekeilt von einem halben Dutzend blendend aufgelegter Frauen, gemeinsam verschworen dem einen Ziel: ein Brautkleid für mich zu erstehen. Schon um in dem brodelnden Gewimmel in die Sektion der Tuch- und Textilhändler vorzudringen, brauchten wir eine gute halbe Stunde. Ich hatte mir einst eine schicke Modeboutique erträumt – und bekam nun ein orientalisches Freiluftkaufhaus!

Am Abend zuvor hatte meine Schwiegermutter mich nach meinen Wünschen gefragt. Sie war so überaus reizend, dass ich Vertrauen zu ihr fasste und etwas in der Art von »am liebsten aussehen wie eine Königin« faselte. Als unsere Damentruppe dann morgens loszog, flirrte die Luft um mich herum nur so von Enthusiasmus und Vorfreude.

»Schneeweiß und Gold, das sind die Farben für den schönsten Tag im Leben einer Frau!«

»Sie ist die Königin, und wir sind die Royals!«

»Wir werden sie zum Glänzen bringen wie die goldene Morgensonne!«

Mit einem Wort: Die Braut musste *gestaltet* werden, und sollte es Widerstände geben, so würden sie mit dem unerschöpflichen Arsenal an Worten, Gesten und freundschaftlichen Berührungen aus dem Wege geräumt, über das die türkische Frauenseele verfügt, wenn es gilt, einer Geschlechtsgenossin zu ihrem Glück zu verhelfen.

Parallel zum Damenprogramm liefen die Aktivitäten der Männer. Unter der Führung des Schwiegervaters rührten Brüder, Onkel und Neffen aus der Sippe des Bräutigams kräftig die Werbetrommel für ein rauschendes Familienfest. Alles musste innerhalb von nur drei Tagen auf die Beine gestellt werden! Warum? Natürlich wegen meines Vaters! Er allein würde bei den Feierlichkeiten unsere Familie vertreten. Und Turhan scheute sich nicht, seine Abreise nach Deutschland so zeitnah wie möglich zu planen, auch wenn er die Gastgeber damit auf eine harte Probe stellte. Eine Probe, die sie mit stoischer Geduld und grenzenlosem Engagement ertrugen – und bestanden. Sie improvisierten eine Hochzeitsparty, die an folkloristischem Prunk keinen Wunsch offenließ.

Und mein Hochzeitskleid? »Königlich« war es gewiss, denn ich sah darin wie die türkische Ausgabe eines Sissi-Imitats aus. Unter einem eng geschnürten Korsagenoberteil wallte ein weit ausgestellter, knöchellanger Polyesterrock. Die Jacke hatte Pumpärmel, einen hauchzarten Stehkragen mit dem Radius eines LKW-Reifens und wies üppige Applikationen von lamettaähnlichem Glitzerzeugs auf. Sogar eine glänzende, goldfarbene Krone hatten sie mir aufgeschwatzt!

Meine Frisur? Keine Zeit! Schließlich musste ich vorher allen Frauen meiner neuen Familie die Haare machen. Als ich mich endlich um mich selbst kümmern konnte, stellte ich fest, dass es nur noch ein paar Minuten bis zur Zeremonie sind. Na, als Profi muss ich in der Lage sein, mit zwei, drei Haarnadeln und einigen entschlossenen Handgriffen eine passable Wirkung zu erzielen. Außerdem bin ich *immer* frisiert, das erleichterte den Feinschliff ungemein.

Mein Make-up? In der Hektik griff ich viel zu tief in den Farbkasten und erschien mit roten Bäckchen vor der

Festgesellschaft, wie Heidi aus den Schweizer Bergen. Na, Hauptsache geschminkt!

Alles in allem fühlte ich mich wie in eine andere Haut gesteckt. Aber bis zu diesem Moment hatte ich nicht den Hauch einer Chance, mir überhaupt irgendwelche Gedanken zu machen oder zwiespältigen Gefühlen nachzuhängen. Das änderte sich schlagartig, als mein Vater mich unterhakte und als Braut dem Bräutigam zuführte. Auch er hatte sich schnell etwas Festliches gekauft und sah aus wie aus dem Ei gepellt, aber seine Augen blickten kalt und teilnahmslos. Auf einmal fühlte ich mich schwach und ausgeliefert. Als wäre ich im falschen Film gelandet, in einem, in dem ich die glückliche Braut spielen soll.

Im Bruchteil einer Sekunde rollten vor meinem inneren Auge die Ereignisse der letzten Tage ab, seit unserem Abflug aus Frankfurt.

Als hätte ich die Welten gewechselt.

Es war schier unglaublich, aber es ist tatsächlich niemandem gelungen, mir das Heft des Handelns vollständig aus der Hand zu nehmen. Auch meinem Vater nicht. Nun aber dämmerte mir die Endgültigkeit dessen, was sich da in so kurzer Zeit entwickelt hatte. Und es bereitete mir kein behagliches Gefühl. Von diesem Moment an würde ich die mir zugedachte Rolle spielen müssen. In meinem eigenen Familiendrama.

Frankfurt, Ende 2007

Sibel schenkt mir ein Glas Apfelwein ein.

»Original Äbbelwoi«, preist sie das Gesöff spitzbübisch an. Sie weiß genau, wie sie mich in Stimmung bringt.

»Direkt aus de Freßgass«, babbele ich zurück.

Sibel, ich danke dir! Immer wenn ich meinen Moralischen kriege, bringst du meine Endorphinproduktion wieder auf Trab. Allerdings, wenn ich mir etwas in den Kopf gesetzt habe, dann ist es auch nicht so leicht, mich davon abzubringen. Und jetzt will ich im dunkleren Teil meiner Seele gründeln. Schließlich steht mir meine beste Freundin nicht alle Tage als Klagemauer zur Verfügung.

»Ich denke nun mal nicht gern an meine erste Ehe zurück.«

Sibel gehört zu den Menschen, die mühelos von Spaß auf Ernst umschalten können.

»Wieso denn? Es war doch eine wertvolle Erfahrung für dich und Bekir.«

Immer ihre oberschlauen Kommentare! Darf man nicht einfach mal nur klagen? Ohne sofort analysiert zu werden? Muss man denn immer gleich auch die guten Seiten an etwas sehen, das man am liebsten in die hinterste Ecke seines Unterbewusstseins verbannen möchte?

»Mich gruselt aber schon, wenn ich nur daran denke. Es war die schlimmste Zeit in meinem Leben.«

Das war ziemlich unüberlegt. Ich ahne schon, was jetzt kommt.

»Willst du dich nun ernsthaft darüber unterhalten oder nicht?«

Na klar doch, will ich.

»Du weißt doch, wie das funktioniert: Mit dem Opferbewusstsein, meine ich.«

Ich weiß nur zu gut, was sie meint. Und vor allem weiß ich auch, was das mit meiner ersten Ehe zu tun hat. Aber es geht mir gegen den Strich, es ihr jetzt allzu einfach zu machen.

»Wieso? Du sprichst in Rätseln.«

Sibel sieht mich mit durchdringendem Blick an.

»Sich zum Opfer zu machen gehört zur ungewollten Manifestation eines unbewussten Wunsches.«

Und das mir! Der selbsternannten Manifestationspäpstin! Natürlich weiß ich, dass durch die Fixierung auf negative Gedanken mein Handeln negativ gepolt wird. Und ich weiß sogar, dass ich dadurch genau jene Umstände in mein Leben ziehe, die mir ganz und gar nicht willkommen sind. Die ich dann aber nur zu gern einem grausamen Schicksal zuschreibe, statt mir selbst! Jetzt bleibt mir nur noch eine einzige Möglichkeit, aus der Sackgasse herauszukommen.

»Du magst wohl recht haben. Ich darf mich nicht beklagen. Schließlich habe ich es ja selbst so eingefädelt. Millionen von Frauen in unserer Heimat sind über Jahrhunderte hinweg gezwungen worden, mit Männern zusammenzuleben, die sie sich nicht aussuchen konnten. Ich dagegen habe diesen Mann geradezu in mein Leben gezwungen. Also musste ich die Suppe auch auslöffeln, die ich mir und ihm …«

Sie unterbricht meinen Redefluss. Und ich weiß sofort, dass ich mich selbst schachmatt gesetzt habe.

»Papperlapapp! Du lenkst ab. Du argumentierst auf einer Ebene von Schuld und Vergeltung. So nach dem Motto: Wer nicht hören will, muss fühlen! Fällt dir das nicht selbst auf?«

Auweia, der nächste Fauxpas. Bin nicht eigentlich ich es, die immer gern darauf hinweist, dass jeder Versuch, nach persönlicher Schuld zu suchen, zwangsläufig in Vorwürfen und Gegenvorwürfen endet? Immer weiter in einer Spirale, die nur aus Frustration und Depression besteht?

Ich halte jetzt lieber den Mund und trinke noch einen Schluck Äbbelwoi.

Fruchtbarkeitsturbo

Hannover, ab 1986

Gerade sind wir, frisch vermählt, in Hannover angekommen, da gibt es auch schon die erste Überraschung für mich: Bekir hat keine Wohnung mehr. Na gut, dann gehen wir erst mal zu seinem älteren Bruder. Der lebt mit Frau und Kind zwar auch nur in zwei Zimmern, ist aber ein außerordentlich lieber Typ und tritt uns eines davon ab.

»Wir sind doch *eine* Familie, da muss man zusammenhalten.«

Bekir, als »Immobilienmakler«, ohne eigene Wohnung? Das hatte einen sonderbaren Beigeschmack, aber ich stellte keine Fragen. Einerseits, weil Dankbarkeits- und Schuldgefühle mich bremsten. Andererseits, weil eine gute Ehefrau, wie ich es jetzt sein wollte, keine Fragen nach dem Geld stellt. Schon gar nicht an der Seite eines älteren, angeblich gut situierten Mannes. Ein kleiner Engpass – was sonst sollte es sein?

Aber da war noch ein weiteres Problem. Ich hatte wenig Lust auf Sex, denn da waren diese ständigen Unterleibsentzündungen.

Das Wort »Verdrängung« gehörte seinerzeit noch nicht zu meinem Wortschatz, geschweige denn »Psychosomatik«. Wie auch? Als Kind im Klammergriff von Familie und

Religion, dann abrupt versetzt in eine Welt voller Verheißungen, die lockten, und voller Gefahren, die ich nicht erkannte. Dem Teenageralter entwachsen als eigenwilliger Seitentrieb der Familie: aus Lust am Protest, aber nichts weiter. Und jetzt? Mit Mühe und Not der Rückversetzung in die Vergangenheit entkommen, erschien mir die Zukunft als Nebel, in dem irgendwo ein Abgrund lauerte. Doch ich mochte dort nicht hinsehen. Ich hatte starke Schmerzen und ging zum Arzt.

Nach der Untersuchung werde ich zum Gespräch gebeten. Ein Halbgott in Weiß thront auf einem drehbaren Chefsessel hinter einem ausladenden Schreibtisch. Ich hocke davor, auf einer Art Campingstuhl. Routiniert legt der weise alte Mann seine Denkerstirn in sorgenvolle Falten.

»Sie haben Zysten am Eierstock. Das ist nichts Bösartiges, aber man sollte damit auch nicht spaßen. Na ja, das kriegen wir mit Medikamenten schon wieder hin. Aber da ist noch etwas: Wenn Sie Kinder bekommen möchten, rate ich Ihnen, bald nach der Behandlung schwanger zu werden. Später schaffen Sie es womöglich nicht mehr.«

Will ich eigentlich Kinder? Habe mir nie Gedanken darüber gemacht … Aber warum eigentlich nicht?

Er wartet gar nicht ab, was ich dazu sage, sondern empfiehlt gleich etwas.

»Ich könnte Ihnen Hormone verschreiben, um die Sache ein wenig zu beschleunigen.«

Eine überzeugende Argumentation, wie mir schien. Ich hatte weder das Wissen, um diesen Vorschlag kritisch zu würdigen, noch war ich in der Position, ihn rundheraus abzulehnen. Schließlich war ich eine frischgebackene Ehefrau im besten gebärfähigen Alter.

Bekir reagiert ganz wie ein kommender Familienpatriarch, als ich ihm nicht einmal ein Vierteljahr nach Beginn der Hormonbehandlung meine Schwangerschaft offenbare. Erfreut ist er, sichtlich geschmeichelt – und gibt seiner Hoffnung Ausdruck, dass es ein Junge wird. In meine eigene Freude mischt sich ein leicht flaues Gefühl. Einerseits wegen des Fruchtbarkeitsturbos, den mein Frauenarzt da in mir angeworfen hatte: Ich fühlte mich ein wenig wie die Teilnehmerin an einem medizinischen Experiment. Andererseits, weil ich mir Gedanken um die Zukunft machte: Wie sollten wir erst zu dritt klarkommen, wenn wir schon jetzt nicht in der Lage waren, uns eine eigene Wohnung zu leisten?

Mein nächster Termin in der Praxis des Frauenarztes. Der gute Mann hält mir das erste Ultraschallbild vor die Nase. Und grinst dabei! Wieder diese herablassende Art. Der weiß doch ganz genau, dass ich auf dem Polaroid nur grauweiße Schlieren im Dunkel des Fruchtwassers erkennen kann.

»Ist das Kind denn gesund?«, stottere ich verängstigt. Das ist das einzige, was mich jetzt interessiert.

Er legt das Bild auf die riesige Tischplatte zwischen uns und schiebt seinen Oberkörper so weit nach vorn, dass ich seinen Raucheratem riechen kann. Dabei schaut er mir schelmisch in die Augen.

»*Das* Kind …?«

Er lehnt sich lässig in seinen Thron zurück und fixiert mich scheinbar amüsiert. Dann hebt er die rechte Hand und reckt Zeige- und Mittelfinger nach oben.

»Nicht *eines*. *Zwei*. Sie bekommen Zwillinge.«

Peng! Da bin ich erst mal platt.

Als ich die Praxistür hinter mir zuziehe und zur Straßenbahnhaltestelle taumle, rollt die erste Welle der Angst auf mich zu. Wie viele Frauen in Vaters Familie haben eigentlich Zwillinge bekommen? Und wie viele dieser Kinder sind gestorben? Wie wird es wohl bei mir ausgehen?

Und dann die zweite Welle. Wo sollen wir bloß hin, nun gleich mit zwei Kindern im Körbchen? Wir haben ja nicht mal eine eigene Bleibe. Was ist denn nun mit Bekir? Warum hat er es noch immer nicht geschafft, eine Wohnung für uns zu finden?

Ich brauche jetzt jemanden, dem ich mein Inneres offenbaren kann. Hatice! Wen sonst? Ja, wir müssen endlich wieder Kontakt aufnehmen. Seit Monaten haben wir nichts voneinander gehört! Okay, so richtig warm sind wir seit meiner Flucht aus Darmstadt noch nicht wieder geworden. Immerhin hat sie mir zur Hochzeit gratuliert, als Einzige aus der Familie. Das heißt doch wohl, dass sie mich nicht abgeschrieben hat? Eine von uns beiden muss einfach den ersten Schritt machen und das Eis brechen. Spontan greife ich zum Telefonhörer.

Halten – oder verkaufen?

Wer wird jetzt abheben? Sollten es Mutter oder Vater sein, lege ich sofort wieder auf.

»Ja bitte.«

Ich habe Glück! Hatices Stimme klingt so vertraut wie eh und je, doch ein wenig matt.

»Wie geht es dir, Hatice?«

Ein tiefer Seufzer.

»Ach, Ayşe, ich bin froh, dass du anrufst.«

Aus Seufzen wird Schniefen.

»Bist du allein? Kannst du reden?«

Noch ein Seufzer.

»Ja, kein Problem.«

»Und, was ist denn los?«

Ich hatte gedacht, *ich* könnte ihr mein Herz ausschütten, aber nun bin ich es wohl, die *ihr* ein Ohr schenken muss. Auch gut, schließlich sind wir ein Herz und eine Seele. Wie könnte ich sagen, wo du aufhörst und wo ich beginne, meine Schwester?

Schon fließen die ersten Tränen. Nachdem sie mehrere Papiertaschentücher verbraucht hat, kommt sie ins Reden. Es ist doch unglaublich! Auch sie soll jetzt »auf türkische Art und Weise« verheiratet werden.

»Hatice, jetzt mal von Anfang an. Ich hätte geglaubt, Baba hätte was gelernt aus der Sache mit mir.«

»Ach was. Was glaubst denn du, was ich wegen dir zu hören bekommen habe! Immer wenn es hieß, du würdest nur Schande über uns bringen, hatte ich das Gefühl, sie meinten mich gleich mit. Es war als Drohung gemeint.«

»Und dann haben sie einen Mann für dich ausgesucht?«

»Na, du weißt doch, wie das läuft. Ich bin ihnen lieber zuvorgekommen, als dass sie mir jemanden vor die Nase gesetzt hätten. So habe ich mir jetzt den erstbesten ausgesucht. Hauptsache, Baba hat seinen Willen.«

Und ich hatte keinen blassen Schimmer. Ich muss sie jetzt aufbauen, ganz gleich, wie beschissen es mir selber geht. Aber erst mal muss ich sie zum Reden bringen.

»Wen wirst du denn heiraten? Erzähl mir was über den Kerl.«

»Was gibt's da zu erzählen? Ich hab ihn doch erst zweimal gesehen. Ist mir aber auch total egal. Ich will nur raus hier. Ich halt es nicht mehr aus.«

Nun bekam ich die ganze traurige Geschichte von Anfang an zu hören. Meine eigenen Probleme spielten in diesem Gespräch keine Rolle mehr. Ich glaube, das tat mir sogar ganz gut. Es ist gar nicht so schlecht, ein wenig abgelenkt zu werden, wenn man mit dem Rücken zur Wand steht. Von den Problemen anderer Menschen zu erfahren, relativiert die eigenen Schwierigkeiten. Wenigstens vorübergehend.

Das Verhalten türkischer Eltern mit mannbaren Töchtern und heiratsfähigen Söhnen ähnelt dem von Investoren, die ihre Aktien entweder auf »Halten« oder auf »Verkaufen« stellen. Je nachdem, welches Angebot vorliegt. Sowohl auf dem Käufer- als auch auf dem Verkäufermarkt möchte man immer bestens informiert sein. Substanzwerte, Schnäppchen, Ladenhüter, Zukunftswerte – all das muss richtig eingestuft werden, wenn man nicht verlieren will in diesem Spiel mit der Zukunft junger Menschen. Oft fast Kindern noch. Ein Spiel, in dem leidenschaftlich gern mit gezinkten Karten gearbeitet wird. Denn verlieren will keiner. Sondern immer nur Gewinn machen.

Im Darmstädter Türkenviertel hatte sich herumgesprochen, dass unter Turhans Dach eine hübsche Braut heranwuchs. Der Anruf beim Chef des Hauses kam vom Freund des angeheirateten Vetters eines Blutsverwandten. Oder so ähnlich. Keine schlechte Connection jedenfalls, die richtige Mischung aus Nähe und Distanz.

Natürlich vorerst nur eine unverbindliche Anfrage: ob eine Familienvisite genehm sei? Dass der Sohn auf Freiersfüßen wandelte, wusste der Brautvater längst. Als Marktteilnehmer auf der Verkäuferseite wusste er auch um den Wert seines Familienschatzes aus Fleisch und Blut.

Der gute Ton will es, dass man solche Gesuche annimmt, es sei denn, es sprächen gewichtige Gründe dagegen – alle selbstredend im Zusammenhang mit der Ehre der eigenen Familie. Wobei eine Ablehnung wiederum die Ehre der anderen Familie verletzen würde – und so weiter, ad infinitum. Was alles nur bedeutet, dass man besser nicht ablehnt. Es sei denn, es handelt sich um eine Anfrage aus einem gesellschaftlichen Umfeld, das so tief unter der eigenen Würde ist, dass man sich eigentlich schon beleidigt fühlen muss, weil man überhaupt gefragt wurde. Mit anderen Worten, es wagt so gut wie niemand, eine Kaskade gegenseitiger Ehrabschneidung auszulösen, ganz gleich aus welchem Grunde. Ein Perpetuum mobile der Abhängigkeiten, im Dienste von nichts und wieder nichts!

So stolzieren sie denn herein, in die elterliche Wohnung der noch nicht verkauften Braut: Vater, Mutter, Brüder, Schwestern, Onkel und Tanten des Bräutigams in spe, allesamt mit einem Geschenk für die Gastgeber in der Hand.

Für mich selbst hatte ich eine Brautschau der etwas anderen Art erzwungen. Sozusagen die Magerstufe. Bei meiner Schwester dagegen wurde Vollfett aufgetischt und noch eine Extraportion Rahm drübergekippt.

Ich erspare mir die Schilderung der ausufernden Dramaturgie scheinbarer Wichtigkeiten, zumal sie in abgespeckter Form schon bei meiner eigenen Brautschau geliefert wurde.

Nur eines sei noch erzählt, weil hier der Vergleich mit Börsengeschäften an seine Grenzen stößt. Bis zur großen Finanzkrise verließ sich jeder Anleger sozusagen blind auf seinen Bankberater. Aber schon seit Adam und Eva hat sich der türkische Brautvater auf sein eigenes Urteil, und nur darauf, verlassen. Einer wie unser Vater würde sich diese Wächterposition nie und nimmer streitig machen lassen.

»Eine Woche Bedenkzeit.«

So lautete seine Antwort. Eine ganze Woche, um richtig gründlich der Frage nachzugehen, wie es in Wahrheit um die andere Familie steht. Aber das ist ja alles andere als ungewöhnlich. Da wird dann in der Nachbarschaft herumgehorcht. Verwandte werden ausgefragt. Einen Privatdetektiv zu engagieren gilt nicht etwa als Misstrauensbeweis, sondern als Zeichen, dass man etwas Werthaltiges freizugeben hat.

Die Familie des Bräutigams wiederum überlegt während der Bedenkzeit des Brautvaters, was man beim nächsten Antrittsbesuch Schönes überreichen könnte. Auch darüber wird nach dem Prinzip von Wert und Gegenwert befunden. Alles ist möglich, vom Leerräumen des eigenen Nippesschranks bis hin zur Anschaffung kostbarster Geschenke. Somit stand die Sippschaft eine Woche später wieder vor der Tür. Ein Mokkatässchen für die Dame des Hauses, eine Pfeife für den Hausherrn, für die Brüder je ein paar Socken und für jedes der Mädchen ein Nachthemd …

Bei der nun einsetzenden, der eigentlichen Verhandlung, ist es nur normal, dass sich der Brautvater gehörig ziert. Ich vermute jedoch, dass Turhan es damit nicht allzu weit trieb. Wollte er doch dieses Mal nichts, aber auch gar nichts anbrennen lassen. Ohne zu zögern gab er sein Wort. Und damit war alles in trockenen Tüchern – für beide Seiten, denn ein mündliches Eheversprechen ist wie ein Ehevertrag. Ein Versprechen, das man Aug in Aug gibt, ist *mürrekepten daha degerli – mehr wert als alle Tinte.*

Die einander versprochenen jungen Menschen befinden sich nun im *Sözlü,* dem Stadium unmittelbar vor der Verlobung. Die Braut bekommt von der Familie des Bräutigams das erste Kleid geschenkt. Ein zweites folgt zwei Wochen später zur Verlobung, die im Haus der Familie des Bräutigams gefeiert wird und anlässlich derer die Familie der Braut weitere Gaben erhält. Für das Paar bedeutet die Verlobung, dass sie von nun an miteinander ausgehen dürfen – aber Allah möge verhüten, dass dies ohne die Begleitung eines Verwandten geschieht! In dieser Phase trifft man sich im Café, tauscht artige Komplimente aus, geht zusammen ins Kino.

Nach drei Monaten schließlich wurde Hatices Hochzeit gefeiert, und zwar so aufwendig und kostspielig, dass sich das junge Paar stattdessen auch einen nagelneuen deutschen Kleinwagen hätte leisten können. Durchs ganze Programm haben sie meine Schwester gezogen. Sie akzeptierte gleich den ersten Bewerber, nicht zuletzt, um es möglichst rasch hinter sich zu bringen. Es war ein Mann, der schon sein eigenes Geld verdiente und sogar eine Eigentumswohnung besaß.

Nach drei Jahren war es aus und vorbei mit den beiden. Immerhin trennten sie sich in gegenseitigem Einvernehmen.

Pattensen – Peine – Paris

»Lass uns zu Hatices Hochzeit fahren, ja?«

Mein Mann studiert gerade die Sportseiten von *Hürriyet.* Die Mittagssonne lacht am Himmel, er hat in den Tag hineingeschlafen, im Schlafanzug eine ganze Kanne Kaffee getrunken und in der Zeitung seines Bruders gelesen. Wovon wir leben? Von der Hand in den Mund. Woher das wenige Geld kommt? Ich weiß es immer noch nicht.

Jetzt ist vielleicht nicht der günstigste Zeitpunkt, um meine Bitte vorzutragen, aber ich muss es ja, bevor er sich verdrückt, um irgendwann spätabends wieder nach Hause zu kommen.

»Kommt gar nicht infrage«, brummelt er und raschelt demonstrativ mit dem Revolverblatt. Es kommt mir vor wie eine Einschüchterungsmaßnahme.

»Ja, warum denn eigentlich nicht?«

Jetzt will ich es aber doch wissen!

»Das fragst du noch? So, wie dich deine Familie behandelt hat?«

»Aber Hati hat damit doch nichts zu tun!«

Wie kann er nur meine Zwillingsschwester mit dem Rest der Familie über einen Leisten schlagen! Doch es ist nichts zu machen. Für ihn bleibt es dabei: Läuft nicht! Und ich kann nichts machen, ohne einen Pfennig selbstverdientes Geld.

Ich bin hochschwanger, *karnı burnunda olmak – mein Bauch so hoch wie meine Nase.* Dass Zwillinge doppelte Freude machen, wie man so schön sagt, das kann ich nun nicht finden.

In dem Augenblick, da man erfährt, dass es zwei Babys sind, trifft einen der Schlag. Zwillinge bedeuten bei Schwangerschaft und Geburt ein doppeltes Risiko: für mich als Mutter, für unsere Familie als Ganzes. Eine doppelte Herausforderung: vom Platz, von der Betreuung, von den Finanzen her …

Und da ist sie wieder, die Angst. Würden wir als vierköpfige Familie über die Runden kommen? Versicherungen und Immobilienmaklerei, das ist natürlich ein Stoßgeschäft, mal fällt mehr Arbeit an, mal weniger. Für meinen Mann scheint es allerdings nie viel zu tun zu geben. Kein Wunder eigentlich, dass kaum etwas dabei herauskommt. Ich bin ja schon froh, dass er sein Geld nicht versäuft. Spielt er vielleicht? Ich weiß es nicht! Er sagt mir einfach nichts. Ich muss jetzt endlich hinter sein Geheimnis kommen …

»Du, wir müssen heute unbedingt noch einkaufen, ich habe aber absolut nichts in der Tasche. Soll ich für dich zur Bank gehen, wenn du arbeiten bist?«

O Gott, war das plump und unüberlegt. Er lächelt großherzig.

»Schatz, du hast doch gar keine Kontovollmacht. Wenn ich wieder mal Zeit habe, gehen wir zusammen zur Bank und du kriegst eine, okay?«

So leicht würde ich ihn bei meinem nächsten Anlauf nicht davonkommen lassen.

»Also, wenn du Wohnungen an andere vermietest, da müsste doch auch für uns mal was dabei sein.«

»Natürlich, sobald mein geschäftlicher Engpass überwunden ist!«

Der Engpass dauerte nun schon ein ganzes Jahr! Ich versuchte ihm von allen möglichen Seiten her beizukommen. Aber stets doch so, dass er sein Gesicht wahrte. »Gesicht wahren« ist eine der am stärksten emotional besetzten Seelenzonen des türkischen Mannes, und ich befand mich innerlich immer noch in der Zange von Dankbarkeit und Schuldgefühl. Das setzte mich zusätzlich unter Druck, neben unseren wirtschaftlichen Problemen. Die wurden immer kritischer, je näher der Geburtstermin rückte. Und jetzt schlug er mir auch noch einen Herzenswunsch ab! Ich würde nicht auf Hatices Hochzeit dabei sein …

Ich durfte mich, auch im Interesse der Kinder in meinem Bauch, nicht mehr auf ihn allein verlassen. Also nahm ich einen Job als Aushilfe in einem Friseursalon an. So konnte ich etwas zu unserem Lebensunterhalt beitragen. Aber auch zusammen mit dem Geld, das Bekir in unregelmäßigen Abständen nach Hause brachte, reichte es oft nicht zu mehr als zu Brot von gestern und Margarine. Miete brauchten wir bei Schwager und Schwägerin zum Glück keine zu bezahlen. Diese guten Leute!

Während des bereits geschilderten Telefonats mit meiner Schwester war ich nicht dazu gekommen, ihr von meiner Zwillingsschwangerschaft zu erzählen. Wir telefonierten jetzt zwar wieder in unregelmäßigen Abständen miteinander, aber sie war so in ihre eigenen Probleme eingesponnen, dass ich mich nicht traute, ihr auch noch mit den meinen zu kommen.

Aber ich musste jetzt dringend einmal jemandem mein Herz ausschütten! In meiner Not beschloss ich, einer guten Freundin einen Brief zu schreiben: Yasemin, einer Cousine von Aynurs Ehemann. Sie würde mich sicher verstehen. Sie lebte in Istanbul ein Leben, wie ich es mir immer erträumt hatte: unverheiratet, unabhängig, in einer schönen eigenen Wohnung. Mit einem guten Gehalt, dank ihres Jobs als Reiseleiterin.

An einem Montag, dem freien Tag der Friseure, setze ich mich an den Tisch in unserem einzigen Zimmer und schreibe einen langen Brief.

Liebe Yasemin,
lange habe ich nichts mehr von Dir gehört. Wahrscheinlich bist Du wieder irgendwo auf der Welt unterwegs. Geht es Dir gut? Ich hoffe, doch sehr. Bei dem Leben, das Du führst, kann es einem doch nur gut gehen!

Ich schreibe Dir heute aus einem eher traurigen Anlass. Ich stecke in einer Lebenssituation, die alles andere als positiv ist. Und davon möchte ich Dir berichten. Bitte verzeih mir, dass ich Dich ein wenig als Seelenmülleimer benutze, aber ich muss mich jemandem anvertrauen!

Ich nehme an, Du hast noch nicht mitbekommen, dass ich verheiratet bin? Ich habe seit Monaten so gut wie keinen Kontakt mehr zu meiner Familie. Ich fürchte, mein Name darf zu Hause gar nicht mehr ausgesprochen werden, weil ich mich in ihren Augen so schlimm benommen habe. Ich gelte als das schwarze Schaf der gesamten Sippe …

Na ja, Fakt ist: Ich bin verheiratet. Mit einem Mann, dem ich zwar zugetan bin und dem ich eine gute Frau sein möchte. Aber ich liebe ihn nicht. Er ist ein netter Mensch, aber ich brauche mir nichts vorzumachen: Es ist nicht die große Liebe. Von einer rosigen Zukunft kann auch nicht gerade die Rede sein. Mein Mann ist zwar lieb zu mir, aber er ist eben auch sehr bestimmend. Er erwartet von mir, dass ich tue, was er für richtig hält. Als gute Ehefrau bin ich auch bemüht, ihm zu gefallen und ihn zu ehren. Glücklich bin ich dabei aber nicht. Wieder bin ich unfrei, bin fremdbestimmt. Ich beneide Dich so um Dein freies Leben!

Wir sind fürs Erste bei der Familie meines Schwagers untergekommen. Das alles wäre ja noch auszuhalten, aber nun kommt's: Ich bin mit Zwillingen schwanger! Und wir haben so gut wie kein Geld. Kannst Du Dir das vorstellen, liebste Yasemin? Ich bin total verzweifelt deswegen. Was soll ich nur tun?! Mein derzeitiges Leben ist so ziemlich das Gegenteil von dem, was ich mir erhofft habe.

Vielen lieben Dank fürs Zuhören. Es hat mir gutgetan, mir meinen Kummer von der Seele zu schreiben. Alles Liebe und bis hoffentlich bald einmal

Ayşe

Der Briefumschlag liegt zugeklebt, adressiert und frankiert in meiner Handtasche. Ich befinde mich schon auf dem Weg nach draußen, um ihn einzuwerfen. Aber was ist denn das? Da steht Bekir – und was hält er in der Hand? Meinen Brief!

Mir bleibt fast das Herz stehen. Dunkelrot vor Scham beobachte ich sein Gesicht. Meine intimsten Seelengeheimnisse! Ich möchte am liebsten sterben in dieser Sekunde. Seine Miene verfinstert sich mit jeder Zeile, die er liest, mehr und mehr. Jetzt zerreißt er den Brief und wirft mir die Fetzen vor die Füße.

»Das also ist deine Wahrheit! Dann weiß ich wenigstens, woran ich bin.«

Vor Empörung zitternd steht er vor mir, sein Gesicht eine einzige erbitterte Anklage.

»Ich bekomme Zwillinge von einer Frau, die mich nie geliebt hat.«

In diesem Moment knicke ich wieder einmal ein. Vor einem Mann, der es immer wieder versteht, mir ein schlechtes Gewissen zu machen. Zutiefst erschrocken, voller Verzweiflung kann ich nur um Gnade winseln.

»Nicht doch, Bekir! Ich wollte doch nur mal jemandem mein Herz ausschütten. Versteh doch, die Schwangerschaft! Unsere miesen Finanzen! Da muss sich eine Frau doch Sorgen machen!«

Er bleibt unzugänglich, steht mit verschränkten Armen da und starrt mit mahlenden Kiefern zum Fenster hinaus. Und jetzt sage ich den Satz, der wohl alles kaputt gemacht hat, was zwischen uns noch heil war. Falls es da überhaupt noch etwas gegeben haben sollte.

»Ich mag dich, du bist doch mein Ehemann.«

Da war es also meinem Munde entschlüpft. Schriftlich hatte er es ja schon. *Ich mag dich* – das war die feingeraspelte

Form des kantigen *Ich liebe dich nicht.* Er nimmt die Möglichkeit, mich auf die Anklagebank zu setzen, nur zu gern an.

»Da ist es endlich raus«, presst er hervor.

Er macht ein Gesicht, als müsse er gleich in Tränen ausbrechen. Er, der sich so gleichgültig gezeigt hat, wenn es darum ging, *seine* Liebe zu beweisen. Ja, er versteht es wirklich glänzend, die Enden meiner Gewissensnerven zu polieren, dieser Mann. Ich rieche, ich sehe, ich fühle, dass er unser gemeinsames Problem jetzt als Melodram zelebriert. Damit *er* als das Opfer dasteht und *ich* als die Täterin.

Tolle Strategie, mein lieber Mann!

Das denke ich, ja, aber was tue ich? Ich lege ihm auch noch meinen eigenen Psychomüll zu Füßen.

»Ich werde zu dir halten, was immer geschieht …«

Was ich da gemacht habe, heißt *çürük tahtaya basmak – auf verfaultes Holz treten.* Ich war einfach nicht reif genug, um meine tiefsten Gedanken auszusprechen und daraus ein faires Angebot zu machen:

Lass uns unsere löchrige Beziehungskiste gemeinsam und endgültig entsorgen.

Stattdessen musste ich mit aller Gewalt die klaffenden Löcher nochmals zunageln. So vernagelt war ich selbst! Aus nackter Angst und aus tierisch schlechtem Gewissen.

Beschwörend rede ich auf ihn ein, um Verständnis flehend. Und er genießt es, mich klein zu sehen! Ganz der beleidigte Patriarch will er mich jetzt vollends am Boden sehen.

»Ab sofort schläfst du nicht mehr bei mir!«

Puh, wenn's weiter nichts ist! Ich bin auf einmal gar

nicht mehr so traurig. Fühle mich eher erleichtert. Zum einen, weil ich nicht mehr »muss«, zum anderen, weil die Wahrheit endlich auf dem Tisch liegt.

Von da an war mir nur noch übel, wortwörtlich. Ich kotzte mir förmlich die Seele aus dem Leib! Ob mehr wegen der Schwangerschaft oder aus psychosomatischen Gründen, ist nur eine theoretische Frage. Man könnte auch sagen: Mein Körper erwies sich als großer Pragmatiker. So schaffte ich es für den Rest der Schwangerschaft, mich und die Kinder in meinem Bauch *selbst* zu versorgen. Ich musste die letzen Wochen zumeist im Krankenhaus verbringen, weil ich keine Nahrung mehr bei mir behalten konnte und die Kinder nicht normal wachsen wollten. Immerhin: Währenddessen gelang es Bekir endlich, eine Wohnung für uns zu besorgen. Klein, aber ausreichend. Wir hatten zwar so gut wie nichts, aber alles würde sich jetzt finden, oder?

Wir sind soeben eingezogen. Ich studiere gerade den Lokalteil der *Allgemeinen*, um mir die Sperrmülltermine herauszuschreiben. Vielleicht würden wir ja etwas Brauchbares finden, um uns einzurichten. Doch was ist denn das? Die Wehen setzen ein! Es ist doch noch viel zu früh! Ab jetzt also endgültig nur noch strenge Bettruhe, Klinikaufenthalt bis zur Geburt. Zwei Menschen besuchen mich in dieser Zeit: Hatice, die mittlerweile verheiratet ist, und, ja, auch mein Mann. Stets mit *Hürriyet* unterm Arm, daheim war es ihm allein wohl zu langweilig beim Zeitunglesen.

Am 13. Juli 1987 erblickten meine eineiigen Zwillinge Cem und Cenk putzmunter das Licht der Welt. Postnatale

Krise, Wochenbettdepression, Baby-Blues – alles kein Thema für mich. Ich war einfach nur happy! Klingt kitschig, aber ich fühlte mich zum ersten Mal als vollkommene Frau. Die Geburt war kein Spaziergang, aber auch kein Leidensmarathon. Beide waren innerhalb von 30 Minuten da.

Drei Tage nach der Geburt holt Bekir uns ab. Ein Taxi können wir uns nicht leisten, aber er hat sich von seinem Bruder das Auto geliehen. Also auf nach Hannover-Linden, in unser trautes Heim! Wie ich mich freue: endlich vernünftige häusliche Verhältnisse.

Irgendwie werden wir es schon schaffen.

Ich bin so beschäftigt mit meinen beiden Schreimäulern in der Babytragetasche neben mir auf dem Rücksitz, dass es mir erst nach einer Weile auffällt: Wir fahren in die falsche Richtung!

»Bekir, wo willst du denn hin? Hier geht's doch raus aus der Stadt!«

Er wendet den Kopf zur Seite, als hätte er nichts gehört. Dann ein schiefer Blick über den Rückspiegel zu mir nach hinten.

»Also, was ich dir noch sagen wollte …«

Er sieht mich nicht direkt an.

»Also, wir fahren in unsere neue Wohnung.«

»Was?!?«

»In Pattensen.«

Ich glaube, ich höre nicht richtig. Pattensen ist doch jottwee-dee. Kann nicht sein.

»Du meinst … Pattensen-Peine-Paris?«

Ein verzweifelter Versuch, Humor zu zeigen. Mit »P-P-P« zog man in Hannover jemanden auf, wenn er über die Provinzialität der Stadt lästerte, selbst aber nie den Sprung von dort weg schaffte.

Mein Mann aber scheint nicht zu Scherzen aufgelegt. Nein, er meint es ernst. Wir fahren tatsächlich nach Pattensen! Jetzt muss er Farbe bekennen …

»Bekir, was ist los? Was ist mit unserer Wohnung in Linden?«

»Die haben wir nicht mehr. Stell dir vor, nur ein leichter Mietrückstand, und schon schmeißen sie uns raus …«

Mein Kopf: plötzlich leergefegt. Meine Gefühle: alle plattgemacht. Ich empfinde: nichts, gar nichts. Nur Leere. Völlig egal, was er sagt: Ist ja eh nichts mehr zu machen.

Und, wo ging es hin? Ins Asylantenheim. Nach dem Rausschmiss aus unserer neuen Wohnung war Bekir beim Sozialamt gewesen. Er hatte keine Arbeit, aber auch keinen Anspruch auf Arbeitslosenhilfe, weil er ja »selbstständig« war. *Gewesen war*, wie ich jetzt erfuhr. Denn pleite war er auch, und zwar gleich doppelt: geschäftlich und privat. Da blieb nur das Sozialamt, und als Ausländer haben sie ihn mitsamt seiner jungen Familie einfach ins Zwischenlager der Gestrandeten aus aller Welt gepackt. Schwuppdiwupp, in einen Container von sechs mal drei Metern. Zimmer und Küche in einem, wie praktisch. Na, sage ich mir, in solchen Blechdosen hat Baba auch immer gewohnt, wenn er auf Montage war. Aber wir: ein Ehepaar mit neugeborenen Zwillingen?

Man kann sich hier drin ja kaum umdrehen. Alles vollgestellt mit Umzugskartons, unseren paar Habseligkeiten und einigen abgeschabten Möbeln von Papa Staat. Doch das ist noch nicht die ganze Geschichte. Kaum sind wir da, eröffnet mir Bekir unsere gemeinsame Zukunft.

»Ich weiß einen Ausweg. Du musst mir nur vertrauen.«

Na, wenn's weiter nichts ist.

»Ich muss eine neue Firma gründen.«

Ja klar, es muss das freie Unternehmertum sein. Darunter läuft gar nichts bei dir. Wie wär's mit einem Gang zum Arbeitsamt, Bursche?

Das denke ich, aber sagen tue ich nichts. Da ist es wieder, dieses erdrückende Gefühl totaler Abhängigkeit. Ich bin es so leid!

Es ist schon erstaunlich. Manche Menschen haben das Talent, andere immer wieder davon zu überzeugen, dass es für sie beim nächsten Mal ganz bestimmt klappen wird! Auch wenn es bisher noch *nie* geklappt hat. *Dört ayağının üstüne düşmek – er wird schon wieder auf seine vier Füße fallen*, sagen wir dazu. Im Falle Bekirs wäre man bei genauer Zählung womöglich auf noch mehr Füße gekommen, angesichts der stattlichen Anzahl von Bruchlandungen, die er schon hingelegt und scheinbar mühelos überstanden hatte. Das besondere Talent solcher Zeitgenossen liegt vielleicht darin, dass sie instinktiv immer wieder ein geeignetes Opfer finden: Menschen, die entweder ein gutes Herz haben oder selbst in der Klemme sitzen und deshalb nach jedem Strohhalm greifen. Etwa eine junge Frau mit zwei Säuglingen, ohne Geld, ohne Bleibe, ohne Familie. Und mein Mann weiß, bei wem von uns beiden noch etwas zu holen ist – wenn überhaupt:

»Das Geschäft müssten wir nur auf deinen Namen laufen lassen. Ganz einfach.«

Ich höre wohl nicht richtig?

Er aber kommt jetzt erst richtig in Fahrt.

»Du weißt doch, für eine Maklerfirma braucht man kein Startkapital. Nur einen unverbrauchten Namen. Dann kann ich wieder Geld verdienen und uns hier rausholen.«

Einen »unverbrauchten Namen«! Klar, seiner war so ausgelutscht wie eine Weißwurst. Nur ein neuer Name – und schon rennen uns die leicht verdienten Mäuse unsere Wohndose ein! Aber was soll ich machen? Wir brauchen Geld, so ist das nun mal! Ich setze also schließlich meine Unterschrift unter den Wisch, mit dem er »meine« Firma anmeldet.

Es sei nur nebenbei erwähnt, dass es, nach einer Phase vorübergehenden Erfolges, auch wieder nicht geklappt hat mit seinen Geschäften. Jedenfalls nicht so gut, dass er es sich hätte leisten können, Steuern zu zahlen. Die musste später dann ich beim Finanzamt abstottern. Ganz allein.

Mein schrecklichster Verlust

Hati kommt vorbei, sie möchte die Babys sehen. Nachdem sie meine Jungs ausgiebig geknuddelt hat und das hungrige Doppelpack gesättigt ins Land der Träume geschickt worden ist, stellt sie mich zur Rede.

»Mein Gott, wie lebst du denn! Warum machst du das alles mit?«

Das tat weh. Aber hatte sie nicht recht? Musste ich nicht etwas tun? Nur, was?

In jener Zeit haderte ich geradezu leidenschaftlich mit meinem Schicksal. Das mag man normal finden, wenn man unsere damalige Lage bedenkt. Für mich ist es das aber nicht. Denn ich bin ein Mensch, der immer wieder schnell aufsteht, wenn ihn das Leben zu Boden gestoßen hat. Frustration und Selbstzweifel beiseitezuschieben – das kann ich eigentlich sehr gut. Doch damals war ich schlicht und ergreifend überfordert. Ich teilte die Welt in zwei unterschiedliche Hälften. Auf der einen Seite alle Menschen, die mir übel mitzuspielen schienen, vor allem meine Familie und mein Mann. Auf der anderen Seite ich, ihr Opfer. Statt mich zu er-mächtigen, statt mein Schicksal selbst in die Hand zu nehmen, ent-machtete ich mich selbst. Mit aller Entschiedenheit begab ich mich in eine destruktive innere Haltung. Ich fühlte mich verraten, ausgestoßen, abgelehnt. Warum nur wurde ich so vom Unglück verfolgt? Warum gerade *ich*?

Aber ich habe einen Schutzengel. Ich weiß es. Seine Gegenwart hatte ich zum ersten Mal ganz deutlich kurz nach unserer Einschulung gespürt. Wir waren jeden Morgen aufgeregt und ungeduldig, wenn es zur Schule am anderen Ende des Ortes gehen sollte. Es gab so viel zu sehen unterwegs! Und wir wollten es genießen, wollten wenigstens ein paar Minuten Zeit für uns haben. Um den Leuten in die Fenster zu schauen. Den Kioskbesitzer zu begrüßen. Dem Vogelgezwitscher in *Susurluk Parkı* zu lauschen. Und eine klitzekleine Weile am *Garaj* zu verweilen, in der Hoffnung, ein Reisebus würde halten und einen Schwarm *Alamancılar* ausspucken.

Aber diese Babanne! Stahl uns jeden Morgen kostbare Minuten mit ihren Schutzritualen. Kleine Kinder unbeaufsichtigt aus dem Haus gehen lassen – da *muss* man doch vorher beten. Oder eine unverständliche Segnung murmeln. Oder, und das glaube ich heute eigentlich eher, unsere Schutzengel auf den Plan rufen. Jedenfalls ist uns niemals etwas passiert auf dem Schulweg. Wenn wir auch nicht immer pünktlich waren, weil wir ja noch sooo viel zu sehen und zu quatschen hatten.

Ein Schutzengel ist in der Regel nicht für die Lösung der ganz großen Probleme da. Gerät der ihm anvertraute Mensch in eine richtig kritische Lage, erstattet er seinem »Vorgesetzten« (manche nennen ihn Erzengel) Meldung. Der überlegt dann ganz objektiv, ob etwas getan werden sollte, oder ob das Menschlein eine Lektion erhalten und sich doch bitteschön selbst aus der Patsche helfen soll. Das ist den Engeln nämlich durchaus auch wichtig, und zwar öfter, als den meisten von uns lieb ist.

Mein Schutzengel ist besonders gut darin, mir kleine Atempausen zu verschaffen. Die habe ich nicht selten nötig. Deshalb konzentriert er sich wohl auch so effizient auf diese Spezialaufgabe. Aber wie um mir zu zeigen, dass *er* der Chef ist und nicht ich, lässt er mir die erlösende Botschaft häufig durch eine Person zukommen, der ich es am allerwenigsten zugetraut hätte. Wirklich! Auch damals war es so …

»Geh mit den Kindern zu meinen Eltern nach Ankara, dort bist du besser aufgehoben.«

Bekir drückt mir ein Flugticket in die Hand.

»Man wird dich mit Freuden erwarten.«

Tatsächlich, meine Schwiegereltern empfangen mich mit offenen Armen. Sie haben ein großes Haus und viel Platz für mich und meine Babys. Endlich gutes Essen, endlich Unterstützung bei der Versorgung der Kinder. Und ich kann wieder einmal durchschlafen! Meine Schwiegermutter gibt den Babys nachts das Fläschchen und wickelt sie auch.

Drei volle Monate lang ist mein Leben leichter. Dann kommt Bekir uns besuchen. Er sagt mir, er brauche noch ein wenig Zeit, bis er für uns alle eine neue Wohnung gefunden hätte.

»Bleib doch noch ein bisschen. Hier geht es dir doch gut.«

Aber ich traue dem Braten nicht. Irgendetwas beunruhigt mich. Und es zieht mich nach Deutschland. Diesmal setze ich mich durch. Und wir bekommen umgehend eine akzeptable Wohnung. Warum nur hätte meine Anwesenheit ihn gestört? Ich habe es nie erfahren. Aber er scheint wieder Geld in der Tasche zu haben. Woher? Ich frage nicht. Hauptsache, wir haben ein neues Zuhause.

Seit wir zurück sind, bin ich wieder allein für die Versorgung der Babys zuständig. Wir haben gerade im Wohnzimmer ferngesehen, Bekir ist auf dem Sofa eingenickt. Ich bleibe wach und warte. Es lohnt sich nicht, vor eins zu Bett zu gehen. Das ist die richtige Zeit, um den Kleinen die Flasche zu geben, damit sie vielleicht bis zum Morgen durchschlafen. Bald werden sie sich melden. Da! Einer quengelt schon. Es ist Cenk, ich kann es an der Stimme hören. Gehe rüber und nehme ihn hoch. Während er friedlich am Fläschchen nuckelt, schaue ich nach Cem.

Der gibt ja keinen Mucks von sich!

Ich setze Cenk ab und nehme Cem hoch.

Kein Atemzug. Nichts! Was ist denn bloß los mit ihm?

Was man als Mutter in so einem Moment erlebt, ist schnell gesagt: Man sieht sich wie eine Maschine funktionieren, obwohl die Panik übermächtig scheint. Ich rase zum Telefon, rufe den Krankenwagen. Nehme meinen Sohn wieder auf den Arm, tätschele ihn, versuche mich an einer Mund-zu-Mund-Beatmung, wecke schreiend meinen Mann, flehe den Kleinen an, doch endlich ein Lebenszeichen von sich zu geben. Einen Schrei, ein Stöhnen, einen einzigen Seufzer nur …

Wird er etwa schon kalt? Oder bilde ich mir das nur ein? Bekir, eine Decke! Ja, wo steckst du denn, Bekir?!? Und warum ist der Notarzt noch nicht da!

Minuten, die zur Ewigkeit gefrieren, während in mir ein Vulkan ausbricht und Angstlava spuckt. Wieder und wieder rufen wir in der Notrufzentrale an. Warum dauert es bloß so lange? Das Krankenhaus ist doch nur ein paar Autominuten entfernt …

Endlich stürmt das Notarztteam herein. 20 Minuten nach meinem ersten Anruf! Ich bin mittlerweile so verzweifelt, dass ich sie aggressiv anbrülle … Ein Krankenpfleger nimmt mich beiseite, damit der Arzt seine Arbeit ungestört beginnen kann …

Ich sehe mit an, wie mein Junge sich unter den Schlägen der Elektroschocks aufbäumt. Jedes Mal fällt der kleine Körper sofort danach wieder in sich zusammen. Leblos. Ohne eigene Kraft.

Schließlich stellt der Arzt seine Bemühungen ein. Ich weiß es längst: Es gibt keine Hoffnung mehr …

Cem …

Mein Sohn ist … tot!

Mir wird schwarz vor Augen. Ich verliere das Bewusstsein.

Die nächsten Tage sitzt der Schock so tief in mir fest wie ein Korken in der Flasche. Zwischen mir und der Welt eine Wand aus dickem Glas. Ich bin am Leben, aber doch leblos. Stecke abgrundtief in einem dumpfen Schmerz. Wie auf Autopilot geschaltet vollziehe ich die notwendigen Schritte. Der Arzt hat mir geraten, Cem obduzieren zu lassen, um auszuschließen, dass er an einem erblichen Herzfehler gestorben ist, der auch das Leben seines Zwillingsbruders gefährden könnte. Ich weiß, diese Entscheidung würde zur Folge haben, dass die strenggläubigen Mitglieder meiner Familie mich ein weiteres Mal verurteilen. Der Islam verlangt, dass die Beerdigung innerhalb von 24 Stunden nach dem Ableben stattfindet. Aber das Leben meines anderen Sohnes ist mir ungleich wichtiger als das. Und es sollte sich zeigen, dass ich die richtige Entscheidung traf.

Der kleine Cenk lacht und schreit, gluckst und fiepst, saugt gierig an der Flasche und schläft friedlich wie eh und je. Wenn ich nachts auf ihn herabschaue, seine kleine Hand in die meine nehme, erscheint mir das unbegreiflich. Noch bin ich unfähig zur Trauer. Zu trauern tut weh, aber dadurch verarbeitet man auch den Verlust. Äußerlich bin ich ständig in Bewegung, es gibt ja auch so viel zu tun in dieser Situation, vor allem, wenn einem keiner kraftvoll zur Seite steht. Aber innerlich, da bin ich reglos und leblos. Wo mein Herz war, da klafft jetzt ein großes schwarzes Loch: die Nähe des Todes. Der plötzliche Kindstod, ein verlässlicher Begleiter meiner Familie, schlägt seine Opfer und verschont andere, ohne dass wir wissen, wen es trifft und wann.

Die Beerdigung findet in Ankara statt. Es sind etwa 50 Menschen zugegen. Alle aus Bekirs Familie. Aus der meinen ist kein Einziger da. Der winzige Sarg ist im Hof der Moschee aufgebahrt. Der Leichnam wird jetzt vom Vater gewaschen, in Gegenwart der männlichen Trauergäste. Anschließend tragen sie ihn zum Friedhof, wir Frauen stoßen hinzu. An der Grabstelle spricht der *Hotscha* Gebete, dann verabschiede ich mich für immer von meinem Sohn, mit Cenk auf dem Arm. Ich drücke ihn fest an mich. Als der kleine Sarg für immer in der Erde verschwindet, geschieht etwas Merkwürdiges. Mitten im schlimmsten Schmerz empfinde ich doch auch Dankbarkeit. Dankbarkeit dafür, dass ich wenigstens das Kind auf meinem Arm behalten darf. Das erste Gefühl des Lebens, das wieder in mir keimt. Jetzt kann meine Trauer beginnen.

Um Cem zu trauern war lange Zeit das wichtigste Gefühl in meinem Leben. Nur indem man seine Trauer mit sich nimmt, lässt man den geliebten Menschen, den man verloren hat, los. Zu trauern heißt verarbeiten, heißt Gefühle des Schmerzes zulassen und sie durchleben. Es heißt aber auch, sich nicht darin zu suhlen. Das Leben fordert seine Rechte. Es forderte sie auch von mir, auch in dieser Situation.

Da war die Sorge um meinen anderen Sohn. Cems Obduktion hatte ergeben, dass der plötzliche Kindstod mit einem angeborenen Herzfehler zu tun hatte. Also musste untersucht werden, ob Cenk ebenfalls gefährdet ist. Es stellte sich heraus, dass er einen Herzklappenfehler hatte. Wochenlang wurde er stationär behandelt. Wieder Bangen und Hoffen! Gottlob ist das Loch später zugewachsen. Aber bis es so weit war, schwebte auch er in Lebensgefahr.

Zwei Jahre lang musste ich Cenk nun zu Hause mit dem Herzmonitor überwachen. Jeden Abend und jedes Mal vor dem Mittagsschlaf wurde er verkabelt und an einen Herzschrittmacher angeschlossen. Damit er nicht zu tief schlief, musste ich ihm vor dem Zubettgehen Koffeintropfen einflößen.

Weiterer Alltagskummer ließ nicht lange auf sich warten. Bekirs Firma ging pleite … ach nein, es war ja meine Firma. Nach dem Tod unseres Kindes war er wohl überfordert damit, sich auf seine Geschäfte zu konzentrieren.

Wer am Abgrund steht, muss das Leben wählen

Da stehe ich nun, bin 20 Jahre jung, und fühle mich schon fast am Ende. Mit einem Kind auf dem Arm, das sich am Rande einer tödlichen Krankheit befindet. Und einem Mann an meiner Seite, der mehr als genug mit sich selbst zu tun hat. Und ich? Ich stehe neben mir, gezeichnet durch den Verlust des anderen Kindes.

»*Ekmek elden, su gölden yaşamak – leben mit erbetteltem Brot und Wasser aus dem See:* das ist offenbar das einzige, was du kannst.«

Ich fauche Bekir an wie ein klagendes Eheweib. Ein Weib, das sich zu schwach fühlt, um etwas gegen seine eigene Wehleidigkeit zu unternehmen.

Zu klagen liegt mir auf Dauer aber nicht, und es hätte sowieso nichts gebracht. Grübeln ebenso wenig, und verlassen kann ich mich, wenn es ernst wird, ohnehin nur auf mich selbst – das hatte ich frühzeitig gelernt. Ich musste stark sein, obwohl ich mich so schwach fühlte. Ich musste selbst Geld verdienen. Bald bot sich eine Gelegenheit. Bei einem Hersteller von Haarteilen schnitt ich Perücken und Toupets. Von meinem Lohn war ich in der Lage, unser Existenzminimum zu sichern, aber einen Krippenplatz für Cenk zu finden erwies sich als unmöglich. Es gab eine andere Möglichkeit. Ausländische Familien in Deutschland sind oft kinderreich, und da kommt es auf einen Schreihals mehr oder weniger auch nicht an. Zumal, wenn es ein wenig Geld dafür gibt. Ich fand eine italienische Mama für Cenk. Was hätte ich sonst tun sollen? Ich kämpfte um die blanke Existenz unserer dreiköpfigen Familie.

Doch nun setzten meine Unterleibsprobleme wieder ein. Erst unmerklich, ganz allmählich, dann in immer kürzeren Abständen: Entzündungen, Zysten, diffuse Bauchschmerzen. Ich ließ unzählige Untersuchungen über mich ergehen. Aber kein organischer Befund, keine eindeutige Diagnose. »Stresssyndrom« war ein neues Wort, das ich jetzt lernte. Helfen konnte mir jedoch niemand.

Eine weitere Untersuchung – die wievielte eigentlich? Heute schicken sie mich in die Radiologie. Es wird eine Computertomographie gemacht. Danach ein Gespräch mit dem Chefarzt persönlich. Mich beschleicht ein ungutes Gefühl. Ich blicke aus dem Fenster. Die Kastanien im Hof recken ihre Blütenkerzen in den blauen Himmel. Ich bin 22 Jahre alt.

»Sie müssen jetzt sehr stark sein. Ich habe keine guten Nachrichten für Sie.«

Ich schaue dem Arzt ins Gesicht. Er ist nett. Wirklich. Aber was wird er mir jetzt mitteilen?

»Die Untersuchung hat leider den Verdacht meiner Kollegen bestätigt. Es handelt sich um einen Tumor.«

Was hat er gesagt? Das kann doch nicht sein!

Ich höre mich wie aus weiter Ferne sprechen, als ich mich endlich zu der einen, der alles entscheidenden Frage aufraffe:

»Ist er … bösartig?«

»Leider, ja. An der linken Niere.«

Ich ringe nach Luft, schaue weiter in sein Gesicht. Das scheint ihn etwas zu verunsichern.

»Bei so jungen Menschen wie Ihnen beträgt die Wahrscheinlichkeit, eine solche Krankheit zu bekommen, eine Million zu eins. So etwas ist wirklich sehr selten …«

Er hält inne, wohl weil er selbst merkt, dass Statistiken mich jetzt nicht trösten können.

»Sie meinen … ich habe Nierenkrebs?«

»So ist es. Und leider ist die Lage sehr ernst. Wir dürfen keine Zeit mehr verlieren. Sie müssen sofort operiert werden.«

Ich sehe mich wie in einem Film, in dem ich die Rolle eines wildfremden Menschen spiele. Ich will mich einfach in Nichts auflösen, wie eine schwere Wolke, die vom Wind verweht wird.

Was hat das alles mit mir zu tun? Lasst mich doch in Ruhe!

Ich eile nach Hause. Morgen schon soll ich unters Messer, und ich habe noch eine Menge zu regeln. Bekir ist wie gelähmt von der Nachricht. Ich ärgere mich nicht einmal, dass er als Stütze ausfällt. Nur keine Zeit verlieren! Was aber tun? Zu meinen Eltern habe ich keinen Kontakt mehr, richtige Freunde besitzen wir nicht. Hatice ist die Einzige, die ich um Hilfe bitten kann! Es ist erst Mittag, und wenn ich sie sofort erreiche, könnte sie heute Abend schon hier sein. Es gelingt. Sie übernimmt Cenks Betreuung, und ein paar Tage später wird sie – nicht sein Vater – ihn in die Türkei zu seiner Oma bringen.

Man sagt, Krebs könne als Folge eines unverarbeiteten Traumas entstehen. Auch erklärten mir die Ärzte, dass ein

Nierentumor zwei Jahre benötigt, um so groß zu werden wie bei mir. Vor ziemlich genau zwei Jahren starb mein Sohn Cem …

Als ich am Tag nach der siebenstündigen OP auf der Intensivstation aufwache und mühsam rekonstruiere, wo ich bin und was mit mir geschehen ist, steht der Professor an meinem Bett. Er möchte mir die gute Nachricht persönlich überbringen.

»Sie haben Glück gehabt, der Tumor hat nicht gestreut. Allerdings mussten wir leider die befallene Niere entfernen.«

Mir ist noch übel von der Narkose. Ich verstehe nicht ganz.

»Was hat das zu bedeuten?«

Der Professor nimmt meine Hand.

»Ihre anderen Organe sind gesund.«

Aber ich verspüre kein Glück. Nicht einmal Erleichterung. Im Gegenteil. Langsam dämmert mir, dass mein Leben auf des Messers Schneide gestanden hat. Der Schock der plötzlichen Diagnose und die Notoperation hatten mein Bewusstsein so vernebelt, dass ich erst jetzt voll und ganz realisiere: Ich hätte sterben können!

Ja, sterben – wäre das nicht auch eine Lösung? Um meine Familie zu bestrafen, ganz bestimmt. Aus einem Trotzgefühl, mit dem ein Kind sich absichtlich in den Finger schneidet, um seine Mutter zum Weinen zu bringen, aus einem solchen Gefühl heraus sollte ich vielleicht ganz einfach sterben! Was würden sie wohl denken, wenn sie es erführen?

Schaut her, ich, eure Ayşe, bin tot! Interessiert sich jetzt endlich mal jemand für mich? Mutter! Vater! Ich war doch euer Kind, egal, was ich angestellt habe. Ihr habt mich in die Welt gesetzt. Leidet ihr denn auch ein bisschen, jetzt, da ich nicht mehr bei euch bin? Tut es euch wenigstens ein bisschen leid, was ihr mir angetan habt? Bereut ihr es, bedauert ihr es? Würdet ihr es gern ungeschehen machen?

Nur Hatice hielt mir die Hand in diesen Tagen. Sie war – abgesehen von einer Stippvisite Bekirs – der einzige Mensch, der mich während des vierwöchigen Krankenhausaufenthalts besuchte. Meine Schwester tat alles, was sie nur konnte, um mich wieder aufzubauen.

»Du wirst dich bestimmt bald erholen. Wenn du in die Reha kommst, geht es nur noch bergauf.«

Aber ich machte es ihr schwer. Ich wollte nicht, dass es mir besser ging.

»Ich bin so am Ende, dass ich mir beim besten Willen nicht vorstellen kann, wieder ein normales Leben zu führen.«

Frankfurt, irgendwann im Jahr 2004

»Warum hast du damals nicht gebetet? So, wie wir es immer zusammen machen! Und warum hast du deine Engel nicht um Hilfe gebeten?«

Meine Freundin kann sich nicht vorstellen, dass ich damals im tiefsten Tal meines Lebens war. Unfähig, mir selbst zu helfen.

»Mein Gott, Sibel! Ich war gerade mal 22 Jahre alt! Und ich hatte den Kontakt zu allem verloren, was als Kind meine Gedanken in diese Richtung gelenkt hatte.«

Warum nur habe ich das Gefühl, dass ich mich jetzt verteidigen muss?

»Außerdem weißt du so gut wie ich, dass ein Mensch, der ganz unten ist, einen extrem eingeschränkten Blickwinkel hat. Er sieht nur sein Elend und hat nicht einmal die Kraft, sich so etwas wie Heilung auch nur vorzustellen.«

Sibel rückt auf der Couch ein Stückchen näher zu mir heran und legt mir den Arm um die Schulter.

»Stimmt, die Kraft hatte ich auch nicht, nach meiner Diagnose. Da war bloß nackte Angst, weißt du noch? Wenn du mir nicht geholfen hättest …«

Ich lege den Finger an den Mund.

»Psst! Das war nicht ich. Wenn ich dir Kraft geben konnte, dann nur, weil ich ein Instrument war. Und was die Ayşe von damals angeht – die hatte sich so sehr mit ihrem Elend identifiziert, dass sie nur immer noch mehr Elend anzog. Statt nach Hilfe zu suchen, habe ich mich darauf versteift, anderen die Schuld an meinem Unglück zu geben. Ich habe nicht verstanden, was mit mir passiert ist. Irgendwie war ich in all den Jahren nicht in meiner Mitte – verstehst du?«

Kaum ist das gesagt, spüre ich wieder die innere Leere und die Machtlosigkeit der damaligen Zeit. Ich muss mich auf die Couch legen, die Hände auf dem Bauch, um mich zu entspannen, so sehr nimmt mich die Erinnerung mit.

»Es muss damit zusammenhängen, dass ich mein Leben in andere Hände gegeben hatte. Ich war total fremdbestimmt.«

Sibel schaut mich mitfühlend an.

»Und die Gebete, die du von Babanne gelernt hast? Die hättest du doch wenigstens sprechen können. Heute machst du das doch auch …«

»Tja – heute bete ich wieder. Aber damals hatte ich es wirklich vergessen. Außerdem wollte ich seinerzeit von nichts, was mit Babanne zu tun hatte, auch nur das Geringste wissen.«

Sibel schüttelt traurig den Kopf.

»Ayşe, ich denke, du hättest die Krankheit nicht bekommen, wenn du deinen Glauben nicht verloren hättest.«

»Wer weiß das schon«, entgegne ich mehr zu mir selbst. »Ich habe einmal gehört, dass Krankheit durch Machtlosigkeit entsteht. *Davon* wirst du krank. Ich habe mich damals dermaßen ohnmächtig gefühlt! Und das Schlimmste war, dass ich mich in letzter Konsequenz doch selbst in diese Situation hineinmanövriert hatte!«

»Ein Glück, dass du damals deinen Sohn hattest.«

Sibel kennt mich wirklich sehr gut.

Hannover, 1989 bis 1992

Cenk war mein einziger Lichtblick. Aus der Rehaklinik entlassen, packte ich sofort meine Koffer und flog zu ihm nach Ankara. Wie ich mich auf meinen kleinen Liebling freute!

»*Canım – mein Herz*, die Mama ist wieder da!«

Freudestrahlend laufe ich auf ihn zu, hebe ihn hoch, bussele ihn ab.

Doch was ist das? Mein Kleiner dreht den Kopf weg, will von meinem Arm runter! Das Herz wird mir schwer.

Es dauerte zwar nur wenige Stunden, bis wir wieder zueinander fanden. Doch es ließ Erinnerungen in mir aufsteigen, die ich längst vergessen glaubte. Mein eigener Sohn führte mir vor Augen, wie es sich für ein Kind anfühlt, von der Mutter getrennt zu werden. Mir, die ich als Kleinkind genau diese Erfahrung gemacht hatte! Wir hatten Cenk nicht die ganze Wahrheit über meinen Zustand gesagt, um ihn zu schonen. Er wusste zwar, dass ich im Krankenhaus lag, aber warum er mich nicht sehen durfte, hat er wohl nicht ganz verstehen können.

Obwohl es unter den gegebenen Umständen ganz sicher die beste Lösung für ihn war, dass er vorübergehend zur Oma kam, machte ich mir deshalb ein schlechtes Gewissen. Ich verstand nicht, dass ich damit nun mein eigenes Schicksal – das von ihren Eltern in fremde Hände gegebene Kind – auf meinen Sohn projizierte. Genauso wenig verstand ich, dass die eigentliche, tiefere Ursache der Trennungsängste, die er nun vermehrt an den Tag legte, auch ganz woanders liegen konnte: in der Passivität seines Vaters, der ihm als Kleinkind kaum Zuwendung gegeben hatte, und in der Tatsache, dass ich von Anbeginn an seine einzige verlässliche Bezugsperson war. Und wahrscheinlich trug die ganze Liebe, mit der ich ihn jetzt nur so überschüttete, sogar noch dazu bei, dass er sich immer stärker auf mich fixierte.

Cenk wurde ein richtiges »Klammerkind«. Er wollte mich um keinen Preis mehr weglassen. Wie eine Klette hing er an mir, ließ mich keinen Moment mehr aus den

Augen. Und wie eine Mutter, die immer perfekt sein will, reagierte ich mit noch mehr schlechtem Gewissen. Das stürzte uns beide zwangsläufig in eine Spirale des Scheiterns: Ich scheiterte an meinen eigenen Ansprüchen, er daran, mich ständig für sich haben zu wollen. Ich entwickelte das Gefühl, dass mein Kind mir die Luft zum Atmen nahm, was mein schlechtes Gewissen nur noch vergrößerte. Er plärrte bei jeder Kleinigkeit, wenn etwas nicht so lief, wie er es haben wollte, und benahm sich bereits wie ein kleiner Pascha. Wenn man keine wirklichen pädagogischen Kenntnisse hat, sondern sich mit »Lebensweisheiten« behelfen muss, die man im Laufe der Zeit mitbekommen hat, nimmt man schnell zu Erklärungen Zuflucht wie: »Na ja, er kommt scheinbar ganz nach seinem Vater.«

Viel später erst, im Gespräch mit alleinerziehenden Müttern – und ich war faktisch eine alleinerziehende Mutter, wenn auch eine mit Trauschein – begriff ich, dass meine damalige Situation mit einem einzigen schlichten Wort erklärt werden konnte: Überforderung.

Bis zu seinem neunten Lebensjahr wollte Cenk nicht allein schlafen. Sobald er nachts aufwachte, kam er in mein Bett gekrochen. Einmal hat er mich so abrupt aus dem Schlaf gerissen, dass ich ihn im Affekt anbrüllte:

»Raus! Du hast dein eigenes Zimmer!«

Beleidigt trollte er sich. Am nächsten Morgen machte ich die Tür auf und fand den kleinen Kerl vor meiner Schlafzimmertür auf dem Boden – schlafend, auf seiner Bettdecke. Von da an ließ ich ihn wieder in mein Bett …

Ein anderes Mal bat ich in meiner Verzweiflung meine Schwester, Cenk übers Wochenende zu sich zu nehmen. Ich sehnte mich danach, endlich wieder mal durchzuschlafen und mich ein wenig zu entspannen. Aber da hatte ich mein Söhnchen unterschätzt! Cenk trat in den Hungerstreik, er aß keinen Bissen – und ich war am Ende noch mehr mit den Nerven runter als vorher.

So waren mein äußeres und mein inneres Leben ein perfektes Beispiel für das Ineinandergreifen tatsächlicher Probleme (unsere wirtschaftliche Situation, unsere Ehe, der Verlust eines Kindes, meine Krankheit, die Symbiose zwischen mir und dem überlebenden Kind) und eingebildeter Schwierigkeiten (dass ich mich allein für die Probleme meines Kindes verantwortlich fühlte, dass ich mich als Versagerin sah, dass ich mich als Opfer begriff, dass ich auf dem besten Wege war, mich zur Verliererin zu stilisieren). Welche Probleme waren nun größer? Heute würde ich sagen, die in der zweiten Gruppe, denn meine gelebte Überzeugung ist, dass unsere Gedanken unsere Wirklichkeit formen. Natürlich: Die Probleme in Gruppe eins waren sehr real, und ich hatte sie nicht allein verursacht. Alles andere aber, in erster Linie, welchen Kurs unser Lebensschiff letztlich einschlägt, ist eine Frage der eigenen inneren Einstellung.

Doch wie heißt es so schön in einem deutschen Sprichwort: Wenn du glaubst, es geht nicht mehr, kommt von irgendwo ein Lichtlein her.

»Wenn Sie Glück haben und im nächsten halben Jahr keine Metastasen entstehen, können Sie gut mit der Situation leben.«

Ich war wieder mal beim Arzt, und er erläuterte mir den neuesten Befund. Jetzt war nur noch die Frage: Was heißt denn dann »Glück haben«?

Der Mann modulierte seine Stimme zu einem durchdringenden Flüstern, um seinem ärztlichen Rat Gewicht zu verleihen. Nie wieder habe ich jemanden so laut flüstern hören.

»Falls sich jedoch welche bilden sollten, stehen die Überlebenschancen sehr schlecht.«

Na dann, alles klar!

In diesem Moment ging in der Tiefe meines Wesens ein Ruck durch mich durch. So tief, dass ich es nur wie das ferne Echo einer sonderbar vertrauten, fast schon nicht mehr für möglich gehaltenen Empfindung erlebte. Das Echo dieses Echos jedoch war überaus stark: Ich spürte mit einer Verwunderung, die mich trotz des Ernstes der Situation fast zum Lachen reizte, dass ich noch da war.

Es gibt mich noch!

Und es soll das Leben sein!

Mit dem Echo eines Echos zu leben, das sich irgendwo zwischen Hirn, Herz und Bauch entfaltet, bedeutet, keine Ahnung zu haben, was da in einem geschieht. Es geschieht einfach. Ich registrierte sozusagen aus den mentalen Augenwinkeln, dass ich mein Leben, das sich keineswegs verändert hatte, von nun an mit einer, sagen wir einmal: gewissen Leichtigkeit lebte. Nein, mit etwas weniger Schwere, um korrekt zu sein.

Immerhin.

Ich fragte nicht nach der Ursache dieses neuen Lebensgefühls. Das war es ja eigentlich auch noch gar nicht. Es war wie ein leichter Luftstrom, der sich aus irgendeinem vergessenen Winkel meines Wesens in die anderen Teile meiner selbst auszubreiten begann. Ein Durchatmen. Ein Aufblicken. Ein Rasten.

»Alles bestens. Schauen Sie selbst. Kein Schatten, nichts. Es ist sehr unwahrscheinlich, dass es noch mal kommt, fast auszuschließen.«

Ich bin wieder beim Arzt, nur ein paar Wochen später.

An der Wand hängt ein Röntgenbild. Ich weiß, dass es meine verbliebene Niere zeigt, aber erkenne ich irgendetwas? Auch egal, jetzt geht es nur um eines.

»Ich darf also weiterleben?«

Wieso wird eigentlich immer nur geflüstert, wenn es um Leben oder Tod geht?

»Auf jeden Fall.«

Der Arzt lächelt, und er spricht jetzt mit sonorer Stimme. Das scheint mir ein stärkerer Beweis für meine mögliche Rettung zu sein, als die drei Worte, die er benutzt. Ist es nicht merkwürdig, worauf man achtet, wenn man lernen musste, dass die Lüge im Gewand schönster Reden daherkommen könnte?

Nun wird seine Stimme richtig laut, fest und mahnend. Allerdings, ich höre kaum noch hin.

»Jedoch muss ich auf einem engmaschigen Kontrollnetz bestehen. Ich ersuche Sie dringend, weiterhin regelmäßig zur Untersuchung zu erscheinen. Erst alle drei Monate, dann jedes Halbjahr, dann vier Jahre lang einmal im Jahr.«

Die schönste Nachricht seit vielen Jahren – und ich empfinde *so gut wie nichts*. Aber man braucht in solchen Situationen Zeit. Jedes Mal, wenn ich in den folgenden Monaten und Jahren in der Klinik antrat, kam ich mir vor, als stünde ich vor einem Richter, der mein Todesurteil bereits auf dem Tisch liegen hat, in letzter Minute aber doch noch das Gnadengesuch unterschreiben könnte.

Die Angst vor dem Sterben saß tief. Aus heutiger Sicht war das aber ein ungeheurer Fortschritt für mich, die ich damals, in meinen schwärzesten Stunden, am liebsten mit dem Leben abgeschlossen hätte. Denn die Angst beschützt uns auch vor dem Tod. Um aber nicht am ganzen Körper zitternd in die Sprechstunde zu kommen, tat ich etwas, das mir in den zahlreichen Alles-oder-nichts-Situationen meines Lebens zur zweiten Natur geworden ist: Ich stellte meine Gefühle ab. Wie auf Knopfdruck.

Und am Tag des Termins funktioniere ich wie ein Automat: Mechanisch lenke ich meine Schritte in die nephrologische Abteilung, schütte ohne mit der Wimper zu zucken das widerlich schmeckende Kontrastmittel in mich hinein und lasse mich in die Röhre des Computertomographen schieben. In mir ist alles ausgeknipst. Die Fähigkeit, in größter Angst den inneren Autopiloten zu aktivieren, hat mich seit meiner frühen Jugend die schlimmsten Situationen überstehen lassen. Ich funktioniere in solchen Augenblicken wie ein Mensch im Krieg. Am Morgen nach dem Bombenangriff geht er seelenruhig auf die Straße, um etwas zum Essen zu besorgen.

Heute muss ich nur noch alle drei Jahre zum Durchchecken. Ich habe jedes Mal wieder Angst. Aber etwas ist doch anders: Ich lasse meine Gefühle jetzt zu und beeinflusse sie bewusst – durch Techniken, die ich mittlerweile erlernt habe. Am Abend vor dem Termin versetze ich mich in einen meditativen Zustand und stelle mir bildlich vor, wie der Arzt zu mir kommt und sagt:

»Alles okay.«

Ich bin mir natürlich bewusst, dass ich damit das Ergebnis der Untersuchung nicht beeinflussen kann, aber ich bringe mich selbst in eine Verfassung, die hoffentlich verhindert, dass ich unversehens wieder in die Haltung des Opfers schlüpfe. Was geschieht, das geschieht!

Wenn ich dann alles hinter mir habe, schicke ich als Erstes ein Dankgebet in den Himmel. Anschließend gehe ich in ein Café in der City, rauche eine Erleichterungszigarette und bestelle mir ein Stück fette Sahnetorte. Willkommen zurück im Leben!

Psychologische Reha für Krebspatienten: Der Gestalttherapeut drückt mir einen mit Sand gefüllten Ball in die Hand. Ich soll ihn kneten und mir dabei möglichst lebhaft vorstellen, wie es mir mit der Krankheit ergangen ist. Meine ganze Wut, all meine Ängste soll ich jetzt nacherleben und ihm schildern. Die Ärzte haben mir dringend zu dieser Therapie geraten, um meine Krankheit und den Verlust meines Kindes zu verarbeiten.

Gehorsam beknete ich also den Ball und mühe mich damit ab, den Anweisungen des Therapeuten folgend, die verlangten Gefühle zu entwickeln. Aber es will mir nicht gelingen. Keine Trauer, keine Angst. Keine Wut – oder doch? Langsam beginne ich, auf den Therapeuten sauer zu werden.

So eine Idiotie!

Ich beschimpfe ihn in Gedanken, immer noch brav weiterknetend.

Wie soll mich so etwas aufbauen! Wenn der wüsste, wie viele traumatische Erlebnisse in mir festsitzen! Um das alles so aufzuarbeiten, wie der sich das vorstellt, müsste ich die nächsten zehn Jahre auf seiner Couch verbringen.

Nach 30 Minuten wütenden Ballknetens und innerer Schimpftiraden ist mir eines klar: Diese Form der Aufarbeitung passt mir nicht in den Kram! Ich will all diese schrecklichen Gefühle kein zweites Mal erleben. Waren sie nicht beim ersten Mal schon schlimm genug? Was ich jetzt fühle, ist etwas ganz anderes: ein Brodeln in meinen Eingeweiden – kochende Wut im Bauch. Immer noch beschimpfe ich im Geiste den Therapeuten.

Was willst du mir denn beibringen? Du meinst wohl, du wüsstest ganz genau Bescheid! Ich brauche doch niemanden, der mich wieder runterzieht! Ich brauche Power! Motivation! Ich will leben!

In der vierten Stunde schleudere ich den Sandball an die Wand und brülle laut heraus:

»Wissen Sie was, Sie siebengescheiter Herr Psychologe? Ich nehme mein Leben lieber selbst in die Hand.«

Damit verlasse ich die Praxis und einen sprachlosen Gestalttherapeuten. Da hat er mal sein eigenes Trauma! Soll er sich doch selbst therapieren! *Ich* habe jetzt etwas zu erledigen …

Hatte nicht Hatice es bei unserem letzten Telefonat gesagt?

»Höchste Zeit, dass du etwas aus deinem Leben machst!«

Na, dann fangen wir doch gleich mal an. Plötzlich ist mein orientalisches Temperament wieder erwacht. Geladen laufe ich durch die Hannoveraner City nach Hause. Was als Erstes? Ganz klar! Ich werde mich von meinem

Mann trennen. Am besten, ich bringe es gleich hinter mich. Ich bin gerade so schön wütend!

Kaum zu Hause durch die Tür, platzt es auch schon aus mir heraus.

»Ich habe mit der Therapie aufgehört, Bekir. Mir ist alles zu viel, ich werde das nicht länger mitmachen.«

Er schaut mich ausdruckslos an. Nein, er schaut durch mich hindurch, als würde ihn das überhaupt nichts angehen.

»Nicht nur mit der Therapie – auch mit dir. Ich kann es nicht mehr ertragen, dass du so passiv bist. Ich werde dich verlassen.«

Und, sagt er jetzt endlich mal was?

»Bekir, hast du nicht gehört?«

Langsam bin ich etwas verunsichert. Mimt dieser Mann jetzt den Obercoolen – oder ist er schon so abgestumpft, dass ihn gar nichts mehr kratzt? Nicht einmal, dass seine Frau ihn verlassen will?

Jetzt schaut er mir direkt ins Gesicht. Mit dem Blick eines alten Hundes, der das Wasser nicht mehr halten kann.

»Wenn du gehen musst, dann geh.«

Das meint er nicht im Ernst! Oder doch?

»Hier hält dich keiner auf.«

Eine eindeutige Geste zur Tür und ein Blick voller Leidensstolz, der die Haltung des unschuldig Gemarterten in Vollendung ausdrückt.

In mir geschieht in diesem Moment etwas, das man schwer beschreiben kann. Es fühlt sich an wie das Umklappen von Dominosteinen, die dazu aufgebaut wurden, nur auf einen kleinen Schubser hin der Reihe nach umzufallen, einer nach dem anderen, wie in einer stummen Verschwörung gegen ihr inneres Gleichgewicht. Ich schaue auf diesen Mann, und meine Entschlossenheit ist dahin, von einer Sekunde auf die andere. Ich sehe diesen Mann, wie er wirklich ist. Ich sehe all die kalte Wut, die unter einer dicken Schicht gespielter Gleichgültigkeit in ihm brodelt. Den verwundeten Stolz, der seinen Schwierigkeiten, das eigene Leben zu meistern, auf dem Fuße folgt. Das Gefühl der Demütigung, seiner Frau nicht der Mann zu sein, der er doch eigentlich sein will.

Sollte das jetzt hier wirklich das Ende unserer Ehe sein?

Auf einmal fühle ich mich meinem Mann so nah wie selten zuvor. Plötzlich schäme ich mich für mein impulsives Auftreten. Mein schlechtes Gewissen feiert ein unwiderstehliches Comeback. Hatte ich nicht geschworen, eine gute Ehefrau zu sein? Ich höre, wie jetzt Worte gesprochen werden, die von irgendwoher zu kommen scheinen, aber doch aus meinem eigenen Mund hervorsprudeln.

»Ach komm, Bekir, wir schaffen das schon. Lass es uns noch einmal versuchen. Wenn wir beide an einem Strang ziehen, sind wir stark. Was meinst du?«

Er starrt vor sich hin. Kein Ja, kein Nein. Der Tag geht weiter, als wäre nichts gewesen.

Und nicht nur dieser Tag, sondern noch viele Tage, insgesamt anderthalb Jahre. Wie einen kostbaren Schatz hegte und pflegte ich die Illusion, ich könnte etwas wiedergutmachen, was nicht mehr gutzumachen war. Gebadet in Schuldgefühlen erniedrigte ich mich erneut zur Dienstmagd. Gab mir mit dem Mut der Verzweiflung alle Mühe, meine Familie glücklich zu machen – und rührte damit womöglich nur noch schmerzhafter an die seelischen Wunden meines Mannes.

Ich ging weiter zur Arbeit im Friseursalon, wie zuvor. Früh am Morgen fuhr ich Cenk mit der Straßenbahn zu seiner Tagesmutter, nach Dienstschluss ging ich in den Supermarkt einkaufen, holte mein Kind ab, fuhr mit Cenk an der einen Hand und den Einkaufstüten in der anderen nach Hause. Ich kochte, machte sauber, brachte mein Söhnchen ins Bett.

Nur eines wurde jetzt anders: Ich war langsam wieder in der Lage, mich selbst aufzubauen. Schrittweise fasste ich neuen Mut. Und einmal mehr war es die Arbeit, die meine Vitalität stimulierte. Es machte mir wieder Spaß, Menschen schöner zu machen! Das brachte mir auch ein Stückchen der Anerkennung, die jeder Mensch braucht und die ich zu Hause vermisste.

Doch je mehr Boden ich unter den Füßen gewann, desto mehr glitt mein Mann in die Tiefe. Das schien wie ein Gesetz in unserer Beziehung. Aber auf Dauer kann eine Ehe so nicht funktionieren. Es kam, wie es kommen musste. Irgendwann war es vorbei, endgültig. Nicht mit einem lauten Knall, sondern infolge eines schleichenden Prozesses, der uns unmerklich dorthin führte. Bis der letzte Tropfen das Fass endgültig zum Überlaufen brachte.

◈

Der tiefblaue Morgenhimmel kündigt einen strahlenden Frühlingstag an. Es ist Montag, der Feiertag der Friseure. Cenk, inzwischen vier Jahre alt, frühstückt in der Küche seine Haferflocken, ich trinke Kaffee. In mir arbeitet es. Am Abend zuvor hat Bekir im Streit die Wohnung verlassen, noch immer ist er nicht zurück. Jetzt reicht es mir. Mit einem Ruck stelle ich die Tasse auf den Tisch. Mein Entschluss fällt so plötzlich, als würde vom pfeifenden Wasserkessel das Ventil abspringen. Viele Male habe ich es in Gedanken durchgespielt, heute wird es geschehen. Ohne nachzudenken greife ich zum Hörer, rufe einen Freund aus Darmstadt an.

»Kannst du Cenk und mich bitte abholen? So schnell wie möglich?«

Die Stimme am anderen Ende klingt alles andere als überrascht.

»Ist es so weit? Hast du es dir auch gut überlegt?«

Ich bemühe mich, ruhig und entschlossen zu klingen.

»Ja, heute ist der Tag. Ich werde es tun.«

Ein paar Stunden später steht der Freund, ein Verwandter von Cavidans Ehemann, mit seinem Auto vor der Tür.

Ich habe inzwischen einen Abschiedsbrief geschrieben.

Lieber Bekir,
heute werde ich Dich endgültig verlassen. Cenk und ich kommen vorerst bei meiner Familie unter. Bitte akzeptiere, dass ich nicht anders kann, und versuche nicht, uns zurückzuholen. Ich habe jetzt begriffen, dass unsere Ehe nicht mehr zu retten ist. Ich werde versuchen, mir und Cenk ein neues Leben aufzubauen.

Ich habe nur das Nötigste mitgenommen. Behalte alles, was wir uns angeschafft haben, die Möbel, das Geschirr, die Wäsche. Es gehört Dir.

Ich wünsche Dir von Herzen alles Gute!

Ayşe

Ich packe unsere Kleider und zwei Decken ein, nehme Cenk an die Hand. Wieder einmal besteige ich ein Auto, das mich in ein anderes Leben bringen wird. Bei meiner Schwester Cavidan in Darmstadt können wir fürs Erste unterkommen.

Tschüs, Hannover! *Allahaısmarladık!* An blühenden Obstbäumen vorbei verlassen wir die Stadt und fahren in Richtung Autobahn. Fast wie damals, geht es mir durch den Kopf. Ich sehe die Szene vor mir, wie ich als 16-Jährige im Kleinbus meiner Eltern das Ortsschild von Susurluk passiere. Mit wie viel Hoffnung im Herzen ich vor acht Jahren aufgebrochen bin!

Diesmal erwarte ich rein gar nichts, aber etwas in mir ist sich sicher, dass ich das Richtige tue.

»Es kann nur besser werden«, flüstere ich Cenk ins Ohr und spreche dabei doch mehr zu mir selbst.

Der Kleine rollt sich friedlich auf dem Sitz zusammen, den Kopf auf meinem Schoß. Fasziniert betrachte ich sein entspanntes Gesichtchen. Wie vertrauensvoll er unserer ungewissen Zukunft entgegenschläft.

»Wir beide! Wir packen das! Das Schlimmste haben wir schon hinter uns.«

Teil 3

Geschwisterglück

München, irgendwann im Jahr 2008

Drei meiner vier Schwestern stehen in der Tür: Naime, Hatice und Cavidan. Mitsamt sechs Kindern. Zehn Personen in meiner Single-Wohnung, ein ganzes Wochenende lang! Ich liebe es, wenn sie bei mir einfallen. Da kommt so ein wohliges Zuhausegefühl auf, wenn ich von vielen Armen umschlungen und mit Bussi-Salven eingedeckt werde. Unterdessen nehmen die Kinder meine Wohnung in Beschlag. In jedem freien Eckchen stellen sie ihre Taschen und Koffer ab. Und kämpfen um den besten Platz für den eigenen *Yastık*, das Gegenstück zur deutschen Luftmatratze: eine gepolsterte Decke, die wie ein Futon aufgerollt werden kann. Ein endloses Geraschel und Gewusel hebt an, während drei erwachsene Schwestern immer weiterschnattern.

»Wie geht es dir? Offenbar gut! Siehst ja schon wieder jünger aus als letztes Jahr.«

Wer hört das nicht gern, egal ob es stimmt oder nicht? Ich streiche meinem Neffen Volkan, Naimes Sohn, übers Haar.

»Wie du schon wieder gewachsen bist! Und wirst deinem Vater immer ähnlicher! Bald wirst du ein großer, starker Mann sein!«

Das ist ein Wunsch in Allahs Ohr – außerdem hört eine türkische Mama so etwas supergern.

Natürlich haben sie mir Geschenke mitgebracht. Es ist bei uns eine Selbstverständlichkeit, den Gastgeber mit einer liebevoll ausgesuchten Kleinigkeit zu erfreuen und zu ehren. Unter uns aber geht es noch weiter: Im Nu ist mein Kühlschrank mit vorgekochtem Essen gefüllt. Meine Schwestern wissen nur zu gut, dass meine hausfraulichen Qualitäten nicht mit den ihren mithalten können … Zwischendurch hole ich Malsachen und Spielzeug raus, das ich für die Kinder vorbereitet habe, damit sie sich beschäftigen können. Nun können wir Frauen in unserer Begrüßungszeremonie schwelgen. Wir betrachten und bewerten unser Äußeres, verteilen Komplimente, necken uns mit kleinen freundschaftlichen Scherzen. Uns gefällt das!

»Krallar gibi yaşamak – lasst uns leben wie die Könige!«

Für mich ist so ein Wochenende Entspannung pur. Wenn Leben in der Bude ist, bin auch ich in meinem Element. Sogar wenn dabei in meiner sonst so geleckten und aufgeräumten Wohnung das Chaos ausbricht. Überblick zu behalten, das kann ich mir getrost für die nächste Woche aufheben. Früh genug werde ich wieder dafür sorgen müssen, dass das Geschäft brummt, dass alles funktioniert. Jetzt werde ich zur Abwechslung mal anderen die Regie überlassen! Vor allem Naime, die als Älteste dafür prädestiniert ist, das Kommando zu übernehmen. Ayşe, ganz privat, lehnt sich lächelnd und entspannt zurück. Ist nur noch Schwester und Tante. Darf endlich einmal Couch-Potato sein.

So glucken wir tagelang auf engstem Raum zusammen. Berührungsängste? Kennen wir nicht! Wir wurden ja von klein auf daran gewöhnt, wie es ist, wenn man sich gegenseitig auf der Pelle sitzt, weil es nur wenig Platz gibt. Und seit wir es nicht mehr *müssen*, da *wollen* wir es sogar zeitweise. Und es macht uns richtig Spaß: Tee trinken, Pistazien knabbern, zu dritt oder viert auf dem Sofa hocken. Orientalische Musik hören. In Fotoalben blättern. Oder einfach wild durcheinander quasseln, die Kinder auf dem Schoß oder zu Füßen.

Nachts geht es zu wie im Zeltlager. Jedes Kind schläft auf seinem *Yastık*, Naime und Cavidan auf dem Schlafsofa, Hati und ich in meinem Bett. Ungestörtes Einschlafen: Fehlanzeige! In meiner Maisonette-Wohnung gibt es keine Trennwände. Bis weit nach Mitternacht hört man es aus allen Ecken tuscheln und kichern.

»Ich bin hundemüde. Ruhe da drüben!«

Das war Naime – sie brauchte schon immer ihren gesunden Schlaf.

»Genau wie früher«, murmele ich.

»Nur viel lustiger«, murmelt Hatice schlaftrunken zurück.

Da können wir nicht mehr an uns halten und prusten trotz Übermüdung los, auch auf die Gefahr hin, dass wir unsere große Schwester zur Weißglut treiben.

Selbstverständlich wird aufwendig gekocht. Wenn türkische Familien zusammenkommen, und sei es nur eine Teilfamilie von drei Schwestern mit Kindern, dann wird nicht nur morgens *und* abends, sondern *von morgens bis abends* gegessen. Naime, die Frontfrau der Girlgroup am Herd, dirigiert auch die Verteilung der brechend vollen Teller auf Ess-, Couch- und Beistelltisch. Die Gelage der alten

Römer in allen Ehren – die zügellose Schlemmerei unter den *can bogazdan gelir*, den »Töchtern des Halbmonds«, sucht im Zeitalter der Wellness-Diäten ihresgleichen. Sobald mehrere von uns zusammen sind, gehört es einfach zum guten Ton, in unvorstellbaren Mengen zu kochen und üppig zu tafeln. Und damit die Gastgeberin nur ja keinen Hunger leiden muss, bleiben todsicher zahlreiche Tupperware-Dosen mit leckersten Mezze im Kühlschrank, wenn die Schwestern dann wieder abgezogen sein werden.

»Die Boxen krieg ich aber zurück!«

So muss Naime doch schon vorsorglich mahnen, und der Zeigefinger flutscht nach oben, wie in alten Zeiten.

Unsere Generalin! Wie streng sie immer noch sein kann!

»Aber, aber, *Naime Abla* – meine ältere Schwester! Ich hätte nicht gedacht, dass du schon so deutsch geworden bist!«

Augenzwinkernd kneife ich sie in die Taille.

Und dann haben wir auch einen Ausflug gemacht. Ich dachte, ich zeig ihnen mal ein richtig schönes Stück Bayern. Auf zwei Elektrobooten schippern wir über den Starnberger See. Anschließend lade ich sie zum Essen in einem schicken Restaurant am Ufer ein, mit grandiosem Ausblick über den glitzernden See vor fantastischer Bergkulisse.

Aber damit habe ich wohl ein wenig überzogen. Erwarteten sie vielleicht ein türkisches Picknick auf der grünen Wiese? Mit mir als Hüterin des Grillfeuers, assistiert von den größeren Jungs? Abends jedenfalls, schon wieder daheim, bauen sich mir nichts dir nichts die alten Fronten auf.

Dazu muss man wissen: Unter uns Schwestern gibt es eine »türkische« und eine »deutsche« Fraktion. Aynur und

Naime, die beiden Ältesten, hatten offenkundig nie etwas anderes im Sinn als ein »türkisches Frauenleben«. Berufsausbildung? Nicht nötig. Sie wollten perfekte Hausfrau und tolle Mutter werden – und, ja, diesen Job machen sie auch hervorragend, das muss man ihnen lassen. Türkische Modell-Ehefrauen gehen darin auf, Gemahl und Kinder zu umsorgen, sie zu verwöhnen und im Kreise gleichgesinnter Landsleute die alten Sitten und Gebräuche hochzuhalten. Damit meine ich nicht, dass sie sich dem technischen Fortschritt verschlössen. O nein! Gerade türkische Hausfrauen nutzen zum Beispiel leidenschaftlich gern das Internet. Schon immer haben meine Landsleute die Möglichkeiten fortschrittlicher Technik als eine Bereicherung des täglichen Lebens erkannt und angenommen.

Es gibt eine lustige Geschichte im Zusammenhang mit der Einführung des Farbfernsehens in Deutschland im Jahr meiner Geburt. Willy Brandt drückte während der Berliner Funkausstellung auf einen dieser berühmten roten Knöpfe, die angeblich eine großartige technische Neuerung auslösen, dabei aber doch nichts als Attrappe sind. Gut, dass damals noch kaum jemand einen Farbfernseher besaß – sonst hätte sich das ganze Land vor Lachen den Bauch gehalten. Schon Sekunden bevor der Politikerdaumen den Knopf erreichte wurden nämlich die Bildschirme bunt! Man munkelte, es sei ein türkischer Techniker gewesen, der es nicht abwarten konnte, die Welt in voller Farbenpracht in die Wohnzimmer seiner Landsleute zu schicken … Nur eine Legende? Tatsache ist, dass meine Landsleute alles, was das Leben lebendiger, schicker und bunter macht, mit geradezu kindlicher Freude begrüßen!

Yaşam renkli – Leben ist Farbe! Das gilt auch und vor allem bei der Inneneinrichtung. Damit verpflanzt man ein Stück Heimat sogar ins triste Grau des Türkenviertels von Darmstadt oder Castrop-Rauxel. In der guten Stube steht, nein prangt ein Ring von Sofas, vor jeder Wand und in jeder Ecke eines. Das erste geblümt, das nächste kariert, das dritte gestreift – dem Deutschen fallen die Augen heraus, der Türke lässt seine Blicke wohlgefällig auf der Farbexplosion ruhen, durch die ein schlichtes Funktionsmöbel zum emotionalen Großereignis wird.

Tatsächlich steckt auch in dieser Eigentümlichkeit das tiefe menschliche Bedürfnis, Althergebrachtes nicht sang- und klanglos zu entsorgen, sondern es in die neue Zeit hinüberzuretten. Im Orient war der Diwan das dominierende Möbel im offiziellen Zimmer der Familienwohnung. Ob als komfortables Bodenkissen oder als niedrige gepolsterte Bank, der Diwan ermöglichte es, dass alle im Kreis saßen, sei es als Gast oder als Mitglied der Familie. Im Kreis zu sitzen, auf Augenhöhe und mit niedrigem Körperschwerpunkt, das drückt einerseits gegenseitige Achtung und Wertschätzung unter Gleichen aus, andererseits die Bereitschaft, sich in Ruhe aufeinander einzulassen. Denn fast auf dem Boden sitzend überlegt man es sich zweimal, ob man die Mühen des Aufstehens auf sich nehmen will.

Auch in unserem Wohn-Schlafzimmer in Susurluk lag, wo immer ein Stückchen Wand zum Anlehnen frei war, auf dem Boden ein bunt gemustertes Sitzkissen bereit. Heutzutage platzieren meine Landsleute ihr Gesäß zwar zeitgemäß in größerer Höhe, mit beflissener Hartnäckigkeit halten sie jedoch daran fest, dass ihre legendäre Gastfreundlichkeit sich schon durch die Ausstattung ihres Wohnzimmers kundtut.

»Der Gast ist König, und wer viele Gäste hat, ist selbst ein König.«

Ergo, damit alle Gäste es gut haben: Je mehr bunte Sofas mit ultraweichen Polstern, desto angenehmer die zwischenmenschliche Begegnung.

Und ist das nicht eine sympathische Erscheinung in einer Welt, die den Stehempfang zum Nonplusultra des Willkommens erhoben hat? Als Gastgeberin leide ich immer wieder aufs Neue unter der scheinbar unaufhaltsamen gesellschaftlichen Ächtung des Sitzens. Selbst an einem perfekten Abend ist es der schönste Moment für mich, nachdem ich mich stundenlang von Stehtisch zu Stehtisch geplaudert habe, endlich die High Heels ausziehen und meine Füße massieren zu dürfen. Manchmal spiele ich mit dem Gedanken, den *Sitzempfang in Bodennähe* als neueste Mode zu propagieren. Die deutschen Frauen hätte ich sicher schnell auf meiner Seite, denn vielleicht würden ihre Männer dann endlich auch zum Yoga gehen, um etwas gelenkiger zu werden, weil sie sonst fürchten müssten, beim Cocktail auf dem Diwan wie nasse Säcke in die Polster zu plumpsen …

Doch zurück zu unserem kleinen Schwesterndisput an einem sonst wirklich rundum gelungenen Wochenende.

Zwei Welten treffen aufeinander in unserer Familie, wenn die nunmehr erwachsenen Schwestern sich begegnen. Die einen sind in Deutschland assimiliert, akkulturiert und arriviert. Die anderen haben zwar von Kindesbeinen an im selben Land gelebt, halten aber immer noch die türkische Tradition hoch, mit allem Stolz und Stil. Bunt ist die Welt, Allah sei Dank! Der Preis dafür sind halt mitunter heiße Diskussionen. Wo in unserer Familie doch schon Kleinigkeiten zum Drama werden können: *Mısırdaki sağır Sultan bile duydu – selbst der taube Sultan in Ägypten hat es gehört.*

Eigentlich dreht es sich dabei stets um die gleichen Themen: Familienehre: wie wichtig? Wahrung der herkömmlichen Sitten und Gebräuche: alter Zopf, der abgeschnitten gehört, oder hohes Gut, das gewahrt werden muss? Die Frau an der Seite des Mannes: biederes Anhängsel oder stolze Hüterin des heimischen Herdes? So auch diesmal. Leichthin fällt am zweiten Abend die Bemerkung, Ayşe sei eine deutsche Karrierefrau geworden. Unausgesprochen, aber glasklar steht sie damit wieder einmal im Raum, die Frage:

»Wie stehst du zu deinen türkischen Wurzeln, Ayşe? Sind sie dir überhaupt noch etwas wert?«

Alle halten den Atem an. Und ich schnappe nach Luft wie ein Nichtschwimmer, den man ins Wasser geworfen hat. Jedes Mal rege ich mich über dieses Klischee auf. Ich kann da machen, was ich will. Tausendmal habe ich mir vorgenommen, in einer solchen Situation gelassen zu bleiben. Denn tausendmal habe ich es schon mitgemacht. Und werde es wohl noch tausendmal über mich ergehen lassen müssen. Ganz leicht nur muss dieser Knopf bei mir gedrückt werden – und schon bin ich in Verteidigungshaltung. Sogleich wechsle ich in die deutsche Sprache. Damit keiner denkt, ich hätte es nötig, auch nur einen einzigen Millimeter zurückzuweichen.

»Ich bin ausgesprochen stolz auf unsere Heimat.«

Schweigen. Gleichgültige Blicke. Haben sie mich wieder nicht verstanden? Aber halt, wie konnte ich nur vergessen: So zu tun als ob ist fester Bestandteil des orientalischen Maskenspiels. Da hilft nur eins: bedingungslose Offensive.

»Wenn ich mir erlauben darf: Im Gegensatz zu euch bin ich in der Türkei aufgewachsen. Und auch jetzt noch halte ich mich viel häufiger dort auf als ihr.«

Da senken sie ihre Blicke, als wollten sie das Muster auf dem Teppich nachzeichnen. Allerdings gibt es in meiner Wohnung keinen gemusterten Teppich. Nur Parkett. Jetzt heißt es nachsetzen!

»Und da habe ich auch mit den negativen Seiten unserer Kultur Bekanntschaft machen dürfen. Trotzdem bin ich stolz auf unsere Wurzeln. Dass ich mich für einen modernen, unabhängigen Lebensstil entschieden habe, hat damit nichts zu tun. Es ist meine ganz persönliche Entscheidung.«

Vertieftes Schweigen in der Runde. Die eine ist nicht zu überzeugen, die anderen wollen sich nicht die Zunge verbrennen. Doch ich mache keinen Hehl daraus: Ich lasse mich von niemandem mehr einengen, manipulieren oder bevormunden. Und heute, ja, heute ist mir danach, dass ich noch eins draufsetze.

»Und wer sagt überhaupt, dass man seine Wurzeln unbedingt zur Schau stellen muss?«

Ich weiß, türkische Menschen stehen auf blumige Vergleiche. Aber diesen hier habe ich mir nicht vorher überlegt. Er liegt mir einfach so auf der Zunge.

»Die Wurzeln eines Baumes sind ja auch unsichtbar. Genauso ist es mit der Verwurzelung eines Menschen. So etwas kann man von außen nicht beurteilen! Ich will euch nur ein Beispiel nennen. Ihr *Alamancılar* beklagt euch doch so gern darüber, dass der Ramadan nicht mehr das ist, was er einmal war. Aber wisst ihr denn überhaupt, wie es dann zuging bei uns zu Hause, in Susurluk? Von uns allen haben dort doch nur Hatice und ich den echten Ramadan erlebt! Monatelang haben wir uns auf diese vier Wochen gefreut, nicht wahr, Hatice?«

Meine Zwillingsschwester hat meinen kleinen Vortrag mit gespannter Aufmerksamkeit verfolgt. Wenigstens bei ihr habe ich einen Nerv getroffen. Ohne zu zögern pflichtet sie mir bei:

»Ja, das war immer sehr aufregend. Mit sieben durften wir schon mitfasten, und die Rituale waren original so wie zu uralten Zeiten! Die großen Zeremonien kriegt man heute ja nur noch im Fernsehen mit.«

Naime und auch Cavidan sagen immer noch nichts. Können sie nicht, oder wollen sie nicht? Aber jetzt sind die Kinder neugierig geworden.

»Wie war das denn bei euch in Susurluk, Tante Ayşe? Erzähl uns von früher!«

»Das ist aber eine lange Geschichte. Wollt ihr sie wirklich hören?«

»Jaa!«

Diesem einhelligen Wunsch mögen ihre Mütter nichts entgegensetzen, obwohl es ihnen jetzt aus unterschiedlichen Gründen nicht ins Konzept passt. Ich kenne euch, meine Lieben! Was habt ihr euch eigentlich immer gedacht, wenn ihr wieder nach Deutschland zurückgefahren seid, am Ende der Sommerferien? Und uns zurückgelassen habt, bei unserer alten Großmutter, am Familienstammsitz mit Plumpsklo?

Auf einmal kann ich die Situation richtig genießen.

»Na gut, Kinder. Dann setzt euch mal alle schön hin.«

Damit mache ich es mir bequem und lasse sie vor meinem inneren Auge aufsteigen, die Bilder von damals, in der fernen Heimat …

»Ayşe, lass das! Das ist nicht gottgefällig.«

Babannes Ton und Miene ließen keinen Widerspruch zu. Dabei hatte ich mich doch nur verzweifelt bemüht, es ihr recht zu machen! Hatte freiwillig Staub gewischt und die Wohnküche ausgefegt. Was konnte denn ich dafür, dass Freitag war? Nach dem Mittagsgebet am Freitag, so will es das religiöse Gesetz, muss während des Ramadan jede Arbeit ruhen. Kein Besen darf angerührt werden, nicht mal Staubwischen ist erlaubt. In Susurluk gingen jetzt bei den Cafés und Restaurants die Jalousien runter. Und wenn es Bürgersteige gegeben hätte – sie wären allesamt hochgeklappt worden. Absolute Stille, bis zum Untergang der Sonne. Keinen noch so kleinen Bissen hatten wir seit ihrem Aufgang in den Mund nehmen dürfen, und es musste weiter gewartet werden, bis sie wieder hinter dem Horizont verschwand …

Aber dann … da ging die Post ab! Es wurde gefeiert, als wollte man den letzten Tag des irdischen Daseins bis zur Neige auskosten. Was die Vorratskeller hergaben, wurde gekocht und landete auf dem Tisch. Eine Schlemmerparty für alle, und jeden Tag in einem anderen Haus. Wie aufregend für uns! Endlich einmal zu anderen Leuten kommen! Im Ramadan sind Muslime andere Menschen – vielleicht hören sie das nicht gern, aber genauso ist es. Man hält zusammen, man macht alles gemeinschaftlich. Das Fasten, das Beten, das Essen, das Feiern. Wir liebten es!

Nach dem späten Abendessen war die Nacht kurz. Denn schon bald, so zwischen drei und vier Uhr, zogen Trommler durch die Straßen, um alle zu wecken. Wozu? Na, zum Essen und Trinken! Eine religiös verordnete Mahlzeit, mitten in der Nacht. Aber anders hält man es ja auch nicht aus, wenn danach den ganzen Tag gefastet werden muss. Zumal nach Sonnenaufgang anstrengende Exerzitien warten …

Schon Wochen vor dem frommen Monat beginnen die ersten Vorbereitungen für die Gelage, die dann nachts stattfinden. Die Frauen kommen immer wieder zusammen, rollen Blätterteigscheiben aus, braten, trocknen und lagern diese in speziellen Räumlichkeiten bei der richtigen Temperatur. Es ist, als ob Vorräte für den Winterschlaf eines ganzen Dorfes angelegt würden. Ein bisschen wie beim Plätzchenbacken vor Weihnachten in Deutschland, nur viel, viel aufwendiger. Die Frauen singen miteinander, erzählen sich was und haben eine Menge Spaß zusammen – wobei ihre Hände stets emsig rühren, kneten und rollen. Für uns Kinder war das ein faszinierendes Schauspiel. Wir setzten uns dazu, hätten am liebsten mitgemacht. Aber die fleißigen Frauen beachteten uns kaum.

Nur Oma hielt sich aus all dem heraus. Sie war wie eine Königin, die bedient werden wollte. Und auch bedient *wurde*. Stets produzierten die Nachbarsfrauen den Teig für ihre *Ahretanne* mit. Und das erste Essen für die ganze Nachbarschaft fand traditionell bei uns zu Hause statt. Egal wo man ist, scheinbar kommen doch überall immer erst die wichtigen Leute dran. Kaum dass die Trommler weg waren, schlurften die Nachbarn schlaftrunken in unsere bescheidene Behausung. Und dann wurde aufgetischt. Den Anfang machte stets der Blätterteig. Er war zuvor genässt und zu Taschen geformt worden. Dann kam Käse hinein, und dieser *Yufka* wurde jetzt überbacken. Dazu reichte man einfache Oliven. Ein schlichter, aber würdiger Auftakt zu einem festlichen Mahl, das noch vor Tagesanbruch folgte.

Sobald man sich den Bauch vollgefuttert hatte, ging es aber auch schon ans Beten. Und worum betete man? Vor allem um die Kraft, das Fasten durchzuhalten. Für alle, die nicht wissen, was es bedeutet: Es ist wirklich nicht so einfach, *30 Tage lang den ganzen Tag über nichts zu essen und zu trinken*. Rein gar nichts! Nicht mal Wasser oder Tee durfte man zu sich nehmen.

»Das könnt ihr euch doch kaum vorstellen, oder, Kinder? Aber wir haben durchgehalten!«

Schließlich erwarteten uns nach Sonnenuntergang die allergrößten kulinarischen Genüsse. Und als Höhepunkt, zum Abschluss des Ramadan, eine ganz besondere Belohnung: *Sekerba Bayramı*, das große dreitägige »Zuckerfest«, das die Geburt des Propheten feiert. Dafür kleideten sich alle neu ein, und zwar von Kopf bis Fuß, von den Strümpfen bis zur Haarschleife. Darauf freuten wir Mädchen uns natürlich ganz besonders. In unseren neuen Kleidchen zogen wir dann von Haus zu Haus, um Bonbons und Geld zu sammeln. Und wir wurden mit Leckerbissen traktiert, bis unsere Bäuche kugelrund waren …

Die Kinderschar zu meinen Füßen hat mir mit großen Augen zugehört. Wie spannend! Straßentrommler mitten in der Nacht, alle Nachbarn kommen zum Essen, man wird komplett neu eingekleidet, kriegt Bonbons geschenkt …

»Mama, ich will auch Ramadan feiern«, nölt der kleine Tijen, den Daumen im Mund, und zieht Hatice am Kleid.

»Erst wenn du zwölf Jahre alt bist, darfst du fasten«, klärt seine Mama ihn auf. Und dann, auch in meine Richtung:

»Ja, und wenn du so alt bist, wird Tante Ayşe bestimmt gern mal mit dir nach Istanbul zur Oma fahren. Bei der wird alles noch genauso wie früher gemacht.«

Da muss ich jetzt doch lachen … Und ich kann mir eine weitere Anekdote aus dem Schatzkästlein der Familienerinnerungen nicht verkneifen.

»Da wir schon dabei sind: Ich muss euch noch etwas anderes erzählen.«

Erwartungsgemäß steigt die Spannung sofort wieder.

»Kinder, ratet mal, wobei ich euren Opa mal erwischt habe!«

Sie schütteln ratlos die Köpfe. Und platzen schier vor Neugier.

»Sag schon, Tante, was hast du mitgekriegt?«

Ich mache ein geheimnisvolles Gesicht. Und eine weitere lange Pause. So, wie die Wasserpfeife rauchenden türkischen Männer im *Kahwe* erst einmal einen tiefen Zug nehmen, bevor sie den neuesten Tratsch preisgeben.

»Ach, unser *Baba* Turhan, stellt euch vor: Einmal hab ich ihn tatsächlich während des Ramadan tagsüber beim Essen erwischt!«

Atemloses Staunen beim Nachwuchs. Blankes Entsetzen unter den Müttern.

»Echt? Baba hat heimlich gegessen? Unser Baba? Ayşe, erzählst du jetzt auch keinen Stuss?«

Gelassen blicke ich in die Runde und verneine ruhig und mit Entschiedenheit.

»Kaum zu glauben, nicht wahr? Aber ich habe es mit diesen meinen eigenen Augen gesehen. Ihr erinnert euch doch ans *Garaj* – oder? Dort am Busbahnhof waren sogar während des Ramadan die Restaurants geöffnet. Da saß er im *Kahwe* und hat seelenruhig gefuttert.«

Missbilligendes Murmeln und verwundertes Kopfschütteln unter den Müttern. Ratlose Blicke beim Nachwuchs. Keiner weiß jetzt so recht etwas zu sagen.

Schließlich war unser Vater überaus streng in allem, was die Religion betraf. Mit welcher Konsequenz er uns stets auf die Regeln und Gesetze des Islam hinwies! Auch in all den Jahren in Deutschland blieb er da unbeugsam. Nicht nur Fastenhalten während des Ramadan für die ganze Familie – nein, für unsere drei Brüder war dann noch jeden Freitag Mittagsgebet in der Moschee angesagt. Weibliche Wesen dürfen die heilige Stätte ja nur an hohen Feiertagen betreten.

Es ist Volkan, Naimes zwölfjähriger Sohn, ein aufgeweckter Bursche, der schließlich das betretene Schweigen bricht.

»Aber was ist denn so schlimm daran, was Opa gemacht hat? *Kurtlar gibi açti karni – Hunger wie ein Wolf* wird er gehabt haben.«

Mit kindlicher Unbefangenheit hat er mir eine Steilvorlage gegeben, um die Situation zu entspannen.

»Stimmt, Hunger wie ein Wolf hatte er ja immer. Also muss es ihm wohl viel schwerer gefallen sein als allen anderen, die strengen Fastenregeln einzuhalten.«

Unsere Runde zeigt sich immer noch leicht konsterniert und mag noch nicht wieder ganz locker werden. Da greift Hatice ein.

»Aber so einen kleinen Ausrutscher wollen wir ihm doch nachsehen, oder?«

Zeit, dass auch ich die Wogen glätte, die ich selbst heraufbeschworen hatte:

»Er war doch trotzdem ein ausgesprochen gottesfürchtiger Mann.«

Das ist der Punkt, an dem unsere Anführerin auf angemessene Weise das Wort ergreifen kann. Mit feierlicher Stimme, die Kinder fest ins Auge nehmend, verkündet Naime:

»Da hast du voll und ganz recht, Ayşe. Für unseren Baba gab es drei Dinge, die ihm wirklich heilig waren: der liebe Gott, das Vaterland – und seine Mutter.«

Nun ist es aber gut. Ich habe jetzt doch das deutliche Bedürfnis, von etwas anderem zu reden.

»Wisst ihr eigentlich, dass Hatice und ich in Istanbul bei einem ganz berühmten Astrologen waren? Wir haben uns zu unserem 42. Geburtstag eine Horoskopberatung gegönnt …«

Auch Naime scheint nicht unfroh, dass das Thema gewechselt wird.

»Schieß los. Was ist denn dabei herausgekommen?«

Erst räuspere ich mich vernehmbar, bevor ich berichte – ein untrügliches Zeichen, dass jetzt etwas Wichtiges folgen würde.

»Also ... wir mussten ihm ja schon am Tag vor der Sitzung unsere genauen Geburtsdaten durchgeben. Und es ist völlig ausgeschlossen, dass er auch nur die kleinste Einzelheit über unser Leben wusste ...«

»Aber trotzdem«, fällt mir Hatice ins Wort, »trotzdem war es ganz erstaunlich, was er alles über uns herausbekam.«

»Ja und? Was habt ihr erfahren?«

Naime steht die Neugier ins Gesicht geschrieben. Sie gibt es nie so recht zu, aber eigentlich steht auch sie auf metaphysische Erkenntnisse.

»Das erste, was er sagte, war: ›Angesichts eures Schicksals muss man sich vor euch verneigen. Ihr beide habt sehr viel Schlimmes durchmachen müssen. Aber statt daran zu zerbrechen, seid ihr innerlich gewachsen. Ich zolle euch höchsten Respekt.‹ Und er hat sich tatsächlich vor uns verbeugt!«

»Mit Recht! Ihr habt von uns allen die schlechtesten Startbedingungen gehabt und dennoch etwas aus eurem Leben gemacht.«

Diese Anerkennung Cavidans tut gut. Auch Naime bläst jetzt ins selbe Horn.

»Das musste sogar unser *Baba* irgendwann einsehen. Erinnert ihr euch, wie begeistert er war, als ein deutsches Fernsehteam extra nach Istanbul kam, um ihn über seine beiden *Ikizler*, seine Zwillinge, zu interviewen?«

Ich gebe zu, es gibt mir immer ein warmes Gefühl, wenn jemand aus meiner Familie so etwas sagt. Das ist wie ein Ayurveda-Ölguss auf meine Seele!

Hatice kommt jetzt immer mehr aus sich heraus.

»Ja, er hat vor laufender Kamera gesagt, dass er stolz auf uns ist. Das war wie eine Wiedergutmachung für uns.«

Dem kann ich nur beipflichten.

Nun schaltet sich Cavidan ein. Sie ist offenbar mehr am Fortgang meiner Erzählung interessiert.

»Hat der Astrologe auch etwas über eure Zukunft gesagt?«

Bevor ich den Mund aufmachen kann, ergreift Hatice das Wort. Nun kommt sie erst richtig in Fahrt.

»Klar hat er das. Wir werden irgendwann einmal sehr berühmt und erfolgreich sein. Wir werden in die Geschichte eingehen!«

Alles lacht.

»Fragt sich nur, als was!«, wirft Naime mit ironischem Unterton ein, nicht ohne Hatice mit herausfordernden Blicken zu reizen, die Katze aus dem Sack zu lassen. Aber ich weiß nur zu gut, was kommen wird, wenn ich es jetzt laufen lasse. Ich zwinkere Hatice zu und hoffe, dass sie ihren Übermut zu zügeln vermag.

»Das verraten wir euch besser nicht, sonst würde es die Magie der Prophezeiung beeinträchtigen«, versuche ich die Situation zu retten. »Oder was meinst du, Hatice?«

Hati schaut mich dankbar an. Aha, wir verstehen uns.

»Stimmt. Wir sollten es noch nicht verraten. Ihr werdet es alle schon früh genug erfahren.«

Warum sollte ich ihnen auch auf die Nase binden, dass ich als Nächstes vorhabe, meine Lebensgeschichte zu veröffentlichen? Sie würden mich doch nur für größenwahnsinnig halten.

Wie gesagt, ich liebe es, von meiner Familie besucht zu werden. Aber genauso liebe ich es, wenn sie wieder weg sind. Aus meinem orientalischen Seelenteil fließt ein breiter Strom der Gastfreundschaft, aber als mitteleuropäischer Tatmensch sehne ich mich nach ein paar Tagen doch wieder danach, das rettende Ufer des beruflichen Alltags zu erreichen. Ich bin schlicht fix und fertig mit den Nerven, als sich die Sippschaft am Sonntagabend wieder auf den Rückweg nach Frankfurt macht. Schon eine seltsame Situation: immer dieses ausdauernde Winke-Winke, wenn ein Kleinbus, vollgepackt mit türkischer Verwandtschaft, davonzuckelt. Und wie sich die Bilder immer wieder gleichen – doch Ayşe weint nicht mehr, weil sie zurückbleibt, sondern sie empfindet ein warmes Gefühl gegenüber ihrer Familie.

Ich drehe mit meiner Hündin Billie noch eine Abendrunde und gehe in Gedanken das vergangene Wochenende durch. Meine Deutschländer! Wie lange es doch gedauert hat, bis wir eine gemeinsame Ebene fanden. Aber immerhin, wir haben es geschafft. Spontan bleibe ich stehen und schicke ein Gebet in den Himmel:

Liebes Universum,
ich danke Dir, dass Du es mir ermöglicht hast, Frieden mit meiner Familie zu machen. Und danke auch, dass ich die Chance bekommen habe, die zu werden, die ich heute bin.

Vor Kurzem habe ich in der Zeitung gelesen, dass Dankbarkeit glücklich macht. Darüber gab es sogar eine wissenschaftliche Untersuchung! Na, ich kann nur hoffen, dass das jetzt endlich auch diejenigen überzeugen wird, die immer noch nicht selbst darauf gekommen sind. Ich jedenfalls habe ziemlich lange gebraucht, um zu verstehen, dass Dankbarkeit eine Fähigkeit ist und nicht einfach nur Ausdruck höflicher Manieren. Wie sonst wäre es möglich, dass es in Deutschland so viele wohlerzogene Menschen gibt, die allen Grund hätten, dankbar zu sein, weil das Leben sie gut behandelt – und die doch ständig missmutig und miesepetrig sind? Was mich betrifft: Ich habe lange geglaubt, allen Grund zu haben, *nicht* dankbar zu sein. Das Leben lieferte mir wahrlich Gelegenheit genug, das Schicksal anzuklagen. Doch irgendwann begriff ich:

Dankbarkeit ist etwas, das fließt.

Es fließt aus einem heraus, wenn man es nur zulässt. Wie Liebe. Seitdem fühle ich mich einfach so viel besser! Und wie oft bin ich glücklich, einfach so, aus purer Dankbarkeit für alles, was ich habe und liebe. Dafür muss ich mir nur vorstellen, wie es früher war. Ich wage sogar zu behaupten, dass Dankbarkeit ein Heilmittel für Seele *und* Körper ist. So weit ging der Zeitungsartikel natürlich nicht, aber er hat mich doch in meiner Haltung bestätigt.

Genauer betrachtet, hatte ich mir eigentlich schon sehr früh angewöhnt, für mein Leben dankbar zu sein. Das war etwas, das uns Babanne beigebracht hat, der ich wiederum dafür dankbar bin. Leider war es so, dass ich später, in jener Lebensphase, die mir meine dunkelsten Stunden bescherte, davon wieder Abstand nahm. Heute weiß ich, dass ich damit die Verbindung zu meinem Glück unbewusst gekappt hatte.

Bewusst Dankbarkeit zu zeigen, ja, ich würde sagen: sie zu praktizieren, gelang mir erst, als ich auch bewusst zu wünschen lernte. Nach jedem Wunschritual muss unweigerlich ein von Herzen kommendes »Danke!« folgen.

Auf einer höheren Ebene besteht kein Unterschied zwischen Ursache und Wirkung.

Somit ist es im Grunde auch dasselbe, sich etwas zu wünschen und sich dafür zu bedanken, sogar wenn man es noch nicht »hat«. Dem sogenannten gesunden Menschenverstand mag das als leeres Gerede erscheinen. Wer aber im eigenen Leben erfährt, dass es funktioniert, wird nicht mehr darüber lästern. Sondern die Geschenke des Universums einfach annehmen. Natürlich in Dankbarkeit. Wer bewusst wünscht, dankt deshalb immer schon dafür, *dass sein Wunsch bereits erfüllt worden ist.* Wohlgemerkt: Das ist etwas völlig anderes, als zu sagen: »Danke im Voraus.« Letzteres ist eine Floskel, mit der man denjenigen, von dem man etwas will, höflich umschmeichelt, damit man auch erhält, was man von ihm will. Das Universum umschmeicheln zu wollen aber wäre ein fruchtloses, ja lächerliches Unterfangen! Das Universum ist für mich nichts anderes als die Ganzheit des unendlichen Potenzials des Lebens.

Es ist alles schon da.

Auch die Erfüllung unserer Wünsche. Unser Bewusstsein muss sich nur in diese Wahrheit einklinken.

»Komm Billie, wir gehen nach Hause!«

Ja, wo ist sie denn? Frauchen war so gedankenverloren, dass sie gar nicht gemerkt hat, wo ihr kleiner Liebling abgeblieben ist.

»Billiiie!«

Menschen lassen ihren Gedanken freien Lauf, Hunde müssen die Welt mit der Nase erkunden. Ach, da ist sie ja schon.

»Jetzt kommst du mir wieder an die Leine, mein unternehmungslustiges Hunde-Girlie!«

Vorher nehme ich sie aber noch mal auf den Arm.

»Weißt du was?«, flüstere ich meiner lieben Kleinen ins Ohr, »ich finde, Hatice sollte zu uns nach München ziehen. Wäre das nicht auch für dich schön?«

Billie schleckt mir freudig die Hand. Ihr Hunde-Wunsch-Himmel ist so einfach strukturiert! Um wie viel komplizierter ist es doch bei uns Menschen. Wenn ich so zurückdenke, wie es war, als ich noch den kleinen Cenk auf dem Arm hielt …

Das Leben ist eine Wundertüte

Darmstadt, im Frühling 1992

»Willkommen in der Freiheit!«

Cavidans Begrüßung lässt darauf schließen, dass sie mir einiges Verständnis entgegenbringt. Nein, ich muss mich korrigieren: *viel* Verständnis, denn in einer Familie wie der unseren ist es keine Kleinigkeit, wenn die eine Schwester die andere bei sich aufnimmt, nachdem diese gerade eben ihren Ehemann verlassen hat.

Cavidan ist die geborene Pragmatikerin. Sie mag nicht mit allem einverstanden sein, was ich mache, aber wenn Not an der Schwester ist, hilft sie, wo sie kann. Schon nimmt sie mir den schlafenden Cenk vom Arm und trägt ihn behutsam in das Zimmer, das sie für uns freigemacht hat. In einem Alter, da für mich noch nicht entfernt daran zu denken war, hat sie schon eine eigene Wohnung. Sie hat es halt immer geschafft, ihre Anliegen geräuschlos durchzusetzen. Als BWL-Studentin an der Frankfurter Uni fühlt sie sich in ihrem Element. Wie sauber und gemütlich es bei ihr ist! Der glatte Holzfußboden frisch poliert – es geht also auch ohne zentimeterdicke Teppiche, die nicht nur jeden Schritt zu dämpfen scheinen, sondern auch jedes offene Wort. Und ein frisch bezogenes Bett, für mich und meinen Sohn. Sogar Blumen auf dem Tisch. Ich bin gerührt. Wir umarmen uns wortlos. Eine Zentnerlast fällt von mir ab.

Cenk ist versorgt, wir sitzen beim Tee.

»Schwester, ich bin so dankbar, dass wir vorübergehend bei dir unterkommen dürfen. Jetzt kann alles nur noch besser werden! Ich hoffe, wir gehen dir nicht auf die Nerven.«

Sie schüttelt den Kopf.

»Hör auf damit! Ihr bleibt so lange, wie ihr wollt, und wenn ich sonst noch etwas für dich tun kann, lass es mich einfach wissen.«

Da war ich nun also zurück in Darmstadt. In jener Stadt, in der mein seltsames Leben seinen Anfang genommen hatte. Hier bin ich unverhofft aus meiner Mutter Bauch gezogen worden, hier war immer noch das Zuhause meiner Familie, die – bis auf Hatice und Cavidan – offenbar nichts mehr von mir wissen wollte. Die Welt, aus der ich kam: für mich ein einziger Trümmerhaufen. Die Welt, in die ich nun mit knapper Not gelangt war: eine Zukunft ohne Versprechen. Aber da war noch etwas anderes. Völlig neu und doch so wohlig vertraut. Ich konnte »es« noch nicht wirklich fassen und festhalten, aber doch mehr oder weniger deutlich spüren. Tief in mir. An jenem heiligen Ort, den ich längst vergessen und verschüttet glaubte. Es war … mein Glaube an mich selbst.

Dass ich dieses Gefühl, dieses Urvertrauen in jenen ersten Tagen in Darmstadt wiederfand, fegte meinen Kopf von allen faulen und finsteren Gedanken frei. Es erschien mir wie ein Wunder. Wie bei einem mir völlig unbekannten Menschen, den ich das erste Mal von Angesicht zu Angesicht sehen durfte, lernte ich erneut Seiten an mir kennen, die mich immer geprägt und auch ausgezeichnet hatten. Optimismus, Schaffensdrang und Lebenslust kehrten in mein Gemüt zurück. Ich nahm mir fest vor, die Vergangenheit auch Vergangenheit sein zu lassen und stattdessen in die Zukunft zu sehen – und nur in die Zukunft. Neues Spiel, neues Glück. Zurück auf »Los!«

Kimin kalbinebüneşte açarsa – wem die Sonne ins Herz scheint, dem ist auch das Glück hold. Ich fand tatsächlich auf Anhieb einen Job in einem Friseursalon. Und sogar das Sozialamt sprang über seinen eigenen Schatten: Im Nu hatten wir eine Wohnung.

»Ein eigenes Zuhause, nur für uns beide, Cenk!«

Ausgelassen hob ich mein Söhnchen in die Luft und brachte ihn damit zum Jauchzen. Unsere Herzen sangen dieselbe Melodie!

»Cenk, weißt du was? Du bekommst sogar ein eigenes Zimmer!«

Was für ein Glück für eine alleinstehende, berufstätige Mutter mit Kleinkind: zwei Zimmer, Küche, Bad, mitten in der Stadt. Erschwinglich. Und sogar ganz hübsch möbliert. Im Kindergarten wartete schon ein freier Platz auf meinen Sohn. Da soll mir noch einer was über die Kälte und Trägheit der deutschen Behörden gegenüber Menschen in Not sagen. Vielleicht war ich ja eine Ausnahme, aber ich hatte mich in meinem bisherigen Leben noch nie so warm willkommen gefühlt wie damals, in jener grauen Industriestadt mitten in Deutschland.

Mein Glück war vollkommen, weil ich auch Hatice nun wieder öfter zu sehen bekam. Inzwischen geschieden, lebte sie fast nebenan, in Frankfurt. Sie hatte schon begonnen, ihre Freiheit in vollen Zügen auszukosten. So würde auch ich jetzt leben! Unabhängig, trotz Mutterschaft. Mein eigenes Geld verdienen. Das Leben genießen. Nur in einem Punkt dachte ich anders als sie:

»Von Männern habe ich die Nase gestrichen voll«, erklärte ich ihr im Brustton der Überzeugung.

Nur: Ganze zwei Tage später sah das schon wieder völlig anders aus. Weil ich Georg kennengelernt hatte. Auf einem Weinfest. Ich wusste sofort: *Der* ist es! Diese ebenso einfache wie folgenreiche Erkenntnis traf mich wie der Blitz. Von einer Sekunde auf die andere wurde meine feste Absicht, ohne Mann zu leben, aus meinem Gehirn gelöscht. Ich hatte nur noch Augen für *ihn*.

Und wieder so ein Hübscher! Vom Äußeren her fast ein südländischer Typ. Dabei groß und breitschultrig, mit durchtrainiertem Körper. Und so gut gekleidet. Ich war hin und weg. Und ihm ging es umgekehrt genauso. Wir fühlten uns wie magnetisch voneinander angezogen. Vom ersten Abend an waren wir zusammen. Es sollten fünf Jahre werden! Mit die besten Jahre meines Lebens. Nicht nur als Mann und Frau, auch als Seelenpartner passten wir wunderbar zusammen. Deshalb hat mir diese Beziehung mehr als alles andere geholfen, meine verletzte Seele zu heilen.

Obwohl schon 25 Jahre alt, wie ich selbst, lebte mein neuer Freund noch bei seinen Eltern. Eine überaus bequeme Lösung für ihn. Er war ein Einzelkind, wie es im Buche steht. Seine Mutter, eine herzliche, offene Frau, verwöhnte ihn nach Strich und Faden. Auch zu seinem Vater, einem Reitlehrer, hatte er ein gutes Verhältnis. Georg verdiente sein Geld als Model und arbeitete nebenbei als Verkäufer in einer Herrenboutique. Seiner äußeren Erscheinung gereichte das nur zum Vorteil. Er konnte sich einkleiden wie ein italienischer Dressman. Tolle Anzüge, stilsicher kombiniert mit lässigen Pullovern und pfiffigen Details. Ein wirklich toller Typ in den Augen einer modebewussten Frau …

Georg hatte wohl noch nie das Bedürfnis verspürt, aus dem Hotel Mama auszuchecken. Schließlich wurde ihm dort nicht nur alles auf dem silbernen Tablett serviert, er genoss auch sämtliche Freiheiten eines Erwachsenen. Nun aber gab es plötzlich einen Grund, das warme Nest zu verlassen.

»Wir passen doch so gut zusammen, lass uns einfach zusammenziehen – wir alle drei.«

Dabei schaute er mich so unwiderstehlich an mit seinen weichen braunen Augen, dass es endgültig um mich geschehen war. Mir flirrte das Herz, wie ich es noch nie erlebt hatte. Mein Bauchgefühl – überschwemmt von Verliebtheitshormonen. Ich wollte es nicht mehr anders. Mir nichts dir nichts steckte ich in einer neuen Beziehung. Und Cenk hatte einen Stiefvater. Diesmal würde alles anders werden! Keine Bevormundung, keine Fremdbestimmung, keine »türkischen Verhältnisse«. Gleichberechtigt in allem – und nichts als pure Liebe.

Natürlich wurde es *so* nicht. Jedenfalls nicht für immer. Doch im Nachhinein kann ich sagen, dass wir unsere Beziehung insgesamt ziemlich gut hinbekommen haben. Mit Georg erlebte ich unbeschwertes Glück. Zum ersten Mal ging es mir an der Seite eines Mannes richtig gut. Ich fühlte mich vom Leben gesegnet, dass ich trotz meiner Herkunft erleben durfte, wie sich das anfühlt: eine Beziehung auf der

Basis von Liebe *und* Gleichberechtigung. Jetzt lernte ich jene Welt, in der ich spät, aber nicht zu spät angekommen war und die genauso prägend für mein Leben werden sollte wie die Welt, aus der ich stammte, erst so richtig kennen. Dafür sorgte nicht nur mein Lebensgefährte, sondern auch seine Eltern. Ihre Einstellung war für mich noch überraschender als meine Beziehung zu Georg selbst.

Überraschung Nummer eins: Nachdem der heiß geliebte Sohn spontan ausgezogen war, klammerten sie nicht etwa und mischten sich ein, wo es nur ging. Nein, meine Fast-Schwiegereltern zeigten sich ehrlich interessiert daran, dass es ihrem Filius und seinem türkischen Augenstern gut ging!

Überraschung Nummer zwei: Sie nahmen auch meinen Cenk, den Sohn eines anderen Mannes, in den Kreis der Familie auf. Nicht *wie ein*, sondern *als ihr* Enkelkind! Cenk wurde mit allen Verwöhneinheiten überschüttet, die auch Georg früher genießen durfte.

Überraschung Nummer drei: Sie unterstützten die junge Kleinfamilie, die finanziell zwar nicht am Abgrund stand, aber auch keineswegs auf Rosen gebettet war, wo immer es ihnen nötig erschien. So etwas hatte ich in meinem eigenen Umfeld nie erlebt, hätte es auch für unmöglich gehalten. Statt knallharte Bedingungen an die elterliche Zuwendung zu knüpfen, floss sie uns hier völlig selbstverständlich zu. Für mich ein Kulturschock der angenehmen Art!

Da mir dies alles absolut unbekannt war, wusste ich es umso mehr zu schätzen. Diese Menschen hatte mir der Himmel geschickt, und sie leisteten einen beträchtlichen Beitrag dazu, dass mein Leben vom Kopf auf die Füße gestellt wurde. Langsam, aber sicher konnte ich wieder durchatmen. Wie eine nach langer, schwerer Krankheit Genesende spürte ich die Lebenslust wieder in mir aufkeimen. Ich begann wieder unbefangen zu lachen, wagte sogar, kess und witzig zu sein. Das Wichtigste aber: Ich fühlte mich als Frau geliebt und geachtet. In erster Linie natürlich von meinem Partner, aber auch von seinen Eltern. Nach all den schmerzlichen Erfahrungen kam das einer Erlösung gleich. Georg und ich waren nicht nur ein hübsches und unternehmungslustiges, sondern auch ein harmonisches Paar. Mit ihm, so schien es, könnte ich jetzt eigentlich alles nur noch richtig machen!

Da waren wir, in unserer neuen Dreizimmerwohnung, die wir gemeinsam eingerichtet hatten. Nicht teuer, aber cool – und trotzdem gemütlich. Abgerundet mit einer ironischen Prise Türk-Nippes. Auf dem einen Fensterbrett eine orientalische Teekanne, auf dem anderen ein Silbertablett mit bemalten Teegläsern. Vom Regal blitzte ein goldenes Lämpchen mit bunten Glasfenstern, und auf dem – einzigen! – Sofa prangten ein paar mit Perlen und Goldbordüren bestickte Brokatkissen. Aber der Clou, von mir selbst ausgesucht: Bilder und Amulette mit blauen Augen, scheinbar absichtslos verteilt. Ich finde, es sollte in einer Wohnung etwas geben, das sofort die Blicke auf sich zieht. Nicht, um vor Gästen damit anzugeben, sondern um als Anlass zum Gespräch zu dienen und zum Gedankenaustausch einzuladen. In diesem Fall hatte ich etwas gewählt, das sofort mit meiner Heimat in Verbindung gebracht würde und doch leicht verrätselt war. Georg war der Erste, dem ich es erklärte:

»Blaue Augen schützen vor dem bösen Blick, sagt man bei uns. Und auch wenn wir beide nicht abergläubisch sind, mein Lieber, kann es doch nicht schaden, wenn unsere erste Wohnung den Schutz der geistigen Welt genießt.«

Georg griff meine Gedanken auf seine Art auf:

»Und außerdem – je mehr Augen unser Glück sehen, desto mehr strahlt es in alle Welt hinaus.«

Wow, er konnte so romantisch sein! Wenn es nach ihm gegangen wäre, hätte es ruhig eine noch kräftigere Prise Orient sein dürfen. Für mich aber war es so gerade richtig: Nicht zu viel vom Alten, damit das Neue wachsen konnte.

Das Leben ist eine Wundertüte. Man weiß nie, was sie enthält, und sobald sie geöffnet ist, kommen die Überraschungen ganz von allein. Manches bleibt schon zwischen den Zähnen kleben, anderes zergeht geradezu auf der Zunge, liegt aber schwer im Magen. Was die Wundertüte Leben mir in jener Zeit bescherte, schmolz im Mund wie Mäusespeck und berührte mein Inneres wie prickelndes Brausepulver. Zudem erhielt ich eine Lektion, die mich etwas sehr, sehr Wichtiges lehrte. Praktisch alles, was ich bisher konnte, hatte ich mir mühsam erarbeiten müssen. Nun aber floss mir jene Fülle, von der ich heute weiß, dass das Leben sie immer für uns bereithält, einfach zu.

Es faszinierte mich, wie unbefangen mein neuer Lebensgefährte seine erste feste Beziehung anging. Quasi über Nacht hatte er die Rolle des verwöhnten Sohnes gegen die des verantwortungsvollen Familienvaters eingetauscht. Und das, obwohl sein Ziehsohn noch kein einziges Wort deutsch sprach. Ich bewunderte Georg dafür, wie leicht und dennoch beherzt er die Vaterrolle übernahm, obwohl er null Gelegenheit gehabt hatte, sich darauf vorzubereiten. Hätte ich mich ihm nicht so nahe gefühlt, wäre ich wahrscheinlich neidisch geworden auf diesen Menschen, der so leicht wie ein Vogel durchs Leben zu gleiten schien.

Wie oft hatte ich mich gefragt: Ist das Leben nicht ungerecht, indem es den einen ständig Knüppel zwischen die Beine wirft und sie nur kämpfen lässt, während die anderen im gemachten Nest leben dürfen und ihnen obendrein noch alles Glück der Welt hinterhergeworfen wird? Ehrlich gesagt, nur wenige Wochen zuvor wäre ich noch in diese Gedankenfalle getappt. Jetzt aber schützte mich davor meine Liebe und das Erleben eines ungekannten Glücks. Und heute weiß ich, dass es nicht das Schicksal ist, welches darüber entscheidet, ob wir uns grundsätzlich wohlfühlen oder nicht. Was den Unterschied macht, ist vor allem, ob wir selbst im Opferbewusstsein gefangen bleiben oder ob wir uns davon befreien. Mit unseren Gedanken erschaffen wir uns die Welt, in der wir – als empfindende Wesen – leben!

Wie selbstverständlich flog Georgs luftig-leichte Lebensart auch mir zu, so wie eine sommerliche Meeresbrise. Als Paar tanzten wir leichtfüßig über zwei Welten hinweg. Jeder sog bereitwillig das Naturell des anderen in sich auf. Er ließ sich von meiner südländischen Spontaneität und Emotionalität mitreißen, mir gefiel seine typisch deutsche Art, ohne viel Aufhebens zielvoll zu denken und zu handeln. Zum ersten Mal überhaupt kam ich nun mit christlichen Bräuchen in Berührung. Es war wie eine Art Initiationsritus unter Frauen, als Georgs Mutter mich in der Adventszeit ins

Plätzchenbacken einführte. Erstmals Weihnachten im Kreise der Familie zu feiern war ein Erlebnis, das ich nie vergessen werde.

Jeder von uns beiden warf sein verdientes Geld in den gemeinsamen Haushaltstopf. Auch das alles andere als selbstverständlich für mich, die ich als Mädchen meinen Lohn vollständig beim Vater hatte abliefern müssen und das selbst verdiente Geld als Ehefrau nur mit Mühe vor dem Gatten zu schützen vermochte, um der Familie wenigstens halbwegs das Auskommen zu sichern. Wir zwei dagegen finanzierten alles gemeinsam: Miete und Kleidung, Essen und Trinken, auch den einen oder anderen Urlaub. Mal in der Türkei, mal im Ferienclub auf Fuerteventura.

Im Prinzip machten wir genau das, was uns gefiel. Auch all die Dinge, die man in deutschen Kleinfamilien halt so unternimmt. Wir gingen mit Cenk ins Kindertheater, besuchten an den Wochenenden Freizeitparks, zelebrierten Kindergeburtstag. Georgs Vater brachte dem Kleinen das Reiten bei, während wir uns im Kino amüsierten. Nein, wir hatten keinerlei Scheu vor dem Image einer »Familie Biedermann« – niemand wusste besser als wir selbst, dass unser Zusammenleben an sich schon eine reife Leistung an Toleranz, Offenheit und der Bereitschaft, Neues willkommen zu heißen, darstellte. Auch Cenk ging wie selbstverständlich mit. Mehr und mehr vergaß er sein Türkisch und schaltete irgendwann komplett auf Deutsch um. Aber tief in seinem Inneren muss es doch schwer gearbeitet haben …

Ach, Cenk, nie hätte ich es fertiggebracht, dir deinen leiblichen Vater vorzuenthalten. Georg unterstützte mich in dieser Haltung, und zwar nicht etwa, um Cenk loszuwerden, sondern weil auch er meinte, dass jedes Kind das Recht auf eine Beziehung zu beiden Elternteilen hat.

Doch leichter gesagt, als getan. Wie so viele Patchworkfamilien mussten auch wir die Erfahrung machen, dass ein Kind sehr leicht zum Symptomträger der Trennungsschwierigkeiten seiner Eltern wird. So erklärte es mir die Psychologin, die ich irgendwann aufsuchen musste. Zunächst war Cenks Verhalten im Kindergarten auffällig geworden. Er suchte dort ständig seinen eigenen Weg und fasste kein Vertrauen zu den Erzieherinnen. Um seinen Kopf durchzusetzen, bewies er viel kindliche Fantasie und erfand ganz erstaunliche Ausreden. Zunächst nahmen es die Kindergärtnerinnen noch mit Humor, wenn er zum Beispiel behauptete, er möge nur grüne Äpfel, wenn es rote zu essen gab. Aber als er immer anfing, laut zu singen, wenn die Kinder zum Mittagsschlaf in ihren Betten lagen, wurde es ihnen doch zu viel.

Zum Verhängnis wurde meinem Sohn möglicherweise auch unsere Toleranz und Offenheit gegenüber seinem leiblichen Vater. Cenk verbrachte jetzt jedes zweite Wochenende bei Bekir. Dazu musste er nach Hannover gebracht und wieder abgeholt werden, was für alle Beteiligten schon nicht ganz einfach war, ganz zu schweigen von der Umgewöhnung. Es wäre vielleicht noch gut gegangen, wie bei anderen Scheidungskindern ja auch, wenn nur sein Vater sich wenigstens dieses eine Mal, im Interesse seines eigenen Sohnes, als Teamplayer erwiesen hätte. Stattdessen verhielt er sich alles andere als neutral, geschweige denn wohlwollend gegenüber der nun bestehenden neuen

Familienkonstellation. Mit allen Mitteln versuchte er Cenk auf seine Seite zu ziehen und machte keinen Hehl aus seiner Aversion gegenüber Georg. Leider ging diese Rechnung auf. Cenk verhielt sich zunehmend distanziert gegenüber seinem Stiefvater und begann sogar offen zu rebellieren.

»Du hast mir nichts zu sagen, du bist nicht mein Vater.«

Daran war auf Dauer nicht viel zu ändern, so sehr wir uns auch bemühten. So war klar, dass Georg sich irgendwann von meinem Jungen zurückziehen würde. Und natürlich warf das auch einen Schatten auf die Beziehung zwischen mir und ihm.

Als Cenk in der Schule war, kamen zu seinen Verhaltensproblemen noch Lernschwierigkeiten hinzu.

»Ihr Sohn ist hyperaktiv, er leidet unter dem Aufmerksamkeitsdefizit-Syndrom«, hieß es vonseiten der Lehrer. Cenk könne sich nicht konzentrieren, er zöge ständig die Aufmerksamkeit auf sich und störe den Unterricht.

Natürlich machte ich mir darüber eine Menge Gedanken. Und wiederum ein schlechtes Gewissen. Aber welche Mutter würde sich nicht fragen, ob nicht sie selbst Ursache des Problems ihres Kindes ist? Schon in seinen ersten Lebensjahren hatte mein kleiner Cenk so viel mitmachen müssen, und meist im Gefolge von Verwerfungen in meinem eigenen Leben. Dazu der plötzliche Umzug in eine andere Stadt und der Aufbau einer für uns beide ganz neuen Lebenswelt. Und dann musste der Arme noch mit zwei Vätern klarkommen, die einander nicht gerade grün waren.

Von der Psychologin war ich darauf aufmerksam gemacht geworden, dass durch die Probleme eines Kindes auch die Probleme seiner engsten Bezugsperson ausagiert werden – also meine eigenen Probleme. Und lag es nicht auf der Hand? Cenks Auffälligkeit, seine Renitenz, sein abweisendes Verhalten waren ein stiller Schrei nach Liebe! So wie ich selbst als Kind unersättlich nach Liebe gesucht hatte, so auch er! Und so verzweifelt wie ich selbst hatte beachtet und bewundert werden wollen, so verbissen kämpfte auch er jetzt darum, ständig und bedingungslos von der Sonne meiner Zuwendung beschienen zu werden. Viel zu lange ließ er meinen Rockzipfel buchstäblich nicht los. Ja, mein Kind trieb mich nicht selten an den Rand der Überforderung – und manchmal darüber hinaus.

Ich war ja nicht nur Mutter und Lebensgefährtin, sondern bereits wieder voll berufstätig. Mir fehlte schlicht und ergreifend auch die Zeit, um bei meinem Sohn das wiedergutzumachen, was ich ihm zunächst nicht hatte bieten können. Das verstärkte mein schlechtes Gewissen und trieb mich dazu, es mit Geschenken zu beruhigen. So weit das möglich war, denn Cenks Wünsche mussten ja auch bezahlbar sein. Dann aber konnte er sicher sein: Er bekam den Wunsch erfüllt.

Ich jedoch fühlte mich langsam aber sicher aufgefressen. Wortwörtlich. Mein Kind »fraß mich auf«. Ein emotionaler Vielfraß. Nie war es genug, was ich ihm zu geben vermochte. Ich habe auf neue Kleider verzichtet, um ihm besonders schicke Sachen zu kaufen. Ich habe auf viele Abende mit meinem Liebsten verzichtet, um ihm stundenlang vorzulesen, bis er endlich einschlief. Wenn ich dann schließlich die Tür zum Kinderzimmer hinter mir zuzog, ganz leise, damit er nicht merkte, dass ich mich entfernte, hörte ich es schon wieder:

»Mama!«

Nichts schien ihm zu genügen, immer wollte er noch mehr. Hinterher tat es mir schrecklich leid, wenn ich wieder einmal ungeduldig geworden war. Und zugegeben, ich wurde unmerklich, aber unweigerlich immer öfter ungeduldig …

Irgendwann schaltet wohl jedes Muttertier um auf Selbsterhaltungstrieb. Ich spürte: Diesen Kampf kann ich nicht gewinnen. Ein absurder Kampf. *Für* meinen Sohn, doch irgendwie auch *gegen* ihn. Auch ich habe das psychologische Rätsel der Mutter-Kind-Symbiose nicht lösen können. Es ist mir aber doch eines klar geworden: Wenn ich uns beide nicht ungewollt ins Verderben führen wollte, musste ich nicht *weniger* an mich selbst denken, sondern *mehr*.

Das tat erst einmal weh. Es war aber auch erleichternd. Ich war gerade dabei, einen Friseursalon mit hochzuziehen, der zwei spanischen Schwestern gehörte. Und das machte mir, ich kann es heute freimütig einräumen, sehr viel Spaß, solange ich nicht an meinen Sohn dachte. In meinem Beruf, so viel stand fest, kam ich viel besser klar als mit meiner Mutterrolle. Die berufliche Welt war für mich eine Welt ohne seelische Altlasten. *Dort* war die Gegenwart, die mich erfüllte, und Hoffnung auf eine Zukunft, die mich anspornte. Was ich dort vollbrachte, würde irgendwann auch meinem Sohn zugute kommen: So musste ich es mir zunächst einreden, aber je mehr ich in meinem Beruf aufging und dabei immer festeren Boden unter den Füßen verspürte, desto überzeugter war ich, dass es auch stimmte.

Und ein weiteres Mal geschah etwas, das mir fast wie ein kleines Wunder erschien, letztlich aber doch allein aus mir selbst hervorging. Etwas, das im Außen nur geschehen konnte, weil im Inneren erneut ein Wandel vonstatten ging: Cenks psychischer Zustand stabilisierte sich in dem Maße, in dem es auch mir besser ging. In kleinen Schritten zwar, aber doch unübersehbar. Die tiefsten Wunden seiner Seele schienen langsam zuzuheilen und zu vernarben.

»Nicht ohne meine Schwester!«

Darmstadt und Frankfurt, 1992–1993

Mit meinen beiden Chefinnen verstand ich mich ausgezeichnet. Obwohl ich nur wenig verdiente, fühlte ich mich dennoch nicht ausgenutzt. Das Wichtigste waren mir auch hier meine Freiheit und Selbstständigkeit. Man ließ mir den Spielraum, die Kundschaft so zu beraten und zu frisieren, wie ich es mir vorstellte. So vermochte ich nicht nur meine Fähigkeiten als Friseurin auszubauen, sondern wurde jetzt bereits in die Lage versetzt, als Stylistin zu arbeiten.

Frisieren ist Handwerk – Styling aber ist so etwas wie eine Kunst. Auf jeden Fall eine ganzheitliche Tätigkeit, die aus vielen verschiedenen Fertigkeiten besteht und jeden Menschen in seiner charakteristischen Eigenart berücksichtigt. Eine Grundvoraussetzung ist natürlich, das Auge zu haben, um den persönlichen Typ von jemandem zu erkennen. Nur dann kann ich eine Vorstellung davon entwickeln, wie dieser Mensch am schönsten aussehen würde. Viele Menschen verstecken ihren persönlichen Typ hinter einer festgefügten Idee von Attraktivität, die ihnen aber meistens nur eingeredet wurde. Immer jedoch sieht ein Mensch dann am besten aus, wenn er sich so zurechtmacht, wie es seinem

Typ entspricht – nicht, wie es die Mode diktiert, welche auch immer.

Ich würde schon sagen, dass man ein spezielles Talent benötigt, um das ästhetische Potenzial x-beliebiger Vertreter der menschlichen Rasse zu erkennen. Und natürlich eine Menge Training. Nur dann kann man zum Stylisten werden, wie ich es verstehe – vielleicht. Denn es braucht dazu noch mehr. Zum Beispiel Überzeugungskraft. Es ist leider eine Tatsache, dass die meisten Menschen Minderwertigkeitsgefühle wegen ihres Aussehens haben. O ja, das gilt auch für Menschen, die von Natur aus ein ansprechendes Äußeres haben. *Gerade* für die! Nach nunmehr drei Jahrzehnten Erfahrung in der Verschönerung meiner Mitmenschen, im Provinzsalon ebenso wie in der Maske von Film- und Fernsehstudios, ist mir eines deutlich geworden: Je schöner der Mensch, desto selbstkritischer ist er in der Regel hinsichtlich seines Aussehens. Jedenfalls dann, wenn er selbst in der Öffentlichkeit steht.

Hier kommt die Überzeugungskraft des Stylisten ins Spiel. Oder vielmehr seine Vertrauenswürdigkeit. Wer an sich zweifelt, wer von sich selbst ein negatives Bild hat, wird misstrauisch. (Ich kenne das von mir selbst.) Und er neigt dazu, genau das zu tun, was ihn nur noch weiter von sich selbst entfernt. (Auch hier spreche ich aus eigener Erfahrung.) Wenn ich also sehe, wo etwas betont, wo etwas zurückgenommen werden müsste und was vielleicht der Clou werden könnte, obwohl es noch nie angedacht wurde, dann darf ich eines *nicht* machen: mit der Tür ins Haus fallen. Am verletzlichsten sind die Menschen an Stellen, von denen sie glauben, dass alle anderen dort hinsehen.

Ist es nicht merkwürdig? So viele Frauen in Deutschland geben heutzutage ein Heidengeld dafür aus, sich innerlich weiterzuentwickeln. »Persönliches Wachstum« nennen sie es, und am liebsten würden sie ihre Männer gleich mit dazu bekehren. Doch wie soll das klappen, wenn eine Frau nicht gleichzeitig auch an ihrem Äußeren arbeitet? Ich behaupte: Wer sich wirklich verändern will, sollte nicht *innen*, sondern *außen* damit anfangen. Jede Frau, die sich irgendwann einmal eine neue Frisur, eine neue Garderobe oder ein neues Make-up gegönnt hat (im Idealfall gleich alles zusammen), weiß, dass sie danach von anderen Menschen ganz anders angeschaut und behandelt wird als vorher. Und das kann sich sehr positiv auf die innere Befindlichkeit auswirken. Es besteht durchaus die Wahrscheinlichkeit, dass eine Frau dadurch selbstsicherer, fröhlicher, positiver und optimistischer wird. Und sind das etwa keine inneren Veränderungen? Ich wünschte vielen Frauen, die an ihrem Selbstbild, an ihrem inneren Wachstum arbeiten, dass sie sich diese Selbstverständlichkeit einmal vor Augen führen.

Damals, als ambitionierte Friseurgesellin, muss ich so manche konservative Kundin mit meinem Eifer genervt haben. Viele jedoch wussten mein Engagement auch zu schätzen und waren dankbar, überhaupt beraten zu werden. In jener Zeit habe ich die Grundlagen meines beruflichen Stils entwickelt. Haareschneiden allein würde mich nicht befriedigen. Das war mir schon klar geworden, als ich, den kreativen Furor meines Meisters bewundernd, noch Lehrling war. Aber was genau ich eigentlich wollte, das wurde mir erst jetzt bewusst: jede Frau so weiblich und so schön zu machen, dass ihr intensivstes Leben geweckt würde! Und ich genoss es, dass immer mehr Kundinnen nur zu mir wollten.

Meine Chefinnen begriffen, was sie an mir hatten. Das zahlte sich für mich weniger in Mark und Pfennig aus als im Entgegenkommen gegenüber meiner Lebenssituation. Ich durfte meine Arbeitszeit so einrichten, dass ich um vier Uhr nachmittags Cenk vom Hort abholen konnte. Alles schien sich einzupendeln. Ich lebte ein ganz gewöhnliches Leben, wie Millionen geschiedener und berufstätiger Mütter, die sich mit einem neuen Partner zusammengetan haben. Und es schien endlich ein gutes Leben zu werden!

Wirklich?

Erst wollte ich es nicht wahrhaben, um keinen Preis. Irgendwann jedoch gestand ich es mir ein: Da klaffte doch eine Lücke – mein Leben war immer noch nicht ganz rund, nicht wirklich so, wie ich es mir wünschte. Was aber fehlte denn? Hatte ich nicht immer »deutsch« sein wollen? Eine erfolgreiche, taffe Frau? Modern und emanzipiert? Nun war ich auf dem besten Wege dorthin – und, was geschah? Es war mir alles andere als recht! Mit jedem Tag weniger, selbst wenn ich es noch so entschlossen beiseite zu schieben versuchte.

Und was sprach mein Herz?

Mir fehlt meine Familie. Vor allem fehlt mir sie: Hatice.

Göbekleri beraber kesilmiş – unsere Nabelschnüre sind gleichzeitig durchgeschnitten worden: Bei uns zu Hause ist das eine Redensart wie in Deutschland der Satz »Sie sind ein Herz und eine Seele«. Bei uns beiden aber *ist das wortwörtlich so.* Jetzt, da ich nicht mehr am Existenzminimum krebste, da mein Innenleben einen Zustand zuvor ungekannter Entspannung erreicht hatte, jetzt wurde mir endlich auch bewusst, dass ich mich aus tiefstem Herzen nach meiner Zwillingsschwester sehnte.

Große Gefühle sind immer einfach. Sie sind immer klar. Aber sie kommen selten allein. Wie blendende Kometen erleuchten sie unsere sonst im Halbdunkel liegende Innenwelt. Und sie ziehen einen Schweif kleinerer Gefühle nach sich, von ihrem eigenen Stoff abgeschieden, vielleicht schon sterbend, aber von so bestechender Faszination, dass man sich damit fast mehr beschäftigt als mit der Quelle, die ihnen zu ihrer flüchtigen Pracht verhilft.

Ich steigerte mich unversehens in eine Art schwelgerischen Rausch naiver Idealisierung all dessen, wovor ich doch mit dem Mut der Verzweiflung geflohen war:

Wie gern würde ich mit meinem Sohn die türkischen Feste meiner Kindheit feiern: Ramadan! Das Opferfest! Das Beschneidungsfest! All die wunderbaren Geburtstage und die vielen anderen Gelegenheiten, bei denen Menschen eines Blutes zusammenkommen, gemeinsam trinken, essen und lachen … In Cenks Adern fließt doch türkisches Blut! Ist es nicht meine Pflicht, ihn mit den Traditionen seiner Vorfahren bekannt zu machen? Er hat seine Cousins und Cousinen noch nie im Leben gesehen. Ist es nicht beschämend für mich, dass er sich auf Deutsch mit ihnen unterhalten müsste?

Es war eine richtige kleine Orgie der Nostalgie. Aber ich verlor mich nicht mehr voll und ganz darin. Okay, irgendwie steckte ich bis zur Halskrause in starken Gefühlen, die ich vor nicht allzu langer Zeit als morbid, ja selbstzerstörerisch verurteilt hätte. Aber war all das nicht auch ein Teil von mir? *Sulu gözlü olmak – ich habe wässrige Augen*, oder, wie man in Deutschland sagt: Ich bin nahe am Wasser gebaut. Doch war da nicht noch etwas anderes? Ja, wirklich, da war noch etwas, und es lag so deutlich auf der Hand und war doch bisher unsichtbar für mich. Nun aber erkannte ich es in aller Klarheit, zum ersten Mal in meinem immer noch jungen Leben, und ich ahnte, dass es mich wohl bis ans Ende meiner Tage begleiten würde:

Ich bin ein Kind zweier Welten.

Unsere wichtigsten Charakterzüge bleiben uns sehr lange verborgen. Wenn wir sie überhaupt entdecken, dann am ehesten mithilfe anderer Menschen, die sie natürlich viel deutlicher sehen. Das führt dann manchmal zu komischen Situationen. So erging es mir auch hinsichtlich meiner ausgeprägten Tendenz, mich zwischen Extremen hin und her zu bewegen. Einige Jahre später betrieb ich dann zusammen mit meiner Schwester einen Salon in der Frankfurter Freßgass, im Schatten der Bankentürme. Eine Kundin aus der Brokerszene, eine smarte Frau, mit der ich mich gut verstand, überraschte mich eines Tages mit einem lustigen Statement:

»Ayşe, deine Psyche ist so volatil wie der Kurs eines Optionsscheins auf hundert Prozent reines Gefühl.«

Ich war so perplex, dass ich schallend lachen musste. Beinahe hätte ich ihr eine derbe Stufe in ihre spektakuläre Kurzhaarfrisur geschnitten.

Heute kann ich mich dazu bekennen: Ich bin nicht nur ein hundertprozentiger Gefühlsmensch, ich habe dazu auch noch die *Extreme* der menschlichen Gefühlsskala gepachtet.

Zurück nach Darmstadt. Vor nun schon zehn Jahren war der Kontakt zu meiner Familie komplett abgerissen … Und mit jedem weiteren Tag wurde ich deshalb trauriger.

Georg verstand mich. Wer mit den eigenen Eltern so innig verbunden ist, wie er es war, kann sich wohl gar nicht vorstellen, dass man seine Herkunftsfamilie überhaupt so lange entbehren kann. Außerdem hätte er meinen Vater und meine Mutter gern kennengelernt. Was er von mir über sie gehört hatte, stieß ihn nicht etwa ab, sondern machte sie für ihn offenbar noch interessanter. Er versuchte sogar, mich zu einer Kontaktaufnahme zu bewegen.

»Du weißt doch gar nicht, wie sie heute zu dir stehen. Vielleicht ist inzwischen alles ganz anders.«

Aber Ayşe ist stolz, und ja, in bestimmten Fällen auch nachtragend:

»Wenn überhaupt, dann müssen sie auf mich zukommen!«

Natürlich hoffte ich inständig, dass sie das tun würden, aber es blieb ein Traum. Inzwischen hielten Hatice und Cavidan mich über alles auf dem Laufenden, was rund um unsere Familie geschah. Ich war auf einmal so neugierig! Wenigstens wurde ich nun umgehend in Kenntnis gesetzt, wenn etwas berichtenswert war, etwa wenn jemand aus der Verwandtschaft heiratete oder Nachwuchs erwartete.

Auch Hatice hatte wieder einen Lebensgefährten, einen deutschen Piloten. Dieser Mann verdiente nicht nur viel, er hatte auch noch gut geerbt. Und er verwöhnte seine Angebetete nach Strich und Faden. Und dennoch passte es ihm nicht, dass sie als einfache Friseurin arbeitete. Er schlug vor, dass sie sich selbstständig machte. Und war bereit, ihr dabei finanziell unter die Arme zu greifen.

Hatice war hellauf begeistert. Allerdings ging sie nicht blindlings auf das Angebot ein. Sie stellte eine ganz bestimmte Bedingung …

Ich stand gerade im Laden, mit Lockenwicklern in der Hand, als das Telefon klingelte.

»Ayşe, hier ist Hati. Sei jetzt ganz stark. Kannst du dich setzen?«

O Gott, was war denn nun schon wieder? Ich hatte gedacht, das Zeitalter privater Katastrophen sei vorbei!

»Ich habe eine Kundin«, wiegelte ich ab, »was ist denn los?«

Schon machte ich mich auf das Schlimmste gefasst. Tief sitzende Erinnerungen.

»Ayşe, mein Freund will mich finanziell unterstützen, damit ich mich selbstständig machen kann.«

Ich atmete tief durch. Also doch keine Katastrophe.

»Hati, das ist doch wunderbar! Und, was hast du gesagt?«

»Nicht ohne meine Schwester.«

»Wie bitte?«

»Ich habe gesagt: Nicht ohne meine Schwester!«

Ich fühlte mich, als wenn mir jemand von hinten mit einer Holzlatte in beide Kniekehlen geschlagen hätte. Die Lockenwickler machten ein klackerndes Geräusch, als sie auf den Boden fielen. Der ganze Laden schaute sich plötzlich nach mir um. Jetzt hätte ich mich wirklich gern gesetzt! Mühsam rang ich um Fassung, niemand sollte mitbekommen, worum es hier ging.

»Das hast du gesagt?«, nuschelte ich ins Telefon. Jetzt hatte ich auch noch einen Frosch im Hals. »Hast du das wirklich gesagt, Schwesterherz?«

»Aber ja.«

Man schien ein wenig amüsiert auf der anderen Seite der Leitung. Offenbar die selbstverständlichste Sache der Welt! Ich hätte meine Hati von oben bis unten abknutschen können. Kaum zu fassen!

»Du meinst … du und ich, wir sollen unseren eigenen Laden aufmachen?«

»Ja klar, das wollten wir doch immer schon. Und mein Freund würde für uns bürgen. Aber was hast du denn? Willst du dir diese Chance etwa entgehen lassen? Du hast es doch damals selber vorgeschlagen!«

Und ob ich wollte! Das war *die* Chance unseres Lebens! Jetzt gab es nur eins: Zugreifen!

Bingo! Die Erfüllung eines Traums war in greifbare Nähe gerückt. Ich schwebte wie auf Wolke sieben. Und in meinem Kopf begann es zu arbeiten. Georg anrufen, damit er Cenk vom Hort abholt. Sofort nach Dienstschluss mit Hati und ihrem Freund zusammenkommen und alles besprechen. Nur ja nichts anbrennen lassen!

Und so kam es, dass wir schon am folgenden Tag beim Bankberater saßen. Die Finanzierung – kein Problem, dank der Bürgschaft. Wir bekamen sogar einen günstigen Jungunternehmerkredit. Und klar war auch, wo wir unseren Laden eröffnen würden: nicht in Darmstadt, Offenbach oder Wiesbaden – nein, Frankfurt musste es sein!

Neue Räume, neue Träume

Frankfurt, wir kommen!«

Doch was ist das? Ich blicke in ein mürrisches Gesicht. Georg ist so merkwürdig reserviert. Hat sich zwar alles angehört und auch ein paar Fragen gestellt, von Begeisterung aber keine Spur. Auf einmal wird mir klar: Wir haben ein Problem!

»Ich habe so ein komisches Gefühl«, brummelt er, »ich habe Angst, unsere Beziehung geht in die Brüche, wenn du in Frankfurt bist.«

Aha, von daher weht der Wind. Einen kurzen Moment lang drängt es mich, meinen Schatz mit einer Grundsatzerklärung abzuspeisen, etwa in der Art von: »Entweder eine Beziehung hält es aus, dass sich jeder Partner verwirklicht, oder es ist nicht die Beziehung, die ich mir wünsche!«

Doch etwas hält mich zurück. Obwohl ich mich in meinem Drang nach Selbstverwirklichung wieder einmal scharf ausgebremst fühle, ist dies nicht die Situation, um sich beleidigt zu fühlen. Oder um jemandem demonstrativ den Rücken zu kehren. Georg ist nicht mein Vater!

Ich nehme ihn in den Arm, drücke ihn fest und schaue ihm tief in die Augen.

»Bitte versteh mich. Du weißt doch, wie wichtig es mir ist, mein Leben selbst in die Hand zu nehmen. Das hat doch mit uns beiden nichts zu tun. Wenn wir uns lieben, können wir uns auch in Frankfurt lieben.«

Er muss lachen. Da ist er wieder, mein Georg, so fröhlich, wie ich ihn kenne! Oder doch nicht? Das Lachen ist schon wieder verstummt, und jetzt schaut er mich mit seinen großen schönen Augen doch etwas traurig an.

Kalbin korkudan çarparsa, alkalbini eline matǐgin kapisina götür – wenn dein Herz zu zittern beginnt, nimm es in beide Hände und trage es vor die Tür deines Verstandes.

Es fiel ihm nicht leicht, aber er schaffte es schließlich doch, meine Pläne zu akzeptieren. Er kannte mich und wusste sehr gut, dass dies der denkbar ungeeignetste Anlass war, eine Kraftprobe zwischen uns zu riskieren. Und außerdem konnte er seinen Job ja auch in Frankfurt machen.

Nachdem zwischen uns beiden wieder alles im Lot war, konnte es nur noch aufwärts gehen! Und so fanden wir in der Mainmetropole denn auch bald eine Wohnung.

◈

»*HaarWerk* gefällt mir am besten!«

Zwei Jungunternehmerinnen sitzen über einer langen Liste mit möglichen Firmennamen. Dieser Vorschlag Hatices ist mir sofort in die Augen gesprungen. *HaarWerk* hat etwas Cooles und Trendiges, aber es signalisiert auch solides handwerkliches Können. Beide finden wir, da müssen wir gar nicht mehr lange dran herumbasteln. Dank unserer guten Finanzierung brauchen wir auch nicht an allen Ecken und Enden zu sparen, um den Laden zum Laufen zu bringen. Natürlich war auch der Wunsch mit im Spiel, unsere ärmliche Vergangenheit sichtbar hinter uns zu lassen. Noch wichtiger jedoch war uns ein äußeres Erscheinungsbild, das Selbstbewusstsein und Großzügigkeit ausstrahlt. Das war eine wichtige Lehre, die wir beide aus unserem bisherigen Leben gezogen hatten. Damit ließen wir auch eine Vergangenheit hinter uns zurück, in der wir uns in unserer Freiheit eingegrenzt und in der Entfaltung unserer Talente beschnitten gefühlt hatten.

Seit der Trennung von meinem Mann hatte ich viel nachgedacht. Es war mir endgültig klar geworden, dass ich über zwei Hebel verfügte, um erfolgreich zu werden. Der erste war Fleiß und Ausdauer, der zweite eine positive Einstellung und eine ebenso positive Ausstrahlung. Je mehr Erfahrungen ich auf diesem Weg sammelte, umso klarer wurde mir, dass ich mit dieser Philosophie ganz richtig lag. »Erfolgsbewusstsein« zieht wachsenden Erfolg an – wie ein Salzkristall das im Wasser gelöste Salz an sich zieht und dadurch wächst und gedeiht. Dass es auch andersherum funktioniert, hatte ich ebenfalls zur Genüge erleben müssen. Wenn man »Opferbewusstsein« praktiziert, muss man wohl zum Opfer werden. Aber wenn wir Großzügigkeit praktizierten, dann würde uns das Leben auch großzügig behandeln! Hatice für diese Philosophie zu gewinnen, war nicht weiter schwer. In der Fülle zu leben, das entspricht doch dem Wesen einer Prinzessin, oder?

Neue Räume, neue Träume! 140 Quadratmeter Geschäftsfläche, edel und individuell eingerichtet, jedes Detail von uns selbst geplant, ausgesucht und inszeniert. Einfach toll! Genauso, wie wir es uns vorgestellt haben. Nun stehen wir hier, inmitten der ungewohnten Pracht und können uns nicht daran sattsehen. Morgen ist Eröffnung. Am 2. 2. 1992, ein paar Tage vor unserem Geburtstag.

»Wie findest du das, Schwester?«

»Wow, ich bin hin und weg ...«

Ich hake sie unter.

»Wenn wir an einem Strang ziehen, sind wir unbesiegbar ...«

»Tessekür ederim, Allaha – möge Gott es so einrichten.«

Hallo, waren da etwa Zweifel in ihrer Stimme? Wie gut, dass wir zwei ganz alte Hasen sind in der Kunst, uns immer wieder gegenseitig aufzubauen.

»Du, wir werden es schaffen! Das werde ich dir noch hundertmal sagen, wenn es nötig sein sollte. Außerdem haben wir deinen Freund im Rücken, der sich um die Zahlen kümmert! Aber du wirst sehen, irgendwann schaffen wir es auch ohne ihn. Wir zwei sind stark!«

Dass dies wirklich so war, sollte sich schon bald zeigen. Ganz von allein folgten uns unsere Stammkunden dutzendweise aus Darmstadt herüber. Wer hätte gedacht, dass so viele Leute bereit sein würden, den Weg nach Frankfurt in Kauf zu nehmen, um sich von uns die Haare schneiden zu lassen? Und meine persönliche »Philosophie« schien sich weiter zu bewähren: Nach dem Gesetz der Resonanz zieht Gleiches stets Gleiches an.

Die beste Werbung für ein Ladengeschäft ist immer noch die Flüsterpropaganda. Ständig kamen neue Kunden auf Empfehlung anderer Kunden. Aus dem gesamten Rhein-Main-Gebiet, in unseren Salon im eher bescheidenen Frankfurter Stadtteil Sachsenhausen! Besonders erfreulich war, dass wir mit dem Image, das wir uns zu geben bestrebt waren, voll ins Schwarze trafen. Nicht nur gut betuchte, sondern auch sehr interessante Leute fanden den Weg zu uns. Eines Tages stand eine bekannte Fernsehmoderatorin vor mir, ohne Absprache. Ich war so beschäftigt, dass ich sie gar nicht erkannte, und wollte sie schon abwimmeln. Sie trat ohne jeden Nachdruck in Erscheinung, wollte einfach erst einmal vorbeischauen, bevor sie sich einen Termin geben ließ. Nur eben: Ich checkte einfach nicht, dass *sie* es war, weil ich mich voll und ganz auf meine Kundin konzentrierte. Hati nahm mich so unauffällig wie möglich beiseite.

»Du, merkst du denn gar nichts? Das ist doch die …«

Zum Glück sind Prominente oft im Grunde ihres Herzens ganz froh, wenn man sie mal nicht erkennt. Diese Frau hier jedenfalls war total entspannt. Na, da war sie mir gleich umso sympathischer. Und ich konnte sie tatsächlich von unseren Qualitäten überzeugen. Wir verstanden uns auf Anhieb. Seit diesem Tag ist sie meine Stammkundin. Und, ich darf das vielleicht so sagen, sie wurde sogar eine liebe Freundin.

Ja, wir hatten damals einen tollen Lauf. Georg schaffte es sogar, für uns eine Wohnung direkt über dem Laden zu bekommen. Wie praktisch! Aber auch eine Verführung für mich, das Privatleben hintanzustellen. Was Cenk betraf, so musste ich mir eigentlich immer weniger Sorgen machen. Er war spürbar selbstständiger geworden. Und außerdem wusste er mich immer in seiner Nähe. Seine Tagesmutter akzeptierte er voll und ganz, ich hatte sogar das Gefühl, sie brachte etwas Abwechslung in sein Leben. War ich etwa ein bisschen eifersüchtig?

Aber Georg! Je mehr ich meine Erfolgswelle ritt, desto weniger schien er mit seinem eigenen Leben anfangen zu können. Er traf jetzt eine folgenreiche Entscheidung. Er setzte sein Vermögen ein, um sich in der Geldstadt Frankfurt im Baufinanzierungsgeschäft zu versuchen. Warum er das tat, statt weiter seine unbestreitbaren Stärken in die Waagschale zu werfen – sein glänzendes Aussehen und seine charmant-gewinnende Art im Umgang mit Menschen –, das erschloss sich mir nicht.

Ich für mein Teil wollte und musste meinen eigenen Weg weitergehen. Das war ich dem Leben schuldig, das mich endlich gut zu behandeln schien. So sollte mein Liebster doch recht behalten mit seiner Ahnung? Wie es schien, war es so: In Frankfurt lebten wir uns auseinander. Erst in ganz kleinen, dann in immer größeren Schritten. Alles ohne lauten Knall, ohne großes Drama. Unsere Liebe starb lautlos. Wie ein See, dessen Quelle versiegt und der allmählich austrocknet. Immerhin zwei Jahre noch hielt unsere Beziehung, dann aber war endgültig und unwiderruflich Schluss.

◈

Meinem beruflichen Werdegang gereichte es nicht zum Nachteil, wieder Single zu sein. Single, das war mittlerweile auch Hatice wieder. Wir wurden jetzt zwei richtige Karrieremädels. Hatten im Prinzip nur unser Geschäft im Kopf. Und das lief bestens. Frankfurt ist alles andere als eine Weltstadt, aber es gibt doch eine Menge Leute, die sehr viel Wert auf ihr Äußeres legen. Und die es sich leisten können. Erst waren wir ein Geheimtipp. Irgendwann dann die erste Adresse für jugendliches, hippes Styling.

Alles bestens also! Und doch … Zunehmend begann ich mir den Kopf zu zerbrechen, was noch fehlen könnte. Ja, es störte mich geradezu, dass alles lief wie geschmiert. Merkwürdig? Nicht für mich. Äußerer Erfolg allein reicht mir nicht. Da muss auch immer etwas von innen her kommen. Etwas Unverwechselbares. Habe ich das von meiner Großmutter? Alle Frauen in Susurluk trugen ihr Haar lang, meine Großmutter aber musste es *kalcaya kadar ulun saç* tragen: *lang bis zum Po.* Alle anderen Frauen dort trugen konventionelle Kleidung, nur Babanne trat als wandelnde Sammlung für Teppichmuster in Erscheinung. Und erst ihre legendären Wassergüsse – rituelle Reinlichkeit als bizarres Gesamtkunstwerk!

Nun, so arg musste ich es ja nicht treiben. Unsere Absicht war es ja nicht etwa, türkische Folklore spazieren zu tragen, sondern westliche Menschen schön zu machen. Aber eine ganz persönliche Note für uns beide, die musste noch her!

Irgendwann war die Idee dann ganz von allein da. Waren wir nicht die Zwillinge, zu denen die Stadt für ein gutes Haarstyling ging? Unsere Ähnlichkeit war ein beliebtes Gesprächsthema unter den Kunden, das wussten wir. Das Erkennungsmerkmal »Zwillinge« könnte doch zum Zugpferd für unseren Salon werden! Also entschlossen wir uns, von jetzt an demonstrativ stets dieselbe Frisur zu tragen. Wenn eine von uns ihre Haarfarbe oder den Schnitt änderte, zog die andere sofort nach. Bald fanden wir unser gemeinsames Markenzeichen: pechschwarzes Haar und ein kinnlanger Bob mit Pony. Und siehe da, unsere »Cleopatrafrisur« wurde zum lokalen Modekult. Wir fühlten uns toll damit, zumal es eine Menge Spaß brachte, dass uns nun kaum noch jemand auseinanderhalten konnte.

»Genau wie früher in der Schule!«

Erfolg ist süß

Frankfurt, im Jahr 1996

Jetzt holen wir uns die *Colour Trophy*«, entfährt es mir. Ich sitze in der Teeküche des Salons, unserem Sozialraum, und blättere in einer Fachzeitschrift. Da bin ich bei dieser Ausschreibung hängengeblieben. *L'Oréal*, der internationale Kosmetikkonzern, vergibt seine begehrte Auszeichnung dieses Jahr erstmals auch in Deutschland. Bisher fand der bedeutendste Wettbewerb unserer Branche immer nur in London und Paris statt.

»Ganz klar, schaffen wir. Ist ja nur der Oscar für Friseure.« Unser jüngster Lehrling ist wahrlich nicht auf den Mund gefallen!

Sitzt ganz entspannt beim Frühstück und lässt mal eben so durchblicken, was er von seiner Chefin hält: Jetzt dreht sie endgültig durch.

Wenn mir jemand klarmachen will, dass er mich für verrückt hält, fordert mich das nur dazu heraus, noch eins draufzusetzen. Scheinbar gleichgültig blättere ich um und gebe lässig zurück:

»Eben, eine unserer leichtesten Übungen. Und wenn wir gewonnen haben, darfst du ihn als Erster küssen.«

Hinter meiner Stirn, da arbeitet es bereits. Vorerst werde ich so tun, als ob mich das Thema weniger interessiert als der Wetterbericht. In Wahrheit aber bin ich wie elektrisiert davon. Dieser Preis ist eine Riesensache. Nicht, weil er hochdotiert wäre, sondern wegen des Imagegewinns.

Jedes teilnehmende Team soll ein Model von Kopf bis Fuß durchstylen. Haare, Make-up, Mode – mit einem Wort: Ihr Typ muss herausgearbeitet, ihre Aura zum Leuchten gebracht werden. Das kommt unserem eigenen Konzept doch sehr entgegen. Warum also sollten wir es nicht versuchen?

Zwischendurch wird mir aber doch etwas mulmig. Ist das wirklich unsere Kragenweite? Da wird die Crème de la Crème der ganzen Zunft am Start sein. Was wäre, wenn wir abgeschlagen auf den hinteren Plätzen enden? Würde unser Geschäft nicht Schaden nehmen?

Schon komisch. Wenn ich besonders hoch hinaus will, fällt mir manchmal etwas ein, was mit meinen tiefsten Wurzeln zu tun hat. Ich muss auf einmal an eine Begebenheit aus meiner Kindheit denken.

◈

Babanne hat mich auf dem Spielplatz im Park ausfindig gemacht. Eigentlich sollte ich in der Schule sein. Auweia, jetzt kommt die übliche Gardinenpredigt. Aber heute ist meine Großmutter ganz anders. Sie lächelt! Kommt auf mich zu und streckt ihre Hand aus. Überraschend freundlich, aber in ernstem Ton sagt sie zu mir:

»Her telden çalma, bir şeyi rayina oturtmak – wer auf allen Saiten spielen will, muss zuvor seinem Leben eine Melodie geben.«

Das verstehe ich in diesem Moment überhaupt noch nicht, aber Omas ausgestreckte Hand ist sehr einladend. Ich ergreife sie, und wir gehen zusammen in Richtung Schule. Weise Frau und freche Göre, Letztere auf einmal sehr nachdenklich.

❖

Hier sitze ich nun. Frankfurt, im Jahr 1996, Teeküche im *HaarWerk*. Ich blicke durch die geöffnete Tür in den Salon. Sehe emsige Hände, höre das Klick-Klick der Scheren, die Gespräche zwischen Mitarbeitern und Kunden. Ich spüre in diese Energie hinein und habe auf einmal das Gefühl, endlich wieder voll und ganz bei mir selbst anzukommen.

Diesen Moment angemessen zu beschreiben ist eigentlich unmöglich. Ich kann nur sagen: Ganzkörper-Gänsehaut. Ja, ich spüre es mit allen Fasern meines Seins:

Die Energie ist wieder da!

Nicht *irgendeine* Energie, sondern *die* Energie. Eine Kraft, die dir eine feste Zuversicht einpflanzt, dass dir die Welt offensteht. Die dich so stark macht, dass du ein Gefühl hast, als ob du Bäume ausreißen könntest. Die dich aber auch ganz weich und empfänglich werden lässt für etwas, das viel feiner ist als all unser Wollen und Streben. Etwas, das uns von allein zuströmt, aber nur, wenn wir dafür bereit sind. So mächtig und durchlässig zugleich wie eine große Welle, die unaufhaltsam auf den Strand zurollt. Ich bekomme unbändige Lust, diese Welle zu reiten!

Ja, jetzt ist es an der Zeit, auf allen Saiten zu spielen! Ob wir gewinnen oder den letzten Platz machen: *Bana göre hava hoş – das Wetter ist schön!*

Ich schloss die Augen. Im Bruchteil einer Sekunde zoomte mein Bewusstsein zurück in die Kindheit. Ich saß vor meinem geöffneten Wunschfenster und träumte mich hinaus in die große, weite Welt. Aber jetzt war ich nicht mehr das kleine Mädchen mit den großen Träumen, sondern die erwachsene Ayşe mit einem konkreten Ziel: Ich wollte diesen Award! Ich würde das unmöglich Erscheinende möglich machen! Instinktiv tat ich etwas, das ich seither als meine spezielle Erfolgsmethode praktiziere. Wenn ich mir etwas vornehme, das mir wichtig ist, dann visualisiere ich meine Schritte zum Erfolg so konkret und so intensiv wie möglich. Hier war es gar nicht besonders schwer, denn alle Phasen auf dem Weg dorthin waren ja in der Ausschreibung bis in die Einzelheiten beschrieben.

Phase 1: Wir brauchen ein Model. Sie muss eingekleidet, frisiert und professionell fotografiert werden. Mit der Fotoserie bewerben wir uns für die Endausscheidung im Bundesland Hessen.

Phase 2: Die Jury nimmt unsere Aufnahmen – bei Hunderten von Einsendungen – unter die 20 besten auf. Dies berechtigt uns, am Landesfinale in Frankfurt teilzunehmen.

Phase 3: Beim Landesfinale, einer öffentlichen Bühnenveranstaltung, kommen wir mindestens auf Platz drei. Damit qualifizieren wir uns für das Kölner Bundesfinale.

Phase 4: Beim Bundesfinale, einer Gala vor großem Publikum, unter den Augen der ganzen Fachwelt, erringen wir die *Trophy*!

Alles steht mir sehr klar und deutlich vor Augen. Bis hin zu dem Moment, da ich den Preis in die Hand gedrückt bekomme. Denn das ist ganz entscheidend: Ich muss tatsächlich alles super-konkret, bis in alle Einzelheiten, vor meinem inneren Auge sehen. Und meine Gedanken voll und ganz auf den gewünschten Erfolg einstellen. In diesem Moment wenigstens darf nicht das Fitzelchen eines Zweifels in mir sein! Und danach, während der praktischen Durchführung, am besten gar nicht daran denken, ob es klappen wird oder nicht. Einfach den Weg gehen. Einen Schritt nach dem anderen. So einfach ist das, und es hat für mich immer wieder funktioniert.

Aber habe ich jetzt nicht doch etwas vergessen? Na klar, nennen wir es »Phase Null«: Zuallererst muss ich meine Schwester für das Projekt begeistern! Wie wird sie wohl reagieren? Ich erwarte Skepsis, doch als ich ihr davon erzähle, renne ich offene Türen ein. Sie ist sofort Feuer und Flamme! Wann habe ich von ihr zuletzt diesen spitzen Jubelschrei gehört?

»Das ist doch genau unser Ding, Ayşe!«

Ich verstehe: Sie hat ihren Traum, Modedesignerin zu werden, also doch noch nicht aufgegeben. Gut für sie – und gut für uns beide. Schon meldet sie ihren Anspruch auf den Entwurf des Outfits an. Soll mir recht sein.

»Dann übernehme ich die Coloration und den Haarschnitt.«

Somit sind wir uns einig. Auf der nächsten Teamsitzung haben wir keine Mühe, unsere Begeisterung auf die anderen zu übertragen. Die Ideen sprudeln nur so!

Ich notiere sämtliche Bemerkungen und Vorschläge, ohne jeglichen Kommentar. Jeder soll wissen, dass sein Beitrag ernst genommen wird. Eine Bewertung nehmen wir in Ruhe vor und besprechen alles gemeinsam. Hatice aber denkt schon weiter als wir alle.

»Die ganze Sache steht und fällt mit dem Model. Das ist ja wohl klar.«

Wenn sie recht hat, hat sie recht. Wir sind ein starkes Team – aber wir haben noch kein Gesicht, das uns vertritt. Ein Mädchen mit Ausstrahlung. Eine, die auch menschlich zu uns passt.

Schon tags darauf blättern wir die Fotokarteien der einschlägigen Modelagenturen durch. Und werden nicht fündig. Wie könnte es auch anders sein? Wir sind eben besonders, und wohl auch etwas diffizil. Der nächste Tag. Wir suchen immer noch. Und einen weiteren Tag. Ich beginne mir langsam Sorgen zu machen, da knufft mich Hati in die Rippen.

»Du, ich glaube, ich habe sie!«

Anja. Ein deutsches Mädchen, das in London lebt. Ihr Honorar ist für unsere Verhältnisse – wie sollte es anders sein – natürlich, eigentlich und überhaupt viiieeel zu hoch. Doch wir beide wissen auf Anhieb: Die oder keine!

Hati übernimmt die Führung. Hier ist sie ganz in ihrem Element.

»Ayşe, du sagst doch immer: Wenn schon, denn schon. Willst du jetzt etwa einen Rückzieher machen?«

Also, dann soll es sein! Diese Anja gönnen wir uns. Wenigstens das Casting bei uns im Salon. Ein paar Tage später ist sie dann da. Als sie zur Tür hereinkommt, schauen wir uns nur an und wissen: Das ist sie! Dieses Mädchen besitzt so eine wunderbar natürliche, dabei eminent selbstsichere Ausstrahlung. Und sympathisch ist sie auch. Perfekt!

In der nächsten Nummer der Fachzeitschrift berichten sie von dem überwältigenden Zuspruch auf die Ausschreibung:

»Tausend Teams haben sich bisher angemeldet.«

Seinerzeit war dieser Contest noch eine Angelegenheit, die spürbar weniger von Sponsoreninteressen geprägt wurde als heute. Es ging tatsächlich noch darum, in einem harten Wettbewerb auf sportliche Weise den Sieger zu ermitteln, unter den Augen einer internationalen Jury.

Bis zum letzten Moment ging ich allen mit meiner Mentaltraining-Marotte auf die Nerven.

»Ihr müsst total davon überzeugt sein, dass ihr gewinnen werdet. Wenn wir alle zu hundert Prozent daran glauben, wird es in Erfüllung gehen!«

Das war noch der harmloseste meiner Ratschläge. Ich ließ nicht locker und führte das ganze Team in die einschlägigen Visualisierungstechniken ein.

»Stellt euch ganz genau vor, wie wir alle auf der Bühne stehen und den Preis überreicht bekommen.«

Ich hatte noch schnell ein paar Bücher über »Positives Denken« gelesen. *Wie man sich selber zum Erfolg coacht* und solche Sachen. Denn ich wollte nichts, aber auch gar nichts unversucht lassen, so heiß war ich auf den Erfolg. Und ich bildete mir ein, das Team würde dadurch noch einen Extra-Motivationsschub bekommen. Wahrscheinlich habe ich ihnen aber wohl eher Energie abgesaugt, anstatt welche zu geben. Denn sie mussten gar nicht erst angeschoben werden. Sie waren genauso vom Wettbewerbsvirus befallen wie meine Schwester und ich.

Ich kannte damals überhaupt noch keine Literatur zum Thema »Wunsch-Manifestation«. Ich wendete diese Methode instinktiv an. Auch der Unterschied zum sogenannten »Positiven Denken« wurde mir erst viel später bewusst. Es ist meines Erachtens ein Trugschluss, dass man durch

Einmassieren positiver Glaubenssätze in den Gehirnmuskel irgendeinen Erfolg »herbeidenken« kann. Auch Talent und Fleiß sind, obwohl unverzichtbar, nicht ausreichend, will man etwas wirklich Besonderes erreichen. Und das Glück? Es lacht einem immer nur dann, wenn es will. Nein, das Geheimnis liegt woanders. Es mag zu einfach klingen, aber unser Erfolg war unvermeidlich! Das Geheimnis schlummerte in uns selbst.

Wir waren bereit. Tief im Unterbewusstsein komplett auf »Gelingen« eingestellt.

Wir rieben uns immer wieder die Augen, denn es lief tatsächlich wie geschmiert: Erst kamen wir ins Landesfinale. Dort errangen wir den ersten Platz. Und – schwupps! – waren wir unter die letzten 30 gekommen. 30 von 1000! Wir, das Team von *HaarWerk*, im Finale! Zu elft fahren wir nach Düsseldorf. Viel zu viele eigentlich, um jedem dort eine Aufgabe zu geben, aber wir hatten die Welle der Erfolgsenergie gemeinsam losgetreten, und so sollten auch alle dabei sein, wenn die Welle ihren Gipfel erreichte …

Die Models bekommen Startnummern. Wir haben die 11. Ein gutes Omen? Und dann sind wir an der Reihe. Anjas Auftritt! Hatice hat ihr etwas auf den Leib geschneidert, das ihrem Typ entspricht. Anja sieht aus wie eine Claudia Schiffer mit kurzen Haaren, eine nordisch-klare Schönheit, mit verspielt-orientalischem Touch. Mit selbstverständlicher Eleganz trägt sie ihr verführerisch transparentes Kleid in spanischer Spitze. Dazu einen knallroten, bodenlangen Samtmantel mit weißem Pelzkragen. Ein gewagtes, aber stimmiges Ensemble, glamourös und ausgefallen. Das Werk meiner Schwester. Selbst wenn wir nicht gewinnen, hätte sich der ganze Aufwand schon deshalb gelohnt, weil man es einfach genießen kann, hier zu sein und dies alles zu erleben.

Anjas Auftritt erntet die bewundernden Blicke des Publikums. Und nun muss ich selbst zeigen, was ich kann! Ich habe mir alles genau überlegt. Nur nichts dem Zufall überlassen! Als Coiffeure haben wir uns einen Namen als Blondspezialisten gemacht. Nur Fachleute wissen, dass es über 150 verschiedene Blondtöne gibt. Das Mixen macht's! Unsere spezielle Mischung, so viel kann ich verraten, besteht in der Regel aus fünf Tönen, die wiederum individuell nuanciert werden. Anjas naturblondes Haar eröffnet mir die Möglichkeit, schon mit sparsamen, aber wohlgesetzten Akzenten eine große Wirkung zu erzielen. Die Farbe so aufs Haar zu bringen, dass die Strähnen optimal platziert sind und der Glanz voll zur Geltung kommt, ist eine Frage der Technik und jahrelanger Erfahrung. Mit kritischen Augen folgt die Jury jedem meiner Handgriffe.

Nun geht es an den Schnitt! Ich habe mich zuvor für einen kinnlangen Bob entschieden. Alles läuft glatt und gut – fast *zu gut* für meinen Geschmack. Hier stehe ich, auf dem bisherigen Höhepunkt meiner Karriere, und liefere einen Act ab, der aus lauter Routine besteht?

Unmöglich, das bin nicht ich!

Ich weiß ehrlich gesagt nicht, was in diesem Moment mit mir passiert, aber es kommt ganz tief aus meinem Inneren. Meine Hände beginnen wie von selbst in Richtung eines ganz anderen Ergebnisses zu schneiden. Anja erhält einen Pony! Ein Raunen geht durch den Saal. Die Jurymitglieder machen große Augen. Ponys sind doch derzeit völlig out! Keines der anderen 29 Models hat Stirnfransen geschnitten bekommen …

Na und, dann kreieren wir eben einen neuen Trend! Pony ist ab jetzt wieder angesagt!

Anja, die blonde Cleopatra!

Wie schrecklich sind die Momente der Untätigkeit, die man in dem Wissen verbringt, dass gleich etwas geschehen wird, was für einen unendlich wichtig ist. Das ist einfach nichts für mich. Ich reagiere dann entweder mit flattriger Gereiztheit, oder ich stumpfe ab. Nach einer der längsten Stunden meines Lebens wird endlich zur Preisverleihung aufgerufen. Mir ist mittlerweile alles egal. Hauptsache, die ganze Sache ist bald vorbei.

Himmel, das Warten geht noch weiter! Schon so viele Preise verliehen, und wir sind nicht dabei. Hati und ich schauen uns an. Das bedeutet entweder etwas sehr Schlechtes oder etwas sehr Gutes: Entweder gehen wir ganz leer aus, oder … Mit klopfendem Herzen verfolgen wir die Parade der Sieger. Mein Mund ist trocken, ich zittere am ganzen Körper. Und dann noch stillsitzen! Wohin bloß mit meinen Händen?

»Au!«

Das war Hati. Mir war gar nicht bewusst, dass ich vor lauter Aufregung ihren Arm mit ganzer Kraft gedrückt habe. Die Zeremonie zieht sich hin wie Kaugummi. Unser Name ist immer noch nicht genannt worden. Aber jetzt kommen die drei Hauptgewinne. Der dritte Preis. Wieder nichts. Zweiter Preis: Immer noch nichts …

Oh, ihr Mysterien der gemischten Gefühle! Ihr, meine seelische Qualverwandtschaft! Wen das Leben so hin und her geworfen hat wie mich, der blickt doch immer wieder dem emotionalen Mischwesen in sich selbst ins Gesicht. Verzweiflung und Hoffnung, Euphorie und Depression, Erlösung von großer Last und innere Leere … Tränen und Champagner. Würde es heute endlich einmal nur Champagner sein?

Da oben auf der Bühne gibt der Moderator sein Allerbestes. Mit gedehnt-pathetischer Stimme, wie ein Stadionsprecher, kommt er langsam zum Höhepunkt.

»Uuund nun … und nuuun … zum ersten Preis.«

Die Spannung steigt ins Unerträgliche … Dieser eine Moment kommt mir vor wie eine Ewigkeit.

»Eigentlich könnten sie ja Drillinge sein, weil sie alle die gleiche Frisur haben …«

Mir wird schwarz vor Augen. Schwindel ergreift mich. Es ist der Schrei eines unserer Mitarbeiter, der mich wieder zurückholt. Er hat als Erster verstanden, was jetzt kommen wird. Ist nicht mehr zu halten, stürmt zur Bühne.

Der Moderator setzt nochmals an.

»Wir rufen auf: *HaarWerk*!«

Jubel, Klatschen, Geschrei, der Saal tobt. Wir sind einfach nur fassungslos. Überwältigt. Wir haben den Preis! Tatsächlich! Wir haben gewonnen! Nun werden wir auf die Bühne gebeten, um die Trophäe in Empfang zu nehmen. Standing Ovations im Publikum. Dieser Award ist wirklich ein Monstrum – fast einen Meter hoch. Wir nehmen ihn unter Freudentränen entgegen. Die *Colour Trophy*.

Die folgenden Stunden erlebe ich wie im Rausch. Wir sind die Nummer eins! Was für ein Gefühl! In dieser Nacht strömt der Champagner. Die Freude, die Tränen – heute macht es keinen Unterschied.

Was für ein Gefühl, eine Siegerin zu sein …

◈

Nicht dass sich unser Leben auf einen Schlag verändert hätte. Aber ein vorübergehender Ausnahmezustand tritt schon ein. Das Telefon steht tagelang nicht mehr still, weil anscheinend die halbe Welt gratulieren muss. Eine Friseurfachzeitschrift will unbedingt ein Interview. Die Frankfurter Lokalpresse berichtet über die »Power-Twins«. Und im Handumdrehen sind wir auf Wochen ausgebucht.

Auch ein paar Neider geben sich die Ehre. Ebenfalls eine ganz neue Erfahrung! Im ersten Moment fühlt man sich verletzt, aber dann sagt man sich: Es gehört wohl einfach mit dazu. Wir beschließen, uns die Freude und den Stolz nicht allzu sehr anmerken zu lassen. Einfach ganz normal weiterarbeiten. Aber abends sitzen wir in diesen Tagen immer beisammen, lassen die Erfahrungen des Tages nachklingen und schwelgen noch im Gefühl des Triumphes.

»Jetzt haben wir ihnen endlich gezeigt, was wir können.«

Ich weiß genau, wie meine Schwester das meint. Nicht nur, dass wir in der Fachwelt des Friseurhandwerks jetzt einen Namen haben. Die Befriedigung reicht tiefer. Wir sind gemeinsam auf diese Welt gekommen, und wir haben es »ihnen« gemeinsam gezeigt. Wir schauen uns an und wissen beide ganz genau, wer gemeint ist.

Diese Ereignisse waren der entscheidende Wendepunkt für mich. Sie haben etwas Neues in mein Leben gebracht: das Gefühl, dass ich etwas wert bin. Die Gewissheit, dass ich ein Ziel erreichen kann. Den Glauben an mich selbst. Eine großartige Erfahrung mit meinen 29 Jahren, der pure Balsam für meine Seele.

Etwas fehlte aber noch immer. Gerade jetzt musste ich oft an meine Familie denken. Ich hätte meinen Erfolg so gern mit ihr geteilt. Meinen Triumph zusammen mit ihr ausgekostet. Ausgerechnet die Tochter, die euch als Schande galt, heimst jetzt für uns alle Ehre ein!

Ja, jetzt wollte ich die Anerkennung meiner Familie. Und sie würden mir eines Tages das verdiente Lob zollen. Meine Rehabilitation würde kommen! Ich glaubte es, spürte es – wusste es! Das wurde nun mein Motor.

Die Liebe ist ein Ozean, aber wir sind leider keine Fische

Frankfurt, im Frühjahr 1996

»Ich möchte zu einer gewissen Ayşe.«

Eine sonore Männerstimme dringt von der Rezeption herüber. Ich glaube, ich höre nicht richtig. Hat *der* eine Art, sich bemerkbar zu machen! Ich entschuldige mich kurz bei meiner Kundin, um zu schauen, wer das wohl ist.

Da steht ein Typ in altmodischen Jeans und spießigen Straßenschuhen. Hat ein kariertes Hemd an, das mich an eine Tischdecke erinnert. Darüber eine abgewetzte Barbourjacke. Ein Outfit, angesiedelt irgendwo im geschmacklichen Niemandsland zwischen unauffällig und langweilig. Manche mögen so was ja »charaktervoll« finden, mir fehlt da einfach alles dran. Und dieser Haarschnitt, der eigentlich gar keiner ist! Einfach grauenvoll.

Aber der Rest ... Ich ertappe mich dabei, alles sorgfältig zu taxieren. Circa 195 Zentimeter, das hatte ich schnell heraus, denn der hier war so groß wie mein Vater. Dunkle, feurige Augen. Schwarzbraunes, welliges Haar, markante Nase und volle Lippen. Muskulöser, wohlproportionierter Körper. Ein Beschützertyp, eine Säule zum Anlehnen. Eigentlich ganz mein Fall ... abgesehen von der Präsentation natürlich.

Halt, wo laufen meine Gedanken denn hin?

Dieser Kerl kommt hier rein und meint wohl, mein Scheinwerfer richtet sich gleich auf ihn. Schaut auch noch so herablassend zu mir herunter.

»Was möchten Sie denn von dieser Ayşe?«, frage ich kühl.

Er äugt hochnäsig über meinen Kopf hinweg. Kann er leicht, bei seiner Größe.

»Das möchte ich ihr lieber persönlich sagen.«

Ich wende mich ab, wie um zu der Kundin zurückzugehen.

»Dazu hatten Sie gerade Gelegenheit. Ayşe stand vor Ihnen.«

Das ist ihm sichtlich peinlich. Aber verbal lässt er sich offenbar nicht so leicht aus dem Konzept bringen.

»Aha, Sie sind das also. Ich möchte gern mit Ihnen persönlich einen Termin zum Haareschneiden vereinbaren.«

Ich halte inne, versuche aber, mir meine Neugier nicht anmerken zu lassen.

»Soso. Wer hat Sie denn geschickt?«, frage ich über meine Schulter hinweg.

»Ute, Ihre Nachbarin. Sie meinte, ich sollte mal bei Ihnen zum Haareschneiden gehen.«

Na, das ist wohl alles, was er an Charme aufbieten kann! Ich bereue es plötzlich, ihn nicht gleich wieder weggeschickt zu haben. Schließlich haben wir einen randvollen Terminkalender. Und diese Ute! Ich nehme mir vor, ihr die Leviten zu lesen. Wie kommt sie nur auf die Idee, mir einen so gar nicht hierher passenden Kunden zu schicken! Ist wohl verliebt in ihn und meint, ich könnte ihn für sie etwas aufmöbeln. Aber jetzt bringe ich es doch nicht mehr fertig, ihn abzuwimmeln. Er bekommt seinen Termin. Auch bei mir persönlich. Warum eigentlich, das wüsste ich in diesem Moment ganz gern selbst.

Um es gleich zu sagen: Es sollte nicht bei einem einzigen Wiedersehen mit Frank Auth bleiben. Und nicht beim Haareschneiden. Zu meiner immer größeren Überraschung wurden wir scheibchenweise, aber doch unaufhaltsam ein Paar. Immerhin ließ ich ihn noch fast ein ganzes Jahr lang zappeln! Aber jede Woche Wartezeit schien ihn nur noch mehr anzustacheln. Unermüdlich warb er um meine Gunst. Doch auch als ich schon begonnen hatte, ihn zu lieben, wollte ich mich partout nicht voll und ganz auf ihn einlassen.

Natürlich konnte sein Haarschnitt sich inzwischen sehen lassen, ebenso wie seine Garderobe. Ich war auffällig eifrig dabei, aus ihm einen sehr attraktiven Mann zu machen.

Und trotzdem – etwas an seiner Art schreckte mich ab. Er wirkte so distanziert, so dominant. Und ich fühlte mich durch seine Avancen unter Druck gesetzt. Doch dieser Mann ließ nicht locker. Er ging nicht vor wie ein routinierter Womanizer, sondern eher wie ein ausdauernder Langstreckenläufer. Was ihn mir wiederum sympathischer machte. Und ich durfte mich etwas sicherer fühlen, dass ich immer das Steuer in der Hand behielt.

Passt alles ganz gut zu einem Steinbock, musste ich denken. Auch mein Vater war Steinbock. Schon damals schwante mir, dass mein Verehrer nicht nur von der Statur her Ähnlichkeit mit ihm hatte. Das machte es mir mit ihm nicht gerade leichter. Vom Kopf her wollte ich mit einem Typus, wie mein Vater es war, absolut nichts mehr zu tun haben.

Vom Bauch her zog es mich wohl gerade auch deshalb zu ihm hin.

So befanden wir uns nun schon monatelang in einem *Pas de Deux* aus Nähe und Distanz, wie zwei Tänzer, die immer wieder aufeinander zu und dann wieder voneinander weg schreiten, ohne zu inniger Berührung zu gelangen.

Doch nun änderte Frank seine Strategie. Zwar nicht gerade der geborene Frauenversteher, war er durchaus lernfähig. Gleichwohl hätte ich ihm, dem studierten Betriebswirt, kaum zugetraut, dass er gefühlvolle Liebesbriefe schreiben könnte. Nun wurde ich eines Besseren belehrt. Dieser verblüffende Wechsel ins Gefühlsfach kam mir verdächtig vor. Ich las seine Huldigungen zwar überaus gern, ihm gegenüber jedoch tat ich so, als legte ich sie achtlos beiseite.

»Solche Typen kennt man ja«, meinte ich scheinbar souverän zu Hatice, »für den ist eine Frau nur ein Objekt. Der will mich manipulieren.«

Ob das nun wirklich so war oder nicht, spielte von dem Moment an keine Rolle mehr, da die Festung sturmreif geschossen war. Und als Nächstes zielte Frank auf mein Mutterherz. Es war der Schuss, der mich endgültig zur Strecke bringen sollte.

Längst schon hatte er herausbekommen, dass ich, die alleinerziehende, berufstätige Mutter, von chronischen Gewissensbissen gepeinigt wurde. Hier setzte er nun den letzten Hebel an. Offen gestanden, es war nur noch ein klitzekleines Hebelchen nötig. Eigentlich war ich ja längst schon wieder reif für eine Beziehung. Und so lange, wie wir beide uns nun schon geprüft hatten … Es war wirklich langsam eine Entscheidung angesagt.

Eines Tages bot er mir beiläufig an, sich ein bisschen um Cenk zu kümmern. Damit meint er wohl, mich aushebeln zu können, dachte ich noch bei mir. Aber das war nur noch Pro-forma-Widerstand. Zumal ich wirklich Hilfe brauchte. Auch bezahlte Tagesmütter vermögen nämlich keineswegs immer zu garantieren, dass das Kind optimal betreut wird. Als es wieder einmal brannte im täglichen Kampf um Cenks geordneten Tagesablauf, nahm ich Franks Angebot schließlich dankend (und dankbar) an. Wie verdächtig glücklich ich war, als mein Sohn mit leuchtenden Augen von dem Ausflug, den sie unternommen hatten, zurückkam! Cenk, inzwischen zehn Jahre alt, brauchte einfach eine Vaterfigur in seinem jungen Leben. Und mit Frank schien er sich prächtig zu verstehen. Cenk selbst übernahm jetzt die Initiative, um etwas mit Frank zu unternehmen, und das taten die beiden dann auch. Ebenso wie Frank und ich selbst.

Der Schreck sitzt mir in allen Gliedern. Wir sind in einen Autounfall verwickelt worden. Der Wagen hat Totalschaden. Zusammen mit Cenk komme ich gerade aus der Ambulanzklinik. Gott sei Dank sind wir mit ein paar Kratzern und Beulen davongekommen. Aber nun? Ich fühle mich leer und sehr, sehr einsam. Mein erster Gedanke ist, Hatice anzurufen. Nein, sie wird es früh genug erfahren, und ich möchte ihr keine Sorgen machen. Da liegt es doch nahe, Franks Nummer zu wählen. In diesem Moment geht mir ein ganzer Kronleuchter auf: Dieser Mann ist ein Fels in der Brandung. Auf ihn kann ich bauen, so viel steht fest.

Das hat dir doch immer gefehlt.

So spricht mein Herz. Und nun fällt es mir wie Schuppen von den Augen. Frank hat es endlich geschafft, eine Sehnsucht in mir freizulegen, die so tief verschüttet war, dass ich selbst nicht mehr daran glauben wollte, dass es sie überhaupt gab. Ich selbst hatte sie über viele Jahre hinweg immer wieder zum Schweigen gebracht. Ich, die verwundete Tochter. Das kleine Mädchen, das sich eigentlich so gern bei einem starken Mann angelehnt hätte, das aber doch nur taff und unverwundbar sein wollte, um nur ja nicht wieder enttäuscht zu werden. Aber hier war ein Mann, der nicht nur liebevoll und sexy war, sondern auch zuverlässig und fürsorglich. Ein starker, beschützender Mann.

Ich war 30 Jahre alt, als ich endlich soweit war, unserer Liebe freien Lauf zu lassen. Begonnen hatte sie schon Monate zuvor.

Wieder einmal war ich innerlich an diesen Punkt gelangt, wo man sich mit etwas konfrontiert, vor dem man lange ausgewichen ist. Wir zogen zu dritt in eine gemütliche Altbauwohnung.

Frank und ich liebten uns sehr. Unsere Körper schienen wie füreinander geschaffen, und es verband uns ein tiefes Gefühl gegenseitiger Zugehörigkeit.

Cenk und er waren inzwischen fast schon so eng miteinander wie Vater und Sohn. Frank erwog sogar, Cenk zu adoptieren – so liebte er ihn. Aber ich wusste nur zu genau, dass es dazu nicht kommen würde. Bekir hätte nie zugestimmt.

Doch so beglückend und erfüllend unsere Beziehung auch war, unser Zusammenleben auf engem Raum machte den gemeinsamen Alltag nicht unbedingt leichter. Im Gegenteil. Alles wurde anstrengender als vorher. Immer mehr zeigte sich: Unsere Persönlichkeiten und unsere Lebensvorstellungen waren doch grundverschieden.

Die spontane Zuneigung zwischen Mann und Frau ist wie ein Rohstoff für die Liebe. Man kann einen Rohstoff veredeln und bewusst zu etwas ganz Besonderem machen – so wird die Liebe groß, stark und dauerhaft. Dann sind alle Unterschiede in den persönlichen Eigenschaften, Vorlieben und Lebensgewohnheiten der Partner kein Hindernis, sondern sie erhöhen für sie sogar den Reiz, auf einer tieferen Ebene zueinanderzufinden.

Man kann den Rohstoff der Liebe, die emotionale und körperliche Anziehung, aber auch einfach verbrauchen. Das jedoch geschieht unbewusst, wodurch die Liebe klein und schwach wird. Erst kommt es zu Meinungsverschiedenheiten, aus diesen werden Auseinandersetzungen, dann bitterer Streit. Bis die Liebe irgendwann vergeht. Manchmal, ohne dass man es merkt.

Wie würde es bei uns enden?

Er, der Systematische – ich, die Chaotin. Er, der Verstandesmensch, der seine Gefühle verbirgt – ich, die vor Emotionen überbordende, von Eifersucht geplagte Bauchnatur. Wir waren so grundverschieden! Zog es ihn in die Berge und in die Natur, sehnte ich mich nach dem Flair und Lifestyle der großen Städte. War er superordentlich, penibel und musste immer alles im Voraus planen, liebte ich die Improvisation und änderte nur zu gern kurzfristig das Programm. Ob es um Steuerbelege ging oder um die Salatsauce – stets mussten erst die Fetzen fliegen, bis wir einen Konsens fanden. Eine erstaunlich lange Zeit siegte am

Ende doch immer das Gefühl der Verbundenheit. Frank, Cenk und ich waren eine Familie, die sich, obwohl zusammengewürfelt, doch tief zusammengehörig fühlte. Indessen, unsere emotionalen Rohstoffvorräte für die Liebe waren nicht unversieglich. Und mit jedem neuen Streit wurde der Abgrund tiefer, in den wir schauten …

Um eine lange Geschichte kurz zu machen: Obwohl wir beide ehrlich, ja verzweifelt bemüht waren, einander zu verstehen und miteinander auszukommen, stand ich irgendwann innerlich kurz davor, mich zu trennen. Oder …

New York, Frankfurt und Istanbul, im Jahr 2001

Hatice und ich sitzen auf einer schattigen Parkbank im Central Park von New York City. Wir sprechen über unsere gemeinsamen Zukunftspläne. Wieder ist sie es gewesen, die mich hinter sich hergezogen hat. Es waren ein paar Dinge geschehen, die uns zu beweisen schienen, dass es in Deutschland für uns womöglich immer nur eine einzige Rolle geben würde: die von Ausländern – erfolgreichen zwar, Musterbeispielen geradezu von »gelungener Integration«, aber das war es ja gerade, was störte. Was sich integrieren muss, bleibt doch irgendwie immer eine Art Fremdkörper, selbst wenn man das schon längst vergessen zu haben meint. Sobald es nämlich irgendwelche Probleme gibt, sobald es aus irgendeinem Grund hart auf hart geht oder gar eine Wirschaftskrise droht, wird es in Deutschland für Ausländer schnell ein bisschen ungemütlich. Amerika, das klassische Einwanderungsland, erschien uns als verlockende Möglichkeit. Hatice machte den ersten Schritt. Zurzeit war sie zum Probewohnen in New York, ohne konkrete Pläne, aber mit dem Gedanken spielend, das Terrain für eine neue Existenz zu sondieren. Nach ein paar Wochen rief sie mich von dort an.

»Ich vermisse dich, Schwesterherz. New York ist eine so fantastische Stadt, wie gemacht für uns beide. Ich würde dir *so* gern alles zeigen.«

Da gab es für mich kein Halten mehr. Mit fliegenden Fahnen eilte ich zu ihr. Drei Wochen Urlaub hatte ich mir herausgenommen. Tatsächlich war ich von New York fasziniert. Hati hatte inzwischen interessante Leute kennengelernt und nahm mich mit zu Partys, Vernissagen, privaten Einladungen. Diese Stadt war so kreativ, so aufregend, so pulsierend. Und plötzlich stand es als ernsthafter Gedanke im Raum:

»Wir könnten nächstes Jahr hier eine Filiale aufmachen.«

Ich wundere mich jetzt doch selbst über meine Kühnheit. Hatice schaut mich mit zusammengekniffenen Augen von der Seite her an.

»Und was ist mit Frank und Cenk? Du hast doch eine Familie.«

Typisch Hatice. Da ist sie wieder ganz die Realistin, die mich zur Vernunft rufen muss.

»Wie könnte ich meine Familie vergessen«, entgegne ich und spüre zugleich, dass mich der Gedanke daran traurig macht.

»Aber weißt du was, Hatice, ich habe das Gefühl, dass ich kurz vor dem Absprung bin. Wenn Frank mir jetzt nicht bald einen Heiratsantrag macht …«

Noch während ich den Satz ausspreche, beginnt mein Kopfkino zu laufen.

»Bitte sprich mich die nächsten paar Minuten nicht an. Ich muss in Ruhe nachdenken.«

Nun, »Denken« kann man es zwar nicht nennen, aber ich hatte keine Lust, mich jetzt in allen Einzelheiten zu erklären. Inzwischen hatte ich meine Visualisierungstechnik verfeinert. In meiner Vorstellung betrete ich einen Kinosaal mit einer großen, leeren Leinwand. Darauf projiziere ich ein möglichst detailliertes und lebendiges Bild von Frank. Dann bitte ich ihn, mir den Heiratsantrag zu machen! Nickt er – oder habe ich mich getäuscht?

Als Nächstes produziere ich gedanklich eine Filmszene: unsere Hochzeit. Ich sehe mich als Braut, ganz in weiß, sehe Frank in einem weißen Anzug, viele Gäste, eine Kutsche. Eine ganz romantische Kulisse male ich mir aus, mit zahlreichen Details.

Nach einigen gedanklichen Zwischenschritten, die hier nicht beschrieben werden müssen, komme ich wieder zurück in die Realität. Ich bin wieder auf der Bank im Central Park. Meine Schwester ist inzwischen so in ihr Buch vertieft, dass sie richtig zusammenzuckt, als ich das Wort an sie richte.

»Eines sage ich dir, Hatice. Wenn es jetzt nicht klappt, dann klappt es nie mehr.«

Einige Wochen später, wieder zu Hause. Frank lädt mich zum Abendessen in ein besonderes Restaurant ein. Er wird doch nicht ... Doch, er wird: Bei romantischem Kerzenschein schaut er mir tief in die Augen, nimmt zärtlich meine Hand und fragt mich, ob ich seine Ehefrau werden will. Ich kann es nicht fassen! Und er will keine Zeit verlieren. Jetzt – oder nie. Noch in diesem Jahr will er mich heiraten – und zwar in Istanbul!

Hat er gespürt, dass ich kurz davor stand, mich von ihm zu lösen? Hat die Magie meines Wünschens es bewirkt? Als hätte er gewusst, dass dies unsere letzte Chance ist. Wir schreiben Ende August des Jahres 2001 – und Anfang Oktober soll nach Franks Vorstellung die Hochzeit stattfinden. Das war schon rein organisatorisch eine große Herausforderung: die Beschaffung der erforderlichen Papiere, die Planung und Vorbereitung der Feierlichkeiten von Deutschland aus ... Aber mein zukünftiger Mann war doch ein Organisationsgenie – also sollte er jetzt einmal seine Fähigkeiten unter Beweis stellen. Das würde mich nur umso mehr von seinem festen Willen überzeugen, den Bund fürs Leben mit mir zu schließen.

Und wie perfekt er alles hinbekam! Meine zweite Hochzeit wurde so schön, wie ich es nicht mehr zu träumen gewagt hätte. 34 Jahre alt musste ich werden, bis diese Mädchensehnsucht in Erfüllung gehen sollte, und als es so weit war, übertraf es alle meine Erwartungen.

Ein wunderbar milder Tag im Oktober. Auf dem Bosporus befinden sich drei Hochzeitsboote. In der Mitte ankert ein großes, auf dem sich die Festgesellschaft versammelt hat.

Ihm nähern sich langsam zwei kleine Boote. Das eine von der asiatischen Seite her, in ihm die Braut, ganz in weiß. Das andere von der europäischen Seite her, mit Bräutigam und Sohn, beide ebenfalls in Weiß. Am großen Boot angekommen, besteigen Braut und Bräutigam es von zwei Seiten her und treffen sich auf dem festlich geschmückten Deck. Große Überraschung: Die Braut ist blond! (Und sie wird es von nun an bleiben …)

Unter freiem Himmel, auf dem Wasser, das die Grenzscheide zwischen Europa und Asien bildet, geben sich ein Deutscher und eine Türkin das Jawort. 70 Gäste aus vielen Ländern feiern drei Tage und Nächte die Vermählung. Mit türkischen und deutschen Heiratsritualen, auf türkische und auf deutsche Art und Weise. *Mit dem Besten aus zwei Welten!* Es fließen Tränen der Rührung und der Freude, und erst recht fließt der Champagner. Ein rauschendes Fest!

Eine große Genugtuung für mich war es, dass auch mein Vater mitfeierte. Zwei Tage vor der Hochzeit war Frank zu ihm gefahren und hatte offiziell um meine Hand angehalten. Darauf hatte ich bestanden, weil ich wusste, dass Baba sonst nicht zur Hochzeit kommen würde. Und – was soll ich sagen: Die beiden waren einander sofort sympathisch.

Um wieder einmal eine lange Geschichte kurz zu machen: Nach zwei Jahren Ehe wurden Frank und Ayşe Auth wieder geschieden. Denn auch der Trauschein änderte nichts daran, dass ihre Lebensvorstellungen grundverschieden waren. Aber sie trennten sich in Frieden. Und ich trage immer noch Franks Namen.

Ask ozean kadar bŭyŭk ama ĭnsanlar balik dekiller – die Liebe ist so groß und tief wie der Ozean, aber wir Menschen sind nun mal keine Fische.

Ich bin ich, wo immer ich auch bin

Frankfurt, 2002–2006

New York war ein schöner Traum, aber nur ein kurzer … Der 9. September 2001 veränderte das gesellschaftliche Klima in den USA so abrupt und tiefgreifend, dass dort für zwei muslimische Frauen aus Europa nicht mehr gerade die rosigsten Aussichten für eine Existenzgründung zu bestehen schienen.

Aber *HaarWerk* boomt! Und wir beide sind dermaßen in Aufbruchstimmung, dass wir nun wirklich etwas Neues wagen wollen. Wenn schon nicht den großen Sprung über den großen Teich, dann wenigstens einen kleinen über den Main: von Sachsenhausen in die Frankfurter City. Und wir schaffen es: Im Februar 2002 eröffnen wir unseren neuen Salon in der repräsentativen Freßgass. Ein weiteres Mal gehen wir ins Risiko, denn dort sind die Ladenmieten höher als fast überall sonst in Frankfurt. Dafür erhält man aber auch Zugang zur zahlungskräftigsten Kundschaft der Stadt, denn dieser Straßenzug liegt zwischen Alter Oper und Börse. Dicht an dicht drängen sich die Restaurants. Banker, Künstler und Medienleute gönnen sich hier gern eine Pause, man hat aber auch Laufkundschaft aus der Zeil, der benachbarten Einkaufsstraße.

Auf verschlungenen Wegen sind wir nun hier angekommen: vom Erdhaus in Susurluk in die Flaniermeile der Geldstadt Frankfurt. Unser Leben ist atemberaubend, ein aufregendes, mitreißendes Spiel. Und wir mittendrin. Jetzt tun wir den nächsten Schritt.

Unsere Mitarbeiterinnen und Mitarbeiter tragen immer schwarz, die Farbe der Business-Leute. Und »Blond« wird zum Markenzeichen zweier Zwillinge mit Migrationshintergrund, die es geschafft haben. Dass wir nun auf einem großen Berg Schulden sitzen, gehört ebenfalls dazu …

Es funktionierte! Unser Konzept wurde angenommen, unsere Arbeit geschätzt. Das neue *HaarWerk* war auf bestem Wege, endgültig zu einer lokalen Top-Adresse unseres Gewerbes zu werden. Eine Empfehlung führte zur nächsten, und eines Tages lag eine Anfrage vom ZDF auf dem Tisch, ob ich die Make-up-Beratung der Moderatorinnen übernehmen wollte. Keine Frage, ob ich wollte.

Ich spielte mit dem Gedanken, einen zweiten Salon aufzumachen. Doch Hatice bremste. Sie hatte andere Pläne. Pläne privater Natur. Die Ärzte hatten ihr eröffnet, dass sie nicht schwanger werden könnte, es sei denn, sie ließe einen komplizierten chirurgischen Eingriff über sich ergehen. Mit ungewissen Erfolgsaussichten. Das veranlasste sie, sich ganz konkret mit der Möglichkeit einer Adoption zu befassen. Seit ihrer Kindheit hatte sie den Traum im Herzen getragen, einem Kind, das aus ärmlichen Verhältnissen kam, zu einem glücklichen Leben zu verhelfen.

Her telden çalmak – auf allen Saiten spielen.

Das heißt, nie einseitig zu werden. Stets zu berücksichtigen, dass mehrere Kräfte im Spiel sind. Ich weiß, was ich an meiner Schwester habe. Ich war bereit, mich in unserem Geschäft noch mehr zu engagieren, um ihr den Rücken freizuhalten. Aber zuvor musste ich etwas nachholen: meinen Meister machen. Das war schon lange beschlossene Sache.

Hatice hatte ihre Meisterprüfung bereits kurz nach der Lehrzeit abgelegt. Zum Glück, denn sonst hätten wir uns gar nicht selbstständig machen können. Nun spürte ich: Jetzt oder nie, denn wenn sie erst aus dem Tagesgeschäft draußen wäre, würde viel mehr auf meinen Schultern lasten. Daher musste ich nach einem Weg suchen, die Sache im Eiltempo hinter mich zu bringen. Und da gab es eine Möglichkeit.

In Mannheim befand sich eine Schule, an der man den Meister in zwei Monaten machen konnte. Ein Crashkurs. Tag und Nacht büffeln. Keine Pause, kein Wochenende, kein Feierabend, Stoff pauken ohne Ende, den Angstschweiß vor der Prüfung noch gar nicht mitgerechnet. Und dann die Kosten. 10 000 Mark allein für die Schule, dazu zwei Monate Verdienstausfall im Laden – das war schon happig. Doch was blieb mir anderes übrig? So oder gar nicht! Ich war es meiner Schwester einfach schuldig.

Und ich habe es geschafft. Uff!

Auch Hatices Wunsch ging in Erfüllung. Nach einem unglaublich langen und beschwerlichen Weg durch die Instanzen, sowohl in der Türkei als auch in Deutschland, klappte es mit der Adoption. Der Junge wurde nach unserem Vater benannt: Turhan Tijen.

Auch bei mir selbst tat sich ganz privat einiges Wichtige in dieser Zeit. Es veranlasst mich, nochmals ein wenig auszuholen.

In Deutschland gibt es viele Sprichwörter, in denen eine Menge Wahrheit steckt. Mit einem allerdings habe ich Schwierigkeiten. Es lautet: »Ein Unglück kommt selten allein.« Ich selbst schien in einer bestimmten Phase meines Daseins ein lebender Beweis für seine Richtigkeit zu sein. Doch mittlerweile denke ich ganz anders darüber. Es gilt nämlich auch umgekehrt: »Ein *Glück* kommt selten allein.«

Wo viel ist, kommt leicht noch mehr hinzu. Wo dagegen Mangel herrscht, fällt es schwer, Fülle zu schaffen. Beides ist richtig – denn da scheint es etwas zu geben, eine Kraft oder ein Energiefeld, das immer noch mehr von dem anzieht, wovon schon etwas da ist. Deshalb ist es so wichtig, dass wir auf unsere Gedanken achten. Denn sie sind die größte Kraft, die wir besitzen.

Nach der Scheidung von Frank war ich gewiss nicht auf der Suche nach einem neuen Mann. Ich suchte die Stille, im Rückzug auf mich selbst. Aber da war einer, der auf so leisen Sohlen in mein Leben trat, dass ich es erst bemerkte, als er schon mittendrin war.

Es hatte begonnen, als ich einmal allein in Urlaub gefahren war, zum Segeltörn in der Karibik, weil Frank keine Lust hatte mitzukommen. In jenem Urlaub weinte ich um meine verlorene Liebe. Aber es gab jemanden, der mir zuhörte. Christoph. Wir kannten uns schon viele Jahre. Er veranstaltete Vernissagen, zu denen er Frank und mich regelmäßig einlud. Er war immer schon ein lieber Freund gewesen, mit dem es einfach Spaß machte, sich zu unterhalten und sich über alles auszutauschen, was gerade Thema war.

Dass wir uns auch *ohne* Worte verstanden, erkannten wir, als es mir so schlecht ging. Aber da war noch nichts zwischen uns. Doch einige Monate nach meiner Trennung von Frank wurden Christoph und ich ein Paar.

Christoph stammt aus einer kultivierten Familie. Seine Eltern hatten ihm stets große Zuneigung und Fürsorge erwiesen, und vielleicht verstand er es auch deshalb so gut, mir so viel Herzenswärme zu schenken. Ich musste mich mit nichts erklären, mit nichts rechtfertigen, ich wurde so genommen, wie ich bin. Es gab keine Probleme zwischen uns beiden, nicht ein einziges. Tatsächlich!

Zum ersten Mal durfte ich das Gefühl haben, dass grundverschiedene Mentalitäten zweier Partner keine Belastung sein müssen, sondern sogar eine Bereicherung sein können. Geschmeidig ging er auf meine spontane Emotionalität ein, und ich öffnete mich für seine feinsinnige, sensible Art. Die Basis unserer Verbundenheit lag – und liegt – nicht darin, dass wir so ähnlich, sondern dass wir so verschieden sind. Wenn dabei nicht die Fetzen fliegen, sondern einfach alles wunderbar passt, offenbart das wohl tatsächlich eine Art Seelenverwandtschaft.

Es fällt dann auch verblüffend leicht, Dinge zu tun und zu genießen, um die man früher eher einen Bogen gemacht hat, obwohl man im Stillen doch wusste, sie würden einem guttun. Und Dinge, die man schon immer gern tun würde, zu denen einem aber stets die Zeit zu fehlen scheint, *dennoch zu tun*. Ich habe beispielweise immer gern gelesen.

Bin eigentlich eine geborene Leseratte! Aber erst als ich mit Christoph zusammenzog, bekam ich den Dreh heraus, wie man das macht: Man muss nur stets ein Buch dabei haben, in das man immer wieder aufs Neue hineinliest, bis man schließlich damit durch ist. Statt es irgendwann frustriert beiseitezulegen, weil man einfach nicht genügend freie Zeit hat, es in einem Zug durchzulesen.

Und wie war das mit mir und der »Kultur«, so wie man sie in Deutschland versteht? Stundenlang stillsitzen – im Kino kein Problem. Aber ins Theater gehen? Lieber nicht. Musik habe ich immer gern gehört, und nicht nur Pop, sondern durchaus auch mal Klassik. Aber gleich ein Konzertabend? Bitte nicht. Als ich dann, Christoph zuliebe, zum ersten Mal die Oper besuchte, interessierte mich das zunächst nur als gesellschaftliches Ereignis. Doch es kam ganz anders. Ich habe mich wie ein Kind gefreut über das unglaubliche Ausmaß an Schönheit und Vollkommenheit, das auf der Bühne dargeboten wurde. Ein unvergesslicher Ohren- und Augenschmaus – für mich eine Offenbarung.

So tauchte ich jetzt nochmals in eine Welt ein, die mir zuvor verschlossen gewesen war. Anfangs tat ich mich etwas schwer in der Gegenwart von Menschen, die über weit mehr Bildung verfügten als ich. Auch da hat Christoph mir geholfen. Einfach, indem er mich immer wieder darin bestätigte, dass ich es nicht nötig habe, klüger erscheinen zu wollen, als ich bin. Was heißt »klüger« – es gibt so viele verschiedene Möglichkeiten, Klugheit zu beweisen! Und auch hochgebildete Menschen können überraschend großes Talent beweisen, sich zum Narren zu machen …

Christoph und ich, das war ein Traum zu zweit.

Aber ich war immer noch eine alleinerziehende Mutter. Der Mann, der mich wollte, musste auch mein Kind wollen. Zunächst schien auch damit alles klar zu sein. Christoph holte uns zu sich in seine geräumige Altbauwohnung. Und anfangs ging ja auch alles gut, sogar sehr gut. Christoph gelang es, Cenk die Augen für seine musische Begabung zu öffnen. Er führte ihn an das Theater und an die Musik heran. Gesungen hatte mein Sohn immer schon gern und gut, aber nun entwickelte er auch Ehrgeiz. Er lernte eifrig Gitarre und war Feuer und Flamme für die Theatergruppe in seinem Gymnasium.

Doch es gab noch eine andere Seite an ihm, und mit der kam Christoph weniger gut zurecht. Cenk war unordentlich, ja chaotisch in den Augen eines Ästheten wie Christoph. Dieser sah es zwar gern, dass sein junger Freund sich stundenlang mit der CD-Sammlung beschäftigte, die, fein säuberlich geordnet, unser gemeinsames Wohnzimmer zierte. Wenn die silbernen Scheiben aber anschließend überall verstreut waren, störte, ja kränkte das Christoph. Es gab immer wieder Differenzen dieser Art, allesamt Reibungspunkte zwischen den beiden und, auf Dauer jedenfalls, auch zwischen meinem Partner und mir.

Dabei musste ich ihm im Prinzip ja recht geben. Cenk *war* unordentlich und chaotisch. Womit mein neuralgischer Punkt berührt wäre. Musste ich mich nicht maßgeblich verantwortlich fühlen für das Tun und Lassen meines Sohnes? Schließlich hatte ja *ich* ihn erzogen. Nichts geht einer Mutter so nahe wie ihr Kind, und wahrscheinlich werde ich mich selbst dann noch für sein Verhalten innerlich in die Pflicht nehmen, wenn mein Einfluss auf Null reduziert sein wird. Doch immerhin war ich jetzt in der Lage, mit diesem heiklen Thema anders umzugehen als früher.

Cenk war nun 16 Jahre alt. Ich konnte und wollte es ihm nicht länger ersparen, selbst Verantwortung für sein Verhalten zu übernehmen. Und er enttäuschte mich nicht. Es gelang uns, vernünftig über das Problem zu sprechen. Ja, wir begriffen beide, dass wir unsere Beziehung zueinander auf eine neue Grundlage stellen mussten. Es war für uns beide nicht gut, dass wir immer noch aneinander hafteten wie zwei Kletten. Aus dieser Sackgasse mussten wir heraus. So kamen wir überein, dass er in ein Internat gehen würde.

Heute frage ich mich natürlich, ob Cenk das *wirklich* wollte. Vielleicht hatte er einfach die Nase voll von all den Spannungen. Vielleicht wollte er auch nur seine Freiheit. Vielleicht liebte er mich auch so sehr, dass er mir nicht mehr im Weg stehen wollte. Kinder können so heroisch sein.

Als Mutter dachte ich, jetzt muss er endlich erwachsen werden. Als Frau habe ich unbewusst auch meine eigene Freiheit organisiert. Ich fühlte, dass ich für mich selbst frei sein musste. Und alle drei dachten wir, dass es das Beste sei, wenn Cenk ernsthaft anfinge, auf eigenen Beinen zu stehen.

Durch und mit Christoph habe ich zum ersten Mal in meinem Leben erfahren, wie die Freiheit schmeckt! Es war unbeschreiblich schön … und erschreckend. So viele Möglichkeiten! Aber auch so viele Abgründe! Cenk war weit weg, im Internat, und Christoph, selbst ein völlig unabhängiger Mensch, ließ mich schalten und walten, wie ich wollte. Das kannte ich nicht. Keiner da, der Verantwortung für mich übernahm, keiner, der mich bevormundete, mich führte oder mich ändern wollte. Andererseits aber auch keine Geborgenheit. Kein Aufgehobensein. Zeitweise war mir, als verlöre ich den Boden unter den Füßen. Ich fühlte mich verlassen und einsam, wenn Christoph sich zurückzog oder ohne mich mit seinen Freunden unterwegs war.

Mein Partner war aber auch mein Seelenverwandter, mein verständnisvoller, gebender, großzügiger Freund. Zwischen uns gab es keine Tragödien, keine Verstrickungen, keine Dramen, keinen Streit. Insofern bekam ich bei ihm genau das, was meine Seele jetzt brauchte. Zeit, um meine Wunden zu pflegen. Zeit für innere Heilung und vor allem Zeit, um mir langsam die Freiheit zu erschließen, für die ich mein Leben lang gekämpft hatte.

Ich war reif für eine neue wichtige Erkenntnis: dass es selbst dann, wenn man allen Gefängnissen der Außenwelt entkommen ist, immer noch innere Gefängnisse gibt, aus denen man sich befreien muss. So lernte ich ganz allmählich, selbst die Verantwortung zu übernehmen für mein Glück. Das legte den Samen für eine Entscheidung, die ich selbst sehr mutig fand. Meine Umgebung sah das naturgemäß etwas anders.

Warum nur wollte ich aus Frankfurt weg? Es lief doch alles reibungslos. Meine Zwillingsschwester und ich verdienten so viel wie nie zuvor, in meiner Beziehung war ich glücklich und zufrieden. Doch irgendetwas zog mich fort. Etwas Unerklärliches. Endlich in der Fülle angekommen – aber dennoch ein Sehnsuchtsmensch geblieben. Leute wie ich scheinen immer wieder neue Herausforderungen zu brauchen.

Wenn es am schönsten ist, sollte man gehen – was man bei einer Einladung gern zum Abschied sagt, galt auch für mein Leben in Frankfurt.

◈

»Was willst du denn in München!«

Hatice will mich auf gar keinen Fall gehen lassen.

»Was ist, wenn wir es finanziell nicht schaffen?«

Angstmachen ist eine bewährte Strategie unter Zwillingen, wenn der eine den anderen festhalten will.

Du schaffst es nicht allein – und dann sind wir beide dran!

»Schau mal, Hati«, versuche ich es in begütigendem Ton, weil ich mittlerweile weiß, dass wir harte Auseinandersetzungen nicht nötig haben. »München ist *die* Stadt der Mode. *Dort* werden Trends gemacht, *dort* sitzen die meisten Zeitschriften. Wir wollen doch *beide* weiterkommen!«

Sie wusste natürlich: Wenn ich zu allem entschlossen bin, hält nichts und niemand mich auf. Aber auch sie hat ihren Dickkopf, und zuzugeben, dass sie am kürzeren Hebel saß – nein, das konnte sie nicht. Aber sie vermochte mich nicht umzustimmen. Auch Christoph nicht. Aber er reagierte klug und besonnen.

»Unsere Beziehung wird sich verändern, wenn wir uns nur noch an den Wochenenden sehen, aber wenn du meinst, dass du es tun musst, werde ich dich unterstützen.«

Das war ein faires Angebot. Typisch Christoph. Wir haben es nicht bereut.

München, im Herbst 2009

Hier sitze ich nun, allein in meinem trauten Heim im schönen München. Endlich Feierabend, ein Abend mit mir selbst. Im Geschäft war der Bär los, aber ich habe mich trotzdem früher als sonst von dort abgeseilt. Das kann ich mir nur leisten, weil es jemanden gibt, auf den ich mich hundertprozentig verlassen kann und der für mich dort die Stellung hält: Marcus. Selbst wenn ich ihn mitten in der Nacht anrufen würde, weil mir siedend heiß eingefallen ist, dass am nächsten Morgen um halb sieben doch der Heizungsableser kommt, würde er sofort klaglos den Job übernehmen, mir noch eine gute Nacht wünschen und in aller Herrgottsfrühe dem Mann gut gelaunt die Tür aufschließen. Für einen Menschen wie mich, der immer alles zu geben versucht, aber auch hin und wieder etwas vergisst, ist es unwahrscheinlich wichtig, dass ihm jemand den Rücken freihält, wenn es darauf ankommt. Und ihn herunterholt, wenn er im Trubel des Tages die Bodenhaftung zu verlieren droht. Marcus ist ein ganz wichtiger Anker in meiner Münchner Existenz.

So habe ich jetzt endlich einmal wieder Zeit für mich selbst. Mit niemandem mehr reden müssen. Die Beine hochlegen. Das tut gut. Ich öffne den Kühlschrank. Gähnende Leere. Macht nichts, ich habe keinen Hunger. Das Sushimenü, das wir uns mittags kommen ließen, liegt mir eh noch im Magen. Ich spreche Billie an, die zu meinen Füßen liegt und an einem Plastikknochen nagt.

»Heute bleibt die Küche kalt. Zumindest für mich. Du hast ja noch den halben Fressnapf voll. Alles klar?«

Billie legt die Ohren an. Sie hat kein allzu großes Problem damit, dass ich faste.

Ein seltsames Gefühl, wenn die Fesseln aus vier Jahrzehnten weg sind. Die Narben, die sie in meiner Seele hinterlassen haben, schmerzen manchmal noch. Ich brauche mich nur ein bisschen eingeengt zu fühlen, schon geht es wieder los. Und es tauchen jetzt neue Fragen auf. Was ist das, was jetzt beginnt? Was ist Freiheit? Ein Abgrund vielleicht?

Ich taste mich an das Thema heran wie ein Schiffbrüchiger, der an einer Insel gestrandet ist und nun vorsichtig Neuland erkundet. Manchmal fühle ich mich schrecklich verloren, manchmal high vor Glück. In den ersten Monaten nach meinem Weggang aus Frankfurt durchlief ich in kurzer Folge immer wieder die ganze Skala der Gefühle, von euphorisch bis tief traurig, von strotzend vor Zuversicht bis ängstlich wie ein Hase. Die Höhe meiner Telefonrechnung war der äußerliche Gradmesser für das Auf und Ab meines inneren Abenteuers.

Ach ja, Cenk ist auch wieder in der Nähe, wenn auch räumlich von mir getrennt. Drei Jahre hat er es im Internat ausgehalten. Aber ein Jahr vor dem Abitur warf er hin und kam zu mir zurück.

Da war ich dann schon hier, in München. Nach einem Intermezzo mit wechselnden beruflichen Zielen hat er sich nunmehr für etwas Bodenständiges entschieden: für eine Ausbildung als Friseur. Ja, tatsächlich. Bei meiner Schwester in Frankfurt. Wir sind eben eine Familie mit sehr, sehr starken Bindungskräften. Daneben macht er weiterhin Musik, und vielleicht wird für ihn daraus ja tatsächlich noch einmal etwas Berufliches. Ich liebe ihn – aber ich verknüpfe mein Schicksal nicht mehr so eng mit dem seinen wie zuvor. Er kann immer auf mich bauen, ich werde ihn nie hängen lassen. Aber er muss seinen Weg selbst gehen. Wie auch ich.

Ich bin ich, wo immer ich auch bin.

»Wirklich eine Bombenstimmung!«

Frankfurt, im Sommer 2009

Wer als Kind abgeschoben wurde, wem ein Leben außerhalb der eigenen Familie aufgezwungen wurde, der fühlt auch mit anderen Menschen mit, die Vergleichbares erleben müssen – oder noch Schlimmeres. Da wir nicht vergessen haben, woher wir kommen, war es uns immer auch ein Bedürfnis, anderen zu helfen, die auf der Schattenseite des Lebens stehen.

Wenn man Gutes tun will, fängt es oft damit an, dass man auch sich selbst nutzen möchte. Das ist legitim, oder nicht? Die Grundidee unserer Charity-Aktivitäten hat durchaus etwas mit PR zu tun, mit eigener Vernetzung und Vermarktung. Aber wir wollen auch etwas zurückgeben. Unseren Kunden, die uns die Treue halten, die uns weiterempfehlen und unseren Erfolg damit erst ermöglichen. Dem Leben selbst, das uns jetzt so gut behandelt.

Kurz nach der Geschäftseröffnung in Sachsenhausen organisierten wir unsere erste Benefizgala. Zu zweit arbeiteten wir monatelang daran, unser gesamtes Umfeld zu mobilisieren. Von 10 Mark Eintritt gingen 3 Mark an eine Obdachlosen-Hilfsorganisation. In einer Frankfurter Tageszeitung, die gern damit warb, dass sie von klugen Köpfen gelesen wird, war zwar von einer »türkischen Familienveranstaltung« die Rede. Wir aber ließen uns davon nicht entmutigen. Seither haben wir immer wieder solche Events organisiert, und sie sind mit jedem Mal größer und erfolgreicher geworden.

Natürlich gehört es mit dazu, dass Politiker, Geschäftsleute und Showbiz-Größen bei solchen Anlässen nicht nur ihr gutes Herz zeigen, sondern auch selbst gesehen werden wollen. Uns soll's recht sein, solange dabei »hinten etwas herauskommt«, wie man so schön sagt. Etwas Derartiges auf die Beine zu stellen ist zwar echte Knochenarbeit. Aber es befriedigt ungemein!

Eigentlich hat dabei immer alles geklappt wie geschmiert. Bis auf das letzte Mal. Da gab es einige, nun ja, Komplikationen. Auch wenn es sich hinterher als »viel Lärm um nichts« herausstellte, lohnt es sich vielleicht doch, davon zu erzählen. Im Nachhinein, mit dem entsprechenden Abstand, finde ich die ganze Sache sogar recht lustig. Nicht zuletzt enthält sie auch eine Botschaft an mich. So sehe *ich* es jedenfalls.

Kinder zu beschützen, sie zu fördern und ihr Leid zu lindern, das war für uns schon immer ein besonderes Anliegen. Meine Schwester war vorangegangen, indem sie ein Kind adoptierte. Dass wir unsere Benefiz-Veranstaltung einmal Kindern in Not widmen würden, stand für uns beide fest. 2009, so nahmen wir uns vor, sollte es dann so weit sein.

Unter verschiedenen Möglichkeiten wählten wir als Empfänger des Überschusses, den wir dabei machen wollten, ein Kinderhospiz aus. Es motivierte mich ganz besonders, dass ich selbst ein Kind plötzlich und unerwartet verloren hatte.

Kurz vor Beginn der konkreten Vorbereitungen, sozusagen in allerletzter Minute, stellten wir diese Entscheidung jedoch nochmals infrage. Aus unserem engeren Umfeld war eine andere Idee an uns herangetragen worden: eine Veranstaltung zugunsten benachteiligter deutscher und türkischer Kinder. Gleichermaßen. Eine bestechende Idee, bei unserem persönlichen Hintergrund, nicht wahr? Die Vermutung, dass gerade wir für diese Zielgruppe besonders viel herausholen könnten, lag nahe. Und schließlich hatten wir dem Hospiz noch keine konkrete Zusage erteilt. Nach einigem Hin und Her entschieden wir uns für den multikulturellen Ansatz – und damit, wohl oder übel, gegen unser ursprüngliches Vorhaben.

Die Gala fand im Frankfurter *Palais am Zoo* statt. Ein ganzes Jahr lang hatten wir nun die Klinken geputzt, um Sponsoren aufzutreiben. Wir würden den Besuchern etwas Einmaliges bieten – und dafür sollten sie ihre Geldbörsen weit öffnen! Es gibt da eine Faustformel: Wenn du bei einem Charity-Event die Summe X einsammeln willst, musst du *fünfmal* X dafür ausgeben. Die ganze Veranstaltung, mit allem Drum und Dran, stellte einen Wert von einer halben Million Euro dar: Sachmittel, Dienstleistungen, Personal, alles sponsorenfinanziert. Wir hofften somit auf einen Netto-Erlös von einhunderttausend Euro.

Die meisten Deutschen wissen gar nicht, dass in ihrem reichen Land Zigtausende Kinder und Jugendliche auf der Straße leben. Junge Menschen, die vor Vernachlässigung, Misshandlung oder Missbrauch geflohen sind und durch Bettelei, Prostitution und Diebstahl um ihr Überleben kämpfen. Sensible, verletzliche Mädchen und Jungen, die sich nach Geborgenheit und häuslichem Frieden sehnen.

Genauso sehen viele Türken geflissentlich darüber hinweg, dass in ihrem Land immer noch so viel unbeschreibliche, bittere Armut herrscht. Zahllose Kinder müssen dort arbeiten, um für den Lebensunterhalt ihrer Familien aufzukommen, und können deshalb nicht zur Schule gehen. Bleiben vielfach Analphabeten, ohne Chance auf ein Leben, das ihren Fähigkeiten entspricht.

Armen Menschen zu helfen ist in unserer Familie, die für türkische Verhältnisse gut gestellt war, immer eine Selbstverständlichkeit gewesen. Was machte unsere Oma mit dem vielen Essen, das sie von ihren dankbaren Klienten erhielt und das wir nicht aufessen konnten? Sie schickte uns damit zu den Bedürftigen in der Nachbarschaft.

Jetzt, so hatten wir das Gefühl, war es an der Zeit, etwas zurückzugeben. An beide Welten, aus denen wir stammen. An Kinder in Deutschland, denn wir leben und arbeiten hier, und an Kinder in der Türkei, denn dort haben wir unsere Wurzeln.

19:00

Roter Teppich. Begrüßung. Aperitif und Fingerfood. 700 Gäste begehren Einlass. Jede Menge Prominenz aus Politik, Wirtschaft, Medien und Showbusiness, zahlreiche lokale Promis. Presse und Fernsehen berichten.

Ein ganzes Jahr lang haben wir geschuftet, um diesen Moment wahr werden zu lassen. Jetzt ist für alles gesorgt. Eine perfekte Dramaturgie. Der Eventmanager übernimmt die Regie, ich selbst kann mich voll und ganz auf unsere Gäste einlassen.

20:00

Zwei bekannte Moderatoren eröffnen den Programmteil, sie arbeiten gratis, wie alle Künstler und Performer an diesem Abend, der unter der Schirmherrschaft des hessischen Ministerpräsidenten steht. Die Dienstleistungen der Models und Stylisten, der Designer und Dekorateure sind ebenfalls Spenden. Auf dem Programm: Modenschau, Live-Hairstyling und Show-Acts.

Ich stehe im Bereich neben der Bühne, wo man den besten Überblick hat. Sehe all die lachenden, gut gelaunten Leute und kann es kaum glauben. Wir haben es wieder einmal geschafft!

20:05

Es tippt mir jemand auf die Schulter. Die Vertreterin des Vermieters der Räumlichkeiten steht neben mir. Sie ist offenbar dafür da, heute Abend überall nach dem Rechten zu sehen.

Was will die denn jetzt hier? Warum hält sie sich nicht Hintergrund? Wir haben doch alles im Griff.

»Frau Auth, wir haben ein Problem.«

Die Frau mit dem strengen Blick nestelt an ihrem Walkie-Talkie. Von Amts wegen steht ihr ein eigener Funkkanal zu.

Das fehlte mir gerade noch, wenn das Ding jetzt zu piepen anfängt. Ausgerechnet jetzt, da der Landesjustizminister sein Grußwort spricht.

»Was wollen Sie denn? Läuft doch alles prima.«

»Frau Auth, ich bin mir da nicht sicher. Wir haben einen herrenlosen Koffer.«

Wie bitte? Was soll denn das – will sie mich auf den Arm nehmen?

»Wir haben ... was?«

»Einen Koffer. Er steht dort hinter der Bühne. Und er ist verschlossen. Wissen Sie, wem er gehört?«

Wir haben hier 80 Mitarbeiter, und ich soll von jedem den Koffer kennen? Aber ich kann die Sache nicht einfach ignorieren. Diese Frau hat hier die Verantwortung.

»Nein, woher soll ich das wissen? Ich finde, man sollte das Ding einfach hinausbringen.«

Sie schaut mich an, als hätte ich ihr Zitronensaft eingeflößt.

»Frau Auth, wir müssen die Sache sehr, sehr ernst nehmen.«

Auf der Bühne erhalten jetzt die Organisationen *Off Road Kids* aus Deutschland und *Toçev* aus der Türkei Gelegenheit, sich und ihre Arbeit vorzustellen. Die Leute im Saal sollen genau wissen, was mit ihrem Geld getan wird.

Wir haben keine Feinde. Wer sollte uns mit einer Bombe in die Luft jagen wollen?

»Ich trage den Koffer selbst hinaus. Es wird schon keine Bombe drin sein.«

Mein gutgemeinter Vorschlag. Aber ihr Blick ist unmissverständlich: *Sie* hat hier das Sagen, und niemand sonst.

»Das wäre das Letzte, was ich Ihnen empfehlen würde.«

Diese Gründlichkeitsbeauftragte scheint tatsächlich zu glauben, dass unsere Mulitkulti-Veranstaltung ein lohnendes Ziel für Al Qaida wäre.

»Ich habe den Backstagebereich schon von der Security abriegeln lassen. Frau Auth, wir müssen den Besitzer des Koffers finden. Ihre Mitarbeiter befragen, einen nach dem anderen.«

»Okay, dann mal los. Bei 80 Leuten wird das aber Stunden dauern.«

Gott sei Dank! Sie will uns nicht evakuieren. Unsere Veranstaltung ist gerettet. Die Kinder werden ihr Geld bekommen.

»Wir müssen diskret vorgehen, damit keine Panik ausbricht. Ich werde mit einigen Security-Leuten Ihre Mitarbeiter reihum befragen. Haben Sie eine Liste, Frau Auth?«

Klar, die haben wir. Das hier ist schließlich mit deutscher Gründlichkeit durchorganisiert worden. Im Büro händige ich ihr die Liste aus, und sie beginnen mit der Befragung …

21:00

Die Moderatoren läuten die erste Spendenrunde ein. Von nun an kommt Geld herein, nach einem ausgetüftelten Programm mit vielen Gelegenheiten für Hunderte von Gästen, ihre Portemonnaies zu öffnen. Hinter den Kulissen aber wird fieberhaft daran gearbeitet, eine mögliche Katastrophe zu verhindern. Die Moderatoren machen einen prima Job. Sie halten die Stimmung hoch, obwohl sie wissen, was im Hintergrund läuft.

Ich habe ein gutes Gefühl. Da ist nichts, gar nichts. Irgendwie weiß ich es.

22:30

Die Show läuft auf vollen Touren. Unser Musicalstar hat den Saal zu Begeisterungsstürmen hingerissen. Genau der richtige Moment, um den Spenden-Counter zu öffnen. Sofort bildet sich eine Schlange davor.

Noch eine Stunde, dann haben wir es geschafft.

Um 23 Uhr soll ein Überraschungsgast auftreten. Wir haben seine Zusage, 30 000 Euro zu spenden, unmittelbar nachdem er vor diesem Publikum sein touristisches Projekt präsentiert hat. Das wird die allgemeine Spendierfreude nochmals kräftig heben!

22:40

Die Frau mit dem Walkie-Talkie nimmt mich beiseite. Ihr Gesicht spricht Bände: Sie haben meine Liste abgearbeitet und wissen immer noch nicht, wem der Koffer gehört.

»Ich lasse den Koffer gerade von der Security in den Hof bringen.«

Nanu? Sie hat ihn doch vorher um keinen Preis anfassen lassen wollen! Warum nicht die Polizei rufen und sie den Job machen lassen?

Als ob sie meine Gedanken erraten hätte, fügt sie hinzu: »Und die Polizei wird benachrichtigt.«

23:00

Die Polizei ist da, und zwar gleich mit einem halben Dutzend Mannschaftswagen. Und mit drei Spürhunden. Sie riegeln den Hof ab. Der Moderator wird gebrieft, wie er die Menge im Saal auf die Evakuierung vorzubereiten hat.

Ich zweifle nach wie vor nicht am guten Ausgang des Kofferproblems, doch für den monetären Erfolg unserer Veranstaltung ahne ich Böses. Wenn Menschen etwas davon abhält, großzügig zu sein, dann sind es Stress, Hektik und Probleme.

23:10

Der Moderator bittet um Aufmerksamkeit für die fällige Durchsage.

»Meine Damen und Herren, wir bitten um Ihr Verständnis, dass wir die Veranstaltung in diesem Moment vorübergehend unterbrechen müssen. Wir haben eine technische Störung, die das erforderlich macht. Kein Grund zur Unruhe! Bitte nehmen Sie Ihr Glas und bewegen Sie sich ganz gelassen in Richtung Ausgang. Sobald alles wieder in Ordnung ist, machen wir weiter!«

Ein Raunen geht durch den Saal, es gibt Gelächter, aber keine Pfiffe. Die Leute tragen es mit Fassung. Nach dem Motto: Dann nehmen wir unseren Champagner halt mit nach draußen in die laue Sommernacht, rauchen ein Zigarettchen und kommen dann wieder rein.

Draußen aber werden sie von SEK-Männern in Kampfanzügen in Empfang genommen und eindringlich gebeten, sofort weiterzugehen, damit es keinen Stau gibt und die Nachfolgenden nicht in Panik geraten.

Eine bizarre Situation. Hunderte von Menschen stehen vor dem Palais herum, in großer Robe und mit Champagnergläsern in der Hand. Eine Riege SEK-Beamter in schusssicheren Westen hat den Hof abgeriegelt, wo sich Spezialisten mit ihren Hunden dem ominösen Koffer nähern. Krankenwagen fahren heran. Die umliegenden Häuser werden ebenfalls evakuiert. Die Einsatzleitung spricht sogar davon, die Tiere aus dem benachbarten Zoo wegzuschaffen.

23:30

Immer noch werden Gäste aus dem Festsaal geleitet. Es kommt zu grotesken Szenen. Ein türkischer Gesangsstar, der sich in der Garderobe auf seinen Auftritt vorbereitet hat, darf diese erst einmal nicht verlassen. Und unser verhinderter Überraschungsgast und Großspender kommt nicht von der Toilette herunter, bis der betreffende Gebäudeteil mit der Räumung dran ist. Es riecht nach Chaos, aber anscheinend nimmt alles seinen geordneten deutschen Gang: Jeder auf dem kürzesten Weg nach draußen, aber erst, wenn er an der Reihe ist. Dafür sorgt das SEK.

Plötzlich lautes Hundegebell aus dem Hof!

Was ist los: Kann ich meinem Gefühl nicht mehr vertrauen? Wenn die Hunde anschlagen, haben sie jetzt doch etwas gefunden …

Es scheint aber so gut wie niemand Notiz von dem Gebell zu nehmen. Viele Leute sind aufreizend gut drauf, sie begreifen die Bombenwarnung wohl als beste Unterhaltung! Die Reporter reiben sich die Hände. Sie sollten über eine dieser Society-Veranstaltungen berichten, können sich nun aber über eine unerwartete Sensationsgeschichte freuen. Und sie witzeln auch noch über die Situation, so dramatisch sie sich auch darstellt:

»Wirklich, eine Bombenstimmung hier!«

23:45

Die Frau mit dem Walkie-Talkie macht mich ausfindig. Sie ist auf dem Laufenden über die Maßnahmen, die inzwischen im Hof getroffen wurden. Spezialisten haben den Koffer aufgemacht. Er enthielt nur Werkzeug. Kein Sprengstoff, keine Bombe. Aber warum haben die Hunde angeschlagen?

Gott sei Dank! Und habe ich es nicht immer gewusst? Endlich darf ich mich wieder auf meine Pflichten als Gastgeberin besinnen.

Nur, es bringt jetzt nichts mehr, alle wieder hineinzubitten. Viele sind auch schon gegangen. Aber wer noch geblieben ist, soll jetzt auch weiterfeiern dürfen. Immerhin noch 300 Menschen pilgern zur Aftershow-Party in ein nahegelegenes Hotel. Dort richte ich das Wort an alle Anwesenden:

»Als die Spezialisten den Koffer gerade ins Labor zur Untersuchung schaffen wollten, stellen Sie sich vor, da kam sein Besitzer um die Ecke! Der Elektriker, der tagsüber das Bühnenlicht installiert hatte. Er hatte seinen Werkzeugkoffer vergessen und wollte ihn abholen, bevor er abhanden kommt. Und warum haben die Hunde angeschlagen? Dieser Koffer war kein normaler Werkzeugkasten, sondern ein alter Munitionskoffer! Ein Liebhaberstück. Die Hunde haben Reste von Schießpulver gerochen …«

Damit war der Abend für die Dagebliebenen gerettet. Allerdings nicht die ganze Veranstaltung, und nicht für uns. Statt der erhofften 100 000 Euro Spendenerlös wurden es unter diesen Umständen nur 70 000 Euro. Aber noch geben wir nicht auf. Mindestens die sicher versprochenen 30 000 Euro des unbekannten Großspenders – die wollen wir uns von der Versicherung der Elektrofirma wiederholen. Die Mühlen der deutschen Justiz mahlen langsam, aber ich hoffe, in diesem Fall mahlen sie gründlich. Die Kinder sollen ihr Geld bekommen!

Und die Botschaft für mich?

Nun, jeder geht wohl davon aus, dass unser Leben viele Lehren für uns bereithält. Instinktiv spüren wir: Alles, was uns widerfährt, hat auch eine tiefere Bedeutung, gleichsam auf einer inneren Ebene. Ich meine das aber nicht im Sinne des Satzes: »Zufälle gibt es nicht.« Diese Annahme finde ich wenig hilfreich, führt sie doch dazu, in jede Nebensächlichkeit eine verborgene Bedeutung hineinzuinterpretieren. Was dabei herauskommt, ist meistens ein naiver Aberglaube.

Nein, ich meine etwas anderes: Manche – nicht alle – Erfahrungen, die wir machen, stehen stellvertretend für etwas, das auf einer höheren Ebene existiert und Teil einer umfassenderen Wirklichkeit ist. Wenn wir unsere geistigen Möglichkeiten voll und ganz ausschöpfen könnten, wenn wir »voll bewusst« wären, würden wir stets die vollständige Bedeutung bestimmter Erfahrungen, die wir machen (vielleicht sogar machen *müssen*), erkennen. So aber sind wir auf gelegentliche Geistesblitze angewiesen, auf unsere Intuition und unser gefühlsmäßiges Verstehen.

Dies nur als gedankliches Angebot: Möglicherweise haben wir uns selbst unbewusst Sand ins Getriebe gestreut, als wir in letzter Minute die Empfänger der Spenden austauschten. Wir hatten zwar nach außen hin noch nichts versprochen, wohl aber doch bereits ein *inneres Versprechen* gegeben.

Verzeihen ist die größte Heilung

Darmstadt, im Jahr 2000

Mein Vater war Ende 60, als wir beide endlich so weit waren, dass wir uns gegenseitig verzeihen konnten. Zuvor musste es noch ein reinigendes Gewitter geben. Wir hatten uns oft mit gesenkten Hörnern gegenübergestanden, wie zwei Mufflon-Widder, die sogleich aufeinander losgehen würden, dass es nur so kracht. Aber es ist nie dazu gekommen. So etwas gab es in einer Familie wie der unseren nicht. Es durfte einfach nicht sein. Undenkbar, dass eine Tochter ihrem Vater offen Paroli bietet, vielleicht gar noch vor den anderen. *Das* hätte mein Vater nie zugelassen, weil es seine Position zutiefst infrage gestellt hätte – in seinen eigenen Augen noch mehr als in denen unserer Familie. Das wusste ich, und ich fürchtete eine solche Situation mehr als alles andere. Lieber räumte ich das Feld, als es dazu kommen zu lassen.

Nachdem ich endgültig ausgezogen war, sahen wir uns über viele Jahre hinweg nur sehr selten. Und wenn, dann sprachen wir kaum miteinander. Weder Hatice noch ich verspürten das Bedürfnis, »heile Familie« zu spielen. Unsere Geschwister gaben sich alle Mühe, der Entfremdung entgegenzutreten. Seit die Eltern nun wieder in der Türkei lebten, besuchten sie Deutschland ohnehin nur noch zu besonderen Anlässen. Vor allem Aynur und Naime bemühten sich dann, auch uns zum Kommen zu bewegen.

Wenn wir uns, selten genug, dazu überreden ließen, waren wir hinterher umso enttäuschter. Es gelang einfach nicht, wieder miteinander warm zu werden. Wir hatten das Gefühl, dass Vater oder Mutter gar nicht daran interessiert waren, uns wieder näherzukommen. Wahrscheinlich empfanden sie es umgekehrt genauso.

Ein einziges Mal wollte ich es noch versuchen. Ich sagte mir: Wenn beide einmal nicht mehr sein würden und Cenk seine Großeltern nie kennengelernt hätte, würdest du dir immer Vorwürfe machen. Es erschien mir passend, für das bevorstehende Familientreffen ein Video mit der Aufzeichnung einer Fernsehsendung über erfolgreiche berufliche Karrieren von Ausländern in Deutschland mitzunehmen, in der auch Hatice und ich vorkamen. Ich hoffte, ich könnte meinen Vater endlich einmal wieder stolz sehen, wenn es um seine Zwillinge ging.

Hatice nahm uns beide in ihrem Auto mit. So saßen wir denn wieder einmal allesamt im Kreis herum, die ganze Familie. Fein säuberlich verteilt auf die zahlreichen Sofas im Wohnzimmer von Naime *Abla*. Acht Geschwister, samt Ehepartnern und Kindern. Vater und Mutter thronten auf dem Zentralsofa, wie es sich gehört, und nahmen die Huldigungen ihrer Nachkommenschaft entgegen.

Erst lief alles sehr harmonisch ab. Man isst und trinkt, plaudert links und rechts, und irgendwann ergibt sich ein Gespräch, an dem alle teilnehmen. Naturgemäß übernimmt Vater dabei die Führung. Ich war gespannt, wie er es diesmal anstellen würde. Würde er das Wort an uns richten?

Würde es zu einem Gedankenaustausch, zu einer Annäherung zwischen uns kommen? Aber wie schon beim letzten Mal schien er auch jetzt überhaupt nicht daran interessiert, zu erfahren, wie es uns ging. Stattdessen ließ er ausführliche Berichte über unsere Verwandtschaft in der Türkei vom Stapel. Sprach über Cousins und Cousinen, die wir nur dem Namen nach kannten, und sonstige Anverwandte, die wir nie im Leben zu Gesicht bekommen hatten noch je bekommen würden. Aber was mussten das alles für tolle Menschen sein! So erfolgreich. So lebenstüchtig. So liebevoll zu ihren Familien. Ringsum auf allen Sofas schwiegen sie respektvoll, knackten Pistazien, tranken Tee und gaben sich Mühe, sehr interessiert zu wirken. In mir aber, da brodelte es.

Und dann platzte mir der Kragen. Wollte Vater jetzt bewusst provozieren? Oder war er einfach nur gedankenlos?

»Und stellt euch vor«, berichtete er im Tone allergrößter Wichtigkeit über eine wahnsinnig erfolgreiche Schwippschwägerin, »nun hat sie doch ein Friseurgeschäft aufgemacht, und es ist auf Anhieb ein Treffer!«

Jetzt oder nie. Egal, was passiert.

Ich knallte die Videokassette auf den Tisch und legte los.

»Du erzählst immer so gern, wie toll diese entfernten Verwandten sind. Hier kannst du mal sehen, was deine eigenen Zwillinge zuwege gebracht haben. Und dass sie in Deutschland mehr Anerkennung finden, als sie je von ihrem eigenen Vater erhalten haben.«

Es war auf einmal so still im Raum, dass man eine Stecknadel hätte fallen hören, trotz mehrerer Lagen dicker Teppiche. Mein Vater blickte mich aus glasigen Augen an. Mutter schaute zu Boden, wie immer, wenn die Luft dicker wurde. Ich fühlte, dass Naime jetzt eingreifen würde. Schon nahm sie mich beiseite, wir gingen in die Küche. Ich war ihr fast dankbar dafür. Von einer Sekunde auf die andere hatte ich am ganzen Körper zu zittern begonnen.

Während im Wohnzimmer Totenstille herrschte, redete meine ältere Schwester leise auf mich ein. Sobald ich mich wieder gefasst hätte, so bat sie mich inständig, sollte ich wieder zurückgehen und meine Eltern um Verzeihung bitten. Dann würden auch sie sich auf mich zubewegen, ganz sicher.

Ich meine Eltern um Verzeihung bitten? Ja, nur zu gern, aber nicht jetzt. Eine Bitte um Verzeihung muss von Herzen kommen. Und im Moment spüre ich nichts als Schmerz.

Nein, dies war noch nicht der Tag, um sich gegenseitig zu verzeihen. Aber auch nicht der Tag, um alles hinzuschmeißen und endgültig den Stab zu brechen. Als ich mich wieder im Griff hatte, ging ich zurück ins Wohnzimmer. Ich verabschiedete mich ordentlich, aber kühl, nahm Cenk an die Hand und ging. Hatice folgte uns.

Wie seltsam. Das Verhältnis zu meinen Eltern ist danach nicht etwa noch schlechter geworden, nein, es begann sich zu normalisieren. Ein Prozess der Annäherung setzte ein, der schließlich dazu führte, dass wir uns aussöhnten. Meine Eltern schienen endlich verstanden zu haben: Wenn sie mich nicht endgültig verlieren wollten, mussten sie ein Stück weit auf mich zugehen. Bestimmt hat Naime auch auf sie eingewirkt. Von ihr weiß ich, dass meine Eltern sich anschließend in ihrem Schlafzimmer wieder und wieder die Fernsehdokumentation angeschaut haben. Sie weinten sehr viel in jener Nacht.

Nach einer Pause von ein paar Monaten haben wir uns dann wiedergesehen. Plötzlich war das Eis zwischen uns gebrochen, als hätte mein Ausbruch bei meinem Vater die Liebe zu mir wieder lebendig gemacht. Ich fühlte mich wie befreit und erzählte ihm immer mehr aus meinem Leben. Von nun an wurden unsere Familientreffen auch für mich zum freudigen Ereignis. Nach alter Sitte veranstalteten wir sogar spontane Tanzrituale nach dem Essen! Wie früher drehte Vater die Lautstärke hoch, und wir mussten, miteinander lachend und tanzend, türkische Volksmusik über uns ergehen lassen …

Der Höhepunkt seiner neu entdeckten Zuneigung zu mir war erreicht, als er mir anbot, mir eine seiner Nieren zu spenden, falls der Krebs wiederkäme. Ich war tief gerührt. Ob es – im Falle eines Falles – tatsächlich medizinisch Sinn gemacht hätte, darauf kam es mir überhaupt nicht an. Es war die Bereitschaft, die zählte.

Wir hatten von nun an wieder regelmäßig Kontakt. Und wir sprachen uns über die alten Probleme aus. Natürlich konnte ich nicht erwarten, dass er sein Verhalten offiziell bereute oder sich gar bei mir entschuldigte. Aber es fühlte sich einfach gut an, dass wir wieder miteinander sprachen. Und ich spürte, dass hinter den kleinen Selbstrechtfertigungen, an denen er sich immer noch versuchte, auch so etwas wie Bedauern steckte.

»Weißt du, meine Tochter, ich musste doch immer stark sein. Türkische Männer werden dazu erzogen, dominant zu sein, sie machen die Gesetze in der Familie und erwarten Gehorsam.«

Ich war endlich soweit, ihn dafür nicht mehr anklagen zu müssen. Immer, wenn er so redete, wollte er doch im Grunde etwas ganz anderes sagen, traute sich aber nicht. Deshalb sprach ich es jetzt für ihn aus:

»Und aus Angst, dass es dir als Schwäche ausgelegt würde, hast du deine Gefühle nicht gezeigt, nicht wahr? Nicht deiner Frau gegenüber, und auch nicht vor deinen Kindern.«

In seinen Augen standen Tränen.

»Ayşe, du kannst mir glauben, dass ich sehr, sehr stolz auf euch beide bin. Immer schon, aber du hast recht: Ich konnte es euch nicht zeigen.«

Es ist ein großes Glück für mich, dass er erst von uns gegangen ist, nachdem wir uns in den Armen gelegen und die Heilkraft der Verzeihung in unseren Herzen gespürt haben.

◈

Marrakesch, mein Geburtstag im Jahr 2008

Benim Annem – du, meine Mutter! Lange habe ich geglaubt, von uns beiden sei nur ich es, die darunter litt, dass es zwischen uns nicht stimmte. Aber auch du littest, und zwar nicht nur unter meiner Aufsässigkeit, meiner Arroganz, meinem unbändigen Drang, mich nicht mit der Rolle des braven Mädchens zufriedenzugeben. Nein, da war noch etwas. Ganz tief in deinem Inneren hast du dir Vorwürfe gemacht. Unseretwegen, aber auch deinetwegen. Weil du die Trennung von uns nicht ertragen konntest, machtest du dich unnahbar, zeigtest du dich scheinbar gleichgültig.

Meine Gefühle dir gegenüber? Nicht heiße Wut, wie in Richtung Vater, sondern ein kalter Groll. Ein langsames Absterben meiner Gefühle für dich. Es war so schwer, dir wirklich voll und ganz zu verzeihen. Viel schwerer als dem Vater. Fast so schwer, wie mir selbst zu verzeihen. Aber auch für uns war es eines Tages endlich so weit: Wir nahmen uns in den Arm, wir weinten zusammen, wir lachten befreit, und wir vergaben uns gegenseitig.

Es war auf dem 41. Geburtstag von uns Zwillingen. Da leisteten wir uns etwas ganz Besonderes, weil unser runder Geburtstag, im Jahr zuvor, in die Gründungsphase unserer Münchner Unternehmung fiel und ich einfach keinen Kopf für Feierlichkeiten hatte. Aber jetzt luden wir alle unsere Freunde zu einer großen Feier ein. Und sie scheuten weder Kosten noch Mühen, um zu kommen. Nach Marrakesch, wo wir drei Tage und drei Nächte durchfeierten, mit über einhundert Leuten. Menschen aus 13 Nationen begegneten sich, tanzten, aßen und tranken miteinander in relaxter, ausgelassener Stimmung. Ein Ereignis, von dem man sein Leben lang gern sprechen wird. Ich liebe es, solche Feste zu veranstalten!

Von unserer Familie kamst nur du, Mutter. Das war uns nicht ganz unrecht, denn wir wussten ja: Nie zeigtest du Gefühle gegenüber uns beiden, wenn andere aus der Verwandtschaft mit dabei waren. Immer, wenn du mit uns allein sein konntest, warst du viel offener, weicher und liebevoller. Wir wollten dich endlich einmal ganz für uns haben. Und du solltest uns für *dich* haben.

Wie hast du diese Tage genossen! Wir sind shoppen gegangen, haben Kaffee getrunken, stundenlang geratscht, miteinander unseren Spaß gehabt.

Dann der Höhepunkt! Wir feiern in unseren Geburtstag hinein, ein ausgelassenes, rauschendes Fest. Punkt Mitternacht heben wir vor allen Gästen das Glas. Da kommst du nach vorn, um uns als Erste zu gratulieren. Wo du dich doch sonst immer versteckt hast! Gibst jeder von uns eine Blume, wünschst uns Glück. Sagst vor allen Leuten, wie stolz du auf uns bist. Drückst uns so fest, dass wir kaum noch Luft kriegen. Mit Tränen in den Augen haben wir von ganzem Herzen gelacht, unter dem Beifall unserer Gäste …

◈

Da war noch eine andere Person, mit der ich reinen Tisch machen musste. Meine Oma lebte nicht mehr, aber sie begleitet mich immer noch. Sie ist so tief in mir verwurzelt, dass ich mich ihr geradezu symbiotisch verbunden fühle.

Geraume Zeit schon hatte ich damit geliebäugelt, mich einer Therapie zu unterziehen, um unser Verhältnis zu klären. Aber belastete es mich wirklich? Hatte ich nicht auch sehr viel Gutes von ihr in mich aufgenommen?

Eines Tages jedoch schien die Gelegenheit gekommen, Hilfe in Anspruch zu nehmen. Oder vielmehr, zu ergründen, ob sie wirklich vonnöten wäre. Eine Freundin erzählte mir von einer Familienaufstellung, die sie gemacht hatte. Was mir besonders daran gefiel, war, dass man auch als Zuschauer teilnehmen kann, ohne sich verpflichtet fühlen zu müssen, vor allen anderen sein eigenes Schicksal auszubreiten. Also nahm ich mir ein paar Tage Urlaub und fuhr in ein Seminarhotel, wo sich zwischen 30 und 40 Leute trafen, um unter der Leitung eines systemischen Therapeuten ihre Familienkonstellationen »aufzustellen«.

Das geht so: Eine Person gibt vor den anderen einen Abriss ihrer Familiengeschichte. Dann wählt sie aus dem Teilnehmerkreis spontan Stellvertreter ihrer Sippenmitglieder aus und »stellt sie auf«. Die Anordnung der Personen im Raum ergibt Ansatzpunkte für das Familiendrama. Die Stellvertreter spüren ihrer Rolle nach und beginnen, sich im Raum zu bewegen und miteinander zu interagieren. Der Therapeut greift immer nur dann ein, wenn die Dynamik erlahmt oder wenn es zu emotionalen Grenzüberschreitungen zu kommen droht. Was durchaus der Fall sein kann, denn dieses Drama kann sehr tief an die Emotionen rühren.

Obwohl mir das Prozedere etwas fremd war, habe ich die drei Tage durchgehalten. Eigentlich wollte ich sogar gern selbst drankommen, traute mich dann aber doch nicht. Bis der Leiter mich kurz vor Schluss fragte, ob nicht auch ich meine Aufstellung machen wollte. Er fragte ganz sachlich, überhaupt nicht aufdringlich. Das machte mir Mut, und so wagte ich es.

Zuerst wähle ich den Stellvertreter für meinen Vater. Einen kühlen, starken Mann, der an diesem Wochenende aber schon des Öfteren seine innere Beteiligung unter Beweis gestellt hatte. Ihn postiere ich in der Mitte des Raumes.

Dann die Oma. Eine ältere, selbstbewusste und starke Frau. Südländischer Typ. Ich stelle sie direkt dem Vater gegenüber. Sie schauen sich an.

Als Mutter wähle ich eine stille, kleine Frau. Stelle sie dicht neben Vater.

Jetzt meine Schwester. Eine schöne junge Frau. Wir beide stellen uns zusammen recht weit von den anderen drei entfernt auf.

Ich verzichte darauf, andere Geschwister, meinen Sohn oder einen Mann mit hereinzunehmen. Hier und jetzt will ich wissen, wie mich die drei wichtigsten Menschen meiner Kindheit geformt haben.

Alle stehen zunächst nur da, schweigend. Plötzlich zieht mich meine »Schwester« noch weiter von der »Familie« weg. Sie schaut die anderen böse an, als wolle sie mich beschützen.

»Oma« steht zunächst auch nur da, ihr Blick ist kühl.

Jetzt versteckt sich »Mutter« hinter der »Oma«. »Vater« bleibt stehen, schaut weiter die »Oma« an.

Langsam kommt ein Gespräch in Gang. Jeder spricht so, wie er glaubt, dass die von ihm repräsentierte Person sprechen würde.

Wer es nicht schon einmal selbst erlebt hat, kann sich wohl nicht vorstellen, wie emotional berührend dieses Stellvertreter-Drama für alle Beteiligten sein kann. Die Schuldgefühle meiner »Mutter« sind so offensichtlich, dass ich wirklich tiefes Mitleid mit ihr verspüre und meine Gefühle gegenüber meiner realen Mutter in diesem Moment ganz weich und warm werden. Mein »Vater« vergießt sogar Tränen – und ich mit ihm.

Jeder Stellvertreter spricht einige Sätze, die mir unvergesslich bleiben werden.

Die »Oma«:

»Ich kann nichts dafür, dass es so gelaufen ist. Du hast ja auch alles mit dir machen lassen.«

Die »Mutter«:

»Ich entschuldige mich, dass ich euch abgegeben habe. Auch ich habe sehr darunter gelitten.«

Der »Vater«:

»Ich wollte doch mein Vaterland gar nicht verlassen. Ich habe meine Kinder in der Türkei abgegeben, damit ein Teil von mir dort sein konnte.«

Der Leiter scheint Ähnliches zu fühlen wie ich: Der Knackpunkt liegt zwischen meiner Oma und mir. Wir wollen nicht so recht »aneinander heran«. Wohl deshalb greift er jetzt ein und fordert mich auf, die »Oma« zu bitten, dass sie mir *mein Leben zurückgibt*.

Das fällt mir unbeschreiblich schwer. Ich muss mich sehr zusammennehmen. Aber als es schließlich heraus ist, fühle ich eine Zentnerlast von meinem Herzen weichen.

Ich habe Babanne zeitweise richtig gehasst, aber sie war auch mein Vorbild. So lebenstüchtig, so zielstrebig. Auch das Spirituelle habe ich wohl von ihr. Sie steht mir nicht nahe, nein mehr als das: Sie *lebt* in mir.

Der Kreis schließt sich

München, im Sommer 2006

Hab ich dir doch gesagt, dass du dich überforderst!« Das ist Salz in meinen Wunden, aber Hatice hat ja auch recht. Gerade habe ich ihr am Telefon wieder einmal mein Leid geklagt. Mein erstes Jahr in München ist die reinste Katastrophe. Der Laden findet wenig Zuspruch, ich fühle mich einsam. Diese Stadt ist eine harte Nuss!

Gehen mir etwa die Argumente aus? In diesem Gespräch habe ich anscheinend nur noch Floskeln zu bieten:

»Wo kommen wir denn hin, wenn wir immer nur auf Sicherheit bedacht sind?«

Auweia, das war oberflächlich, ja destruktiv. Das hat meine Schwester nicht verdient, die ja alles mitgetragen hat. Und die genauso im Risiko steht wie ich. Auf die passende Entgegnung brauche ich nicht zu warten.

»Du weißt ganz genau, wenn du es in München nicht schaffst, können wir gleich beide Läden zumachen! München *und* Frankfurt. Und dann?«

Wo sie recht hat, hat sie recht. Es ist doch sonnenklar: Ich werde es nie und nimmer schaffen, wenn ich *sie* nicht im Rücken habe. Finanziell sowieso, aber auch – und vor allem! – emotional. Wie kann ich ihr nur die Angst nehmen?

»Schwesterherz, Liebes, es wird sich schon ein Türchen öffnen, glaubst du nicht?«

Sie atmet tief durch, sagt aber nichts. Ich versuche es weiter.

»Schau mal, du selbst hast neulich noch gesagt, dass es auch für dich eine wertvolle Erfahrung ist, deine volle Kompetenz unter Beweis stellen zu können als alleinige Chefin in Frankfurt.«

»Ja, ich habe aber auch gesagt, dass wir es nicht nötig haben, uns *gegenseitig* etwas beweisen zu wollen. Das wäre dumme Prinzipienreiterei.«

Aha, ich verstehe. *Das* ist in der Tat schon immer mein Ding gewesen. Doch auch ich habe hinzugelernt. Ich bin ein erwachsener Mensch geworden, wenn auch einer, der noch träumen kann. Aber es muss eine Grenze geben.

»Also, ich schlafe noch einmal über alles und mache dir dann morgen einen Vorschlag. Am besten, wir vereinbaren eine Deadline, bis zu der ich es weiter probiere. Wenn es bis dahin nicht klappt, bin ich zu allem bereit. Auch dazu, meine Zelte hier wieder abzubrechen.«

»Einverstanden.«

Das erste Jahr München war der ultimative Härtetest. Was in Frankfurt selbstverständlich war, gab es hier einfach nicht. Für *mich* nicht. Ich kam mir vor, als stünde ich vor einem Schaufenster, in dem lauter schöne Sachen drin sind, und ich drücke mir die Nase an der Scheibe platt. Nichts davon erreichbar.

Dass ich zunächst allein sein würde, darauf hatte ich mich eingestellt. Ich wollte es sogar. Vor allem musste ich mir endlich einmal beweisen, dass ich auch ohne meine Schwester klarkommen würde. Das ging nicht gegen sie persönlich – o nein. Es ging dabei um mich. *Nur* um mich. Ich wollte mir selbst demonstrieren, dass es ging. Aber das kann wohl nur nachvollziehen, wer selbst Zwilling ist.

Doch gerade jetzt, in dieser Stadt mit ihren wundervollen Möglichkeiten, die mir allesamt so nah und doch so fern erschienen, hätte ich niemanden anders so sehr gebraucht wie meine Schwester. Aber es half nichts, ich musste da durch! Ganz allein.

Was tun?

Es gab für mich im Grunde nur eine Chance: Leidenschaft zeigen. Wann ist ein Mensch am stärksten? Wann ist er voll und ganz in der Kraft, die ihm gegeben ist? Wie schafft er es, sich auch über die größten Hindernisse hinwegzusetzen? Wenn er leidenschaftlich ist. Nur wer mit Leidenschaft kämpft, kann zum Sieger werden.

Doch da gab es noch etwas anderes. Ich hätte nichts aus den Irrungen und Wirrungen meines Lebens gelernt, wenn ich jetzt mit *blinder* Leidenschaft gekämpft hätte. Wer sich den Dickschädel so oft angeschlagen hat wie ich, der begreift schließlich, dass es besser ist, eine Niederlage einzugestehen, als blindwütig weiterzukämpfen. Es fällt jemandem wie mir äußerst schwer, aber man muss dann auch zugeben können, gescheitert zu sein. Sich und anderen eingestehen können, dass man unterlegen ist. Das ist der Sieg über sich selbst, größer noch als alle anderen Siege.

Eine letzte Chance hatte ich doch wohl noch verdient, auch wenn meine Schwester das damit verbundene Risiko erneut mittragen musste. Das war Teil unseres Deals. Und ich würde mit aller Leidenschaft für meinen Sieg kämpfen. Entweder München wird mir eines Tages zu Füßen liegen – oder ich packe meine Siebensachen und verschwinde still und leise wieder in mein angestammtes Revier!

Ich dachte mir einen Zwei-Stufen-Plan aus, um meine geschäftliche Misere zu beenden: eine konventionelle und eine unkonventionelle Stufe.

Als einigermaßen erfahrene Selfmade-Unternehmerin weiß ich natürlich, welche Register man zuallererst ziehen muss, um ein Geschäft flottzumachen. Es gibt da ein Pflichtprogramm, ohne das man einfach nicht auskommt. Auch wenn es nicht sonderlich kreativ erscheint, ist es doch unverzichtbar. In meinem Metier bedeutet das zweierlei: erstens Geld und zweitens ein unbesiegbares Lächeln im Gesicht. Soweit die konventionelle Stufe meines Plans.

Nun zur unkonventionellen Stufe, sozusagen die Kür im Wettkampf mit allen Widrigkeiten. Diese Stufe muss bereits parallel zum Pflichtprogramm gezündet werden, sonst bleibt die Erfolgsrakete gleich am Boden. Die Sache klingt einfach, ist aber recht anspruchsvoll: Im eigenen Interesse sollte man sein Pflichtprogramm nicht einfach nur *klaglos* abspulen. Nein, man sollte es mit großer und echter *Freude* erfüllen. Man muss es hinbekommen, den bevorstehenden Erfolg, und sei er noch so unwahrscheinlich, mit allen Fasern seiner Seele zu *fühlen*.

Es begann damit, dass wir, um das nötige Geld zu bekommen, mit unserem unbesiegbarsten Lächeln bei unserer Bank vorstellig wurde. Ich rechne es Hatice hoch an, dass sie mich immer noch nach Kräften unterstützte. Unser gemeinsamer Auftritt würde auch jetzt wieder alles aus dem Feuer reißen. Sicher! Und es gelang. Nun hatte ich also die Mittel in der Hand, um auf konventionelle Weise meinen Erfolg zu befördern.

Doppelt genäht hält besser! Damit meine Zwei-Stufen-Erfolgsrakete einen blitzsauberen Start hinlegt, muss mein mentaler Horizont klar und transparent sein: Es geht jetzt darum, das Geld nicht einfach als Zahlungsmittel zu betrachten. Anzeigen zu schalten, Flyer zu drucken und dergleichen war für uns nur die äußere Seite – nein, es ging um viel mehr. Meines Erachtens ist Geld nicht einfach ein Gegenwert für Waren und Dienstleistungen. Im Geld in meiner Hand steckt ja die Kraft und die Kreativität, die Talente und die Fähigkeiten aller Menschen, die den Wert geschaffen haben, den es repräsentiert.

Geld ist reine Energie.

Den Fluss des Geldes zu lenken heißt, eine unsichtbare Energie in Bewegung zu setzen. Aber nur weil sie unsichtbar ist, kann ich mich doch nicht damit zufriedengeben, sie einfach machen zu lassen, was sie will! Ich muss der Energie eine Richtung geben. Wie? Mit meinem Geist natürlich. Indem ich in Gedanken den Erfolg antizipiere, den ich anstrebe. Bitte keine Missverständnisse: nicht, indem ich daran *glaube*. Sondern vielmehr, indem ich das, was mein Ziel ist, möglichst konkret und lebhaft *in Gedanken vorwegnehme*. Selbst wenn ich *nicht* daran zu glauben wage! Das hat mehr mit Disziplin zu tun, als man glauben mag …

Aber damit nicht genug. Nicht für mich. Womit ich zum unkonventionellen Teil meines Plans komme.

Jeder Tag, den ich in meinem noch viel zu leeren Geschäft auf Kunden wartete, war ja dennoch wertvoll. Ich wollte meine Zeit sinnvoll verwenden! So nutzte ich den Leerlauf, um mich auf das künftige Glück, das mich erwartete, angemessen vorzubereiten. Zum Beispiel, indem ich mir Prospekte exklusiver Reiseveranstalter besorgte und sie eingehend studierte. Immer in dem Bewusstsein, dass *dies* jetzt meine Welt ist – die Welt der Fülle, und nicht mehr die Welt des Mangels. Auch hierbei darf man sich nichts vormachen! Es kann mir keiner erzählen, dass sich dabei keine Zweifel einschleichen, dass man wirklich voll und ganz an seine Visualisierungen *glauben* kann. Im Gegenteil, der Zweifel ist da, auch die Angst und das Gefühl, auf dünnem Eis zu gehen. Aber es geht hier ja nicht darum, sich das richtige Mantra einzubläuen.

Es geht um Bewusstsein. Das Bewusstsein dessen, was man ist und wo man als Mensch hingehört. Nämlich in die Fülle und Vollendung, nicht in den Mangel und die Unvollkommenheit.

Täglich nach Geschäftsschluss machte ich meine besondere Art des Kassensturzes. Ich zählte nicht etwa meine mageren Tageseinnahmen, sondern schrieb auf einen Zettel, welche Umsatzsteigerung ich mir für den nächsten Tag vornahm. Und, was soll ich sagen? Meine Umsatzrakete zündete! Ob Stufe eins oder Stufe zwei den nötigen Schub gaben, sei dahingestellt. Ich jedenfalls hätte es nicht anders machen können als genauso, wie ich es tat. Konventionell und unkonventionell. Wie immer eben.

Irgendwann war es geschafft. München ist meine neue Heimat geworden. Ich arbeite gern hier, mit einem wunderbaren Team. Und ich genieße meine Freiheit. Mit meinem Partner wollte ich heute nicht mehr zusammenleben – es würde mir genügen, wenn wir uns immer dann sehen, wenn wir es wollen, wenn wir gemeinsam Urlaub machen, die Freizeit und die Wochenenden zusammen verbringen. Alles auf freiwilliger Basis. Auch im Geschäft ist es die Freiheit, die den Erfolg erst richtig süß macht. Wie schwer alles werden kann, wenn man nur noch der Erfüllung seiner Aufgaben hinterherjagt! Ich habe ein Geschäft, das mich in Beschlag nimmt, ich komme einer Menge gesellschaftlicher Verpflichtungen nach – aber ich kann alles auch wieder lassen, wenn es mir wichtig und richtig erscheint.

Wie ich es genieße: meine Musik, meine Couch, an freien Tagen aufstehen, wann ich Lust habe, meinen Gedanken nachhängen, die Sonnenflecken in meiner Wohnung beobachten. Schauen, wie eine Rosenknospe in der Vase sich öffnet. Früher hatte ich nie Augen für solche Dinge, heute sehe ich sie – und es stimmt mich heiter. Wer weiß, vielleicht bin ich gerade dabei, mich selbst lieben zu lernen?

Viele Frauen in der Türkei, in Deutschland, auf der ganzen Welt fühlen sich nur liebenswert, wenn sie von einem Mann geliebt werden. Bei mir hat es über vier Jahrzehnte gedauert, bis ich begriff, dass man erst wirklich glücklich wird, wenn man sich selbst liebt und sich selbst schön findet. Wir Frauen müssen das lernen. Ich möchte dazu meinen Beitrag leisten. Ich versuche, diese Botschaft an meine

Kundinnen weiterzugeben: Ihr seid schön! Tut etwas für euch, pflegt euch, bringt eure innere Schönheit auch im Außen zum Strahlen!

Hier stehe ich nun, nach fast 30 Jahren immer noch hinter dem Frisierstuhl. In zwei Welten zu existieren hat mich gelehrt, wie wichtig es ist, mit Herz und mit Verstand zu leben. Aber anders als viele Deutsch-Türken fühle ich mich nicht zwischen den beiden Welten hin- und hergerissen, ich fühle mich eigentlich weder deutsch noch türkisch. Ich versuche, so offen zu sein wie möglich. Ich sehe mich als Person, die auf der Welt etwas erschaffen möchte.

»Ich möchte eine Marke sein.«

Die Kundin, der ich das gerade gesagt habe, blickt mich über den Spiegel an. Bin ich jetzt etwa zu weit gegangen? Hat mich meine Begeisterung wieder einmal fortgetragen? Was wird sie jetzt wohl sagen?

»Ayşe, ich wollte dich schon längere Zeit etwas fragen. Wollen wir nicht zusammen ein Buch über dein Leben schreiben? Hättest du Lust?«

Ich bin zwar etwas erstaunt über den Vorschlag, aber warum eigentlich nicht? Schließlich ist diese Kundin Journalistin, und ich bin gerade so schön in Fahrt …